中华典藏 全注全译本

国际儒学联合会教育系列丛书

论语

钱逊 译注

丛书指导委员会主任
———— 滕文生 牟钟鉴 董金裕

总主编
———— 钱逊 郭齐家

汉唐书局专家委员会审定

济南出版社　　汉唐书局

图书在版编目（CIP）数据

论语 / 钱逊译注. -- 济南：济南出版社，2023.4
（中华典藏）
ISBN 978-7-5488-5567-5

Ⅰ.①论… Ⅱ.①钱… Ⅲ.①儒家②《论语》—研究 Ⅳ.①B222.25

中国国家版本馆CIP数据核字（2023）第052250号

出 版 人	田俊林
丛书策划	付晓丽　冀春雨
责任编辑	孙育臣
图书审读	骆承烈
装帧设计	王铭基　谭　正

出版发行	济南出版社
地　　址	济南市二环南路1号
编辑热线	0531—86131747　82926535（编辑室）
发行热线	82709072　86131701　86131729　82924885（发行部）
印　　刷	山东潍坊新华印务有限责任公司
版　　次	2023年6月第1版
印　　次	2023年6月第1次印刷
开　　本	170 mm×240 mm　16开
印　　张	17.5
字　　数	238千
印　　数	1—4000册
定　　价	68.00元

（济南版图书，如有印装错误，请与出版社联系调换。联系电话：0531-86131736）

总　序

中国共产党的二十大报告指出：我们必须坚定历史自信、文化自信，坚持古为今用、推陈出新，把马克思主义思想精髓同中华优秀传统文化精华贯通起来。2023年2月7日，习近平总书记在学习贯彻党的二十大精神研讨班开班式上发表重要讲话，指出：中国式现代化，深深植根于中华优秀传统文化。

中华优秀传统文化的显著特点是启发人的内心自觉，追求的是人的身与心、人与人、人与社会、人与宇宙自然的统一与和谐，表现出人的崇高的精神境界，其思想背后是中国人对天道、天命和道德人格典范的敬畏。中华经典记录了中华优秀传统文化的本和源、根和魂，是构成我们民族文化、民族智慧、民族心灵的庞大载体，是支撑我们民族生存、发展、创新的活水源头，是几千年来维护我中华民族屡经重大灾难而始终不解体的坚强纽带。中华经典是人生教育学典籍，或者说是人生的课本、教材，靠一代代中国人的诵读、解释，并在传承中发展、创造，在极深刻意义上参与塑成了中华民族的历史和生活世界。其中蕴含的天下为公、民为邦本、为政以德、革故鼎新、任人唯贤、天人合一、自强不息、厚德载物、讲信修睦、亲仁善邻等精神，是中国人民在长期生产生活中积累的宇宙观、天下观、社会观、道德观的重要体现，是地地道道的"中国式"。

济南出版社·汉唐书局以习近平新时代中国特色社会主义思想为指导，高度落实习近平总书记关于中华优秀传统文化的一系列重要论述，深度理解中华经典的根源与发展，联合国际儒学联合会组织全国中华优秀传统文化相关领域的专家学者，通过深耕细作，潜心编写，精心注译，严谨校对，专业编排，集结成册，向广大读者隆重推出"中华典藏"系列丛书。本丛书包括20种典籍，即《论语》《孟子》《大学》《中庸》《近思录》《周易》《道德经》《诗经》《史记》《孙子兵法》《孔子家语》《三字经》《百家姓》《千字文》《千家诗》《弟子规》《龙文鞭影》《声律启蒙》《笠翁对韵》《蒙求》，除经典原文、注释、大意（译文）外，还根据每部典籍的特点，设置了知识拓展、释疑解惑等。

终身学习、终身教育已经成了这个时代的常态。中华经典是"母乳"，是最具纯正、最富营养、最有价值的终身学习资源。中华经典是整体之学，是身心之学，是素养之学，是每一个中国人在这个动荡变革时代中培养定力、安身立命的大宝典。因此，中华经典的受益者不仅仅是在校的老师和学生，还包括各级各类领导干部、工农兵学商等各行各业人员（如企业家、工厂工人、手工业者、新农村建设者、解放军官兵、科研工作者、医务工作者等），以及海外侨胞、留学生。

中华民族的祖先曾追求这样一种境界：为天地立心，为生民立命，为往圣继绝学，为万世开太平。我郑重将"中华典藏"这套普及性丛书推荐给读者，希望我们这个团队经过近十年共同奋斗所凝结的智慧，走向大众，让诵读中华经典的琅琅之声传遍祖国的大江南北，让我们每个人心中有山河，心中有宇宙，心中有父母，心中有圣贤，心中有家国天下，心中有我们中华民族的精神，心中有我们中国人的本心、本性。让我们全民为实现中华民族的伟大复兴与构建人类命运共同体凝聚智慧、贡献力量。

是为序！

郭齐家

2023年2月于北京回龙观寓所

目录

篇章体例
- ◎ 原文
- ◎ 注释
- ◎ 大意
- ◎ 解读

导读	1
学而篇第一	23
为政篇第二	35
八佾篇第三	51
里仁篇第四	65
公冶长篇第五	78
雍也篇第六	92
述而篇第七	105
泰伯篇第八	122
子罕篇第九	133
乡党篇第十	147
先进篇第十一	155
颜渊篇第十二	168
子路篇第十三	181

篇目	页码
宪问篇第十四	196
卫灵公篇第十五	216
季氏篇第十六	232
阳货篇第十七	241
微子篇第十八	254
子张篇第十九	260
尧曰篇第二十	270

导 读

一、孔子其人

孔子是两千五百多年前的一位伟大的思想家和教育家，儒学的创立者。他所创立的儒学，与佛教、基督教、伊斯兰教并列为影响人类文明发展的四大文化思潮。孔子生于春秋末鲁襄公二十二年，即公元前551年，晚于释迦牟尼6年；死于公元前479年，他死后479年而耶稣生；穆罕默德创立伊斯兰教则更晚一些，在孔子死后1100多年。

孔子的先祖是殷商王室的成员。殷亡以后，西周把殷的后裔分封到宋，孔子就是宋国贵族的后代。孔子曾祖父孔防叔时期，因为宋国动乱，率领族人离开宋国，到了鲁国。这时他们失去了贵族的身份，成为平民。

孔子的父亲叔梁纥，是鲁国陬邑（zōu yì，今山东曲阜）一位职位不高的武官，是有名的勇士。据记载，他曾随军去攻打偪（bī）阳，偪阳的城门有内外两道，一道是普通城门，一道是闸门。攻城的士兵进了城，偪阳人突然放下闸门，想把攻城的队伍截成两段，让进去的出不来，外边的进不去。此时叔梁纥快速跑上前，用双手拉住闸门，不让闸门落地，才使得进去的士兵退了出来。

叔梁纥的原配妻子姓施，生了九个女儿，没有儿子。一个小妾生了个儿子，叫孟皮，是残疾。后来叔梁纥把施氏休了，娶了颜徵在。夫妻俩曾到尼丘山脚下祷告，祈求生子。鲁襄公二十二年（前551年），颜徵在生下了孔子。孔子的生日，换算成公历是9月28日。

因为他父母曾在尼丘山求子，所以就给孔子取名为丘，字仲尼。仲是排行第二的意思。《史记》说叔梁纥与颜氏"野合"而生孔子。前人对于"野合"有多种解释。钱穆著《孔子传》说：

> 此因古人谓圣人皆感天而生，犹商代先祖契，周代先祖后稷，皆

有感天而生之神话。又如汉高祖母刘媪，尝息大泽之陂，梦与神遇，遂产高祖。所云野合，亦犹如此。欲神其事，乃诬其父母以非礼，不足信。至谓叔梁老而征在少，非婚配常礼，故曰野合，则是曲解。

孔子出生后不久，叔梁纥就去世了。母亲颜氏去世得早，确切时间已不可考，《史记·孔子世家》记载是在孔子17岁前。母亲去世后，按礼的规定要与父亲合葬。但父亲去世时孔子年幼，按当时习俗，墓地不堆土，不植树，亦不去墓地祭扫，所以孔子不知道父亲墓地所在何处，只好先将母亲临时浅葬在叫五父衢的地方。但这个丧葬的事孔子办得很周到，见到的人都认为是正式的。后来有一位参与过叔梁纥葬事的人的母亲，把叔梁纥的葬处告诉了孔子，孔子才把父母亲合葬了。

孔子幼年时常摆弄一些盘盘碗碗，模仿祭祀行礼，作为游戏。年轻时，孔子做过小吏，如管仓库的"委吏"、管放牧的"乘田"，都做得很好。仓库管得井井有条，牛羊养得膘肥体壮。孔子自己说："吾少也贱，故多能鄙事。"（《论语·子罕》）贫贱的家境，使孔子学会了许多本领。

孔子自称："吾十有五而志于学，三十而立。"（《论语·为政》）孔子15岁的时候，志于学，就是说立志于学。当时一般士族子弟所学，主要是礼、乐、射、御、书、数六艺，至于孔子学习和教育的详情，已不可知。

孔子19岁结婚，娶妻幵（qiān）官氏。她一年后生子，鲁昭公送了一条鲤鱼表示祝贺。所以孔子就给儿子取名叫鲤，字伯鱼。

30岁的时候，孔子学有所成，开始招收弟子，开办私学。这是孔子一生中的一件大事，也对中国历史的发展产生了深远影响。这是中国历史上最早的私学之一。在这之前，学校都是官府办的公学，只有贵族子弟才能够入学。孔子生活的年代，社会处于动乱变革之中。西周以来，以礼乐为标志的社会制度遭到破坏。作为天下共主的周天子，已经不能控制局面，更不能号令诸侯。诸侯国纷纷扩大地盘，增强兵力，争城掠地，因而战争不断。诸侯国内部也是争斗不断，子杀父，弟杀兄，篡位夺权的事层出不穷。诸侯、大夫有的兴起，有的衰败，一些原本掌管教育、文化的人，流落到了民间，同时也把他们所掌握的文化知识带到了民间。在这样的背景之下，民间私学应运而生，开辟了中国教育发展的一个新

◎导读

时代。孔子办私学，标志着民间教育的兴起，这在中国教育发展史上有着重要的意义。

对于当时礼崩乐坏、天下无道的状况，孔子极其不满。他赞颂周礼完备丰富，谴责当时一些人的僭越行为，说"是可忍也，孰不可忍也"（《论语·八佾》）。他认为，如果诸侯执掌大权，过不了五代就会灭亡，大夫掌权，过不了三代就会灭亡。孔子胸怀治国平天下的理想抱负，他一生的活动，都是为了恢复天下有道的局面。弟子子贡问他，如果这里有一块美玉，是把它藏在柜子里呢，还是找个好商人卖了它？孔子说："卖了它，卖了它！我就是等着人来买的。"他又说："如果有人任用我，一年时间就可以见效，三年就可以成功。"为了救世，他不辞辛苦，往往到一个地方，席子还没有坐暖，就又要启程。当时有隐士曾劝孔子的弟子离开孔子，走避世的道路。孔子听到后说："人是不可以与鸟兽一起生活的，我不与人在一起又与谁在一起呢？如果天下有道，我也不会这样为了改变现状而四处奔走了。正是因为天下无道，才更需要我们去改变它啊。"

孔子35岁时，鲁国内乱。孔子离开鲁国到齐国。见齐景公，齐景公向他问治国之道。孔子说："君君、臣臣、父父、子子。"齐景公很高兴，说："对呀，如果君不君，臣不臣，父不父，子不子，那即使有粮食，我又怎么能吃得上呢？"开始齐景公想重用孔子，但最终因为当时齐国大臣反对孔子的主张，使齐景公改变了想法，对孔子说："我老了，不能用你了。"于是，孔子就离开齐国，回到鲁国。

51岁的时候，孔子在鲁国出仕，从政当官。开始是做中都宰，就是中都这个地方的长官。孔子的政绩很好，一年之内，从开始做中都宰，后来成了司空，再后来升到大司寇。司空是管工程的官吏，大司寇是掌管司法的官吏。

孔子在鲁国为政期间，做了两件大事。

其一，夹谷之会。孔子当大司寇的第二年，鲁定公与齐景公在夹谷（夹谷在齐国，今山东莱芜境内）举行会谈，由孔子辅助。当时齐国与晋国争霸，想让鲁国服从自己。齐国一位大臣向齐景公建议，让当地人用武力挟持鲁君，迫使鲁国屈服，齐景公接受了他的意见。会见进行到一定时候，齐国借着歌舞表演的名义，让一群人拿着武器拥到台前。孔子见势，当即快步冲到台阶前，斥责说：

3

"这种夷狄的野蛮乐舞为什么会拿到两国国君会面的场合上来？"齐国国君只好命令他们退下。

齐国官员又请求演奏宫廷音乐。经齐景公同意，上来一群侏儒小丑，乱叫乱闹。孔子又上前说："匹夫戏弄诸侯的，应斩。"齐景公无奈，只好下令把这些人斩了。

齐国的阴谋没有得逞，又在会盟的文书上做文章。他们在文书上加了一条：鲁国要承诺，在齐国用兵打仗时，鲁国派出300辆兵车支持。孔子针锋相对，也提出一条：齐国要归还在鲁国叛臣投齐时趁机侵占的鲁国汶阳、郓讙、龟阴三地，否则，不接受齐国提出的条款。齐国也只好同意。

这样，齐国的阴谋失败，鲁国取得了胜利。这是孔子从政做的一件大事。

其二，"隳三都"，削弱那些专权的大夫的势力。夹谷之会后，孔子的威信提高，得到国君更多的信任，在任大司寇的同时，代理相的职务，参与国家事务的决策。当时的鲁国，季孙、叔孙、孟孙三家大夫专权，他们建立自己的城邑，拥有自己的武装，削弱和威胁了国君的地位、权力。孔子认为这样的局面破坏了社会的稳定，导致动乱。他建议鲁定公毁掉三家所建的城，去掉他们的根据地。定公认为削弱三家的势力对自己有利，同意了孔子的意见。夹谷之会后两年，就开始进行"隳三都"。当时季孙、叔孙两家内部不稳定，季孙、叔孙也怕内部发生叛乱，两家的城邑——郈邑和费邑就先后被拆毁；而孟孙家则坚决抵抗，固守城池，没有拆成。"隳三都"的计划受到挫折。

夹谷之会上，孔子挫败了齐国人的阴谋，齐国一些大臣对此耿耿于怀，又担心鲁国在孔子治理下强大起来，于是设法离间孔子和定公、季孙的关系。他们选了80个能歌善舞的美女，打扮得花枝招展，又找120匹骏马，也都披上彩色绸缎，送给鲁君。季氏和定公先后背着孔子偷偷去看，鲁君果然被迷住了，无心处理政事。子路很生气，跟孔子说："老师，该走了。"孔子不忍心离开自己的国家，对子路说："快要祭天了，再等等，如果祭天后他还把祭肉分给我，那就说明对我还是尊重的，我们也还可以留下来。"可是祭过天之后，定公并没有把祭肉送来。于是孔子决定离开鲁国，开始了周游列国的生活。

周游列国期间，孔子去过卫国、曹国、宋国、陈国、蔡国等地，大体上是在现在的山东、河北、山西一带。孔子一边带着弟子游历、讲学，一边向各个国家的君主宣传自己的主张，但是没有得到当政者的信任，甚至还多次遇到困境和危险。过匡时，孔子和弟子们曾被匡人拘禁，因为鲁国的阳虎曾经占领匡，残害过匡人，孔子的长相又和阳虎相像，匡人误把孔子当作阳虎，把他拘禁起来。过了几天弄清楚了才放他走。随后到蒲，刚好那里发生叛乱，蒲人又把孔子扣住。当时孔子与弟子一起，和蒲人进行了激烈的战斗，才摆脱蒲人。这两件事，《论语》和《史记》分别有记载。但也有人认为这两件事其实只是同一件事。

随后，孔子经卫国、曹国来到宋国。他带着弟子在一棵大树下演习礼仪。宋国司马桓魋听说了，想杀孔子，派人去把大树拔了。孔子就赶紧离开了宋国。

然后孔子到陈国。正好遇到吴国进攻陈国，楚国来救。楚人听说孔子在陈，派人来聘请孔子。陈、蔡的大夫知道了，议论说，如果孔子到了楚国，我们就危险了。他们派人把孔子一行围在荒野，以至绝了粮。弟子们又饿又累，有的都病了。子路很不高兴地来见孔子，说："君子也会有这样的困境吗？"孔子说："君子虽然也会有困境，但是小人遇到困境，就会作乱了。"他还是一如平常，教弟子学习。

《史记·孔子世家》对此有一段记载：孔子知道弟子有怨气，就找子路来，向他说：我们不是犀牛、老虎，现在却流落在荒郊野外，难道是我们的道不对吗？子路回答说：是不是我们还不够仁，所以人们才不相信我们；我们还不够智，所以人们不按我们的主张做呢？孔子说：是这样吗？如果仁者必定会得到信任，那怎么还会有伯夷、叔齐？如果智者必定会行得通，那怎么还会有王子比干？子路退出去之后，孔子又叫来子贡，问了他同样的问题。子贡说：老师的道是最高的，所以天下人都接受不了，老师是不是稍稍降低一点要求呢？孔子说，好的农民能把耕种做得很好，却不能保证收成；好工匠能做得很精巧，却不能保证顺顾客的心意；君子能够完善自己的道，却不能保证被所有人接受。现在你不努力完善你的道，而只求为别人所接受，你的追求太小了。接着颜渊进来，孔子也用同样的问题问他。颜渊说：老师的道是最高的，所以天下人接受不了。尽管是这样，老师还是推行它，人们接受不了有什么关系呢？接受不了才显出君子的高尚。道没有得到完善，是我们做得不好，道已经得到完善而没有实行，这是当权的人的责任。孔子高兴地笑着说：真是这样啊，姓颜的小子，将来你发了财，我来给你理财。孔子之意是和颜渊志向相同。这段话生动地反映了在困境中孔子师生的心态。

孔子68岁的时候，返回鲁国。以后专注于教育，一直到公元前479年，在鲁国去世，享年73岁。

从中国文化发展的角度来说，孔子是一位承前启后的人。孟子说，孔子是集大成者。所谓"集大成"，就是说孔子总结并继承了他之前的远古以来中国文化的成果。他对古代的文献，做了很多的整理工作。他整理了记载古代历史文件的《尚书》，还对《诗》做了编订，从原来的三千首中选择、校订了三百零五首，形成了现在人们读到的《诗经》版本。另外，孔子还删修了当时鲁国史官记载的史书《春秋》，这是中国第一部编年体的史书。《春秋》的内容是鲁国史官所记的历史事实，孔子则对历史事件和人物做了褒贬评价。这些评价反映了孔子的思想。孔子说：理解我的恐怕就是根据这部《春秋》吧，反对我的恐怕也是根据这部《春秋》吧！孔子到了晚年，很重视《周易》，常把《周易》带在身边，随时阅读，以至编连竹简的皮绳竟断了多次。

在整理古代文献的基础上，孔子创立了自己的学说——儒学。

创立儒学，开办私学，是孔子一生完成的两件大事。他一方面总结继承古代文化成果，形成儒学思想体系；一方面又通过开办私学，将知识传授给学生。通过这两个方面，形成了儒家学派。战国时期，儒学就已经成为显学。汉以后又逐步成为中国文化发展的主干部分，对我们民族的历史文化发展有深远的影响。简单说，我国五千年文明史，孔子总结继承了他前面两千五百年的文化成果，又影响了他以后两千五百年中国文化的发展。

孔子一生很不得志。有一个故事，说一次孔子到郑国，与弟子们走散了，独自一人在城门口等候。有一个善于相面的郑国人见到他，去跟子贡说：东门有个人，他上身肩和脖子像圣人，下半身却太短，没精打采，像只丧家狗。子贡把这话告诉了孔子。孔子说：相貌不重要，不过说我是丧家狗，很对很对。孔子没有因为不被人理解而烦恼，而是一生都没有放弃过为实现自己理想而进行的不懈努力。《论语·学而》第一章中说："人不知而不愠，不亦君子乎！"正是孔子自身的写照。

二、《论语》其书

《论语》主要是记载孔子言语和行事的一本书,也记有少量孔子弟子如有子、曾子等的言论。《汉书·艺文志》说:"《论语》者,孔子应答弟子、时人及弟子相与言而接闻于夫子之语也。当时弟子各有所记,夫子既卒,门人相与辑而论纂,故谓之《论语》。"《论语》的"语"是指"谈说",与他人讨论应答中所说的话,"论"是指论纂、编纂,"论语"就是把孔子与弟子的对话记录下来,编纂起来的意思。它是儒家最重要的经典之一,是了解孔子思想最基本的一本书,同时也是了解儒家思想和中国传统文化的最基本的一本书。

《论语》的作者和成书的准确时间已不可考。但可以肯定,它不是一时一人所作,而是由孔子的弟子和再传弟子,以至三传弟子,经过一段相当长的时间编成的。成书时间有人认为在战国初期,也有人认为是在战国末期,约在孔子死后数十年至二百年间。近年来考古发掘有许多战国时期的简帛发现,但其中没有发现《论语》,所以《论语》成书年代至今难以确定。关于《论语》最早的确切记载,见于《汉书·艺文志》。据《汉书·艺文志》记载,《论语》一书西汉时有三种本子:《鲁论》有20篇;《齐论》有22篇,较《鲁论》多《问王》《知道》两篇;出于鲁壁的《古论语》有21篇,有《子张》两篇,其他篇次与前两种亦有不同。这几种版本都已经亡佚。西汉末,张禹以《鲁论》为基础,吸取《齐论》《古论语》部分内容合编为一本,称为《张侯论》,也已佚失。至东汉末,郑玄以《张侯论》为基础,又参考《齐论》和《古论语》,为《论语》作注。郑玄的注本便成为后代流传本的基础。以后《论语》的注本很多,仅程树德《论语集释》一书征引的著作就有680种之多;而日本学者林泰辅《论语年谱》著录的则有3000种之多。其中较重要的有三国时期何晏的《论语集解》、宋代朱熹的《论语集注》和清代刘宝楠的《论语正义》,分别代表了不同年代、不同思潮学派研究《论语》的成就。当代学者的注本主要有杨伯峻的《论语译注》和钱穆的《论语新解》。近几年来,又有不少新的注本出现。其中蔡尚思为巴蜀书社"名著名家导读"丛书写的《论语导读》,李泽厚的《论语今读》(安徽文艺出版社,1998年),代表了对《论语》的不同理解和评价。蔡著关于《论语》的记录者、成书时间、注本情况等有详细的介绍,可参阅。

《论语》在汉文帝时已置博士，在太学讲授，但属"传记博士"，当时《论语》还不是经书，约在三国时期开始将《论语》列为经书。宋代理学家重视《论语》，把《论语》与《孟子》加上《礼记》中的《大学》《中庸》两篇，放在一起，并称"四书"，作为入门的必读书，取代"五经"，作为儒学传承的主要经典。朱熹作《四书章句集注》，竭毕生精力，前后历四十余年，初稿成后二十余年间不断有所改削，直至临终前三天还在修改，可见其重视程度。以后"四书"更被定为科举考试的必读材料，《论语》也就成为人人必读的一部经典。直到近代，《论语》还被不少学者列入国学入门的必读书。根据近代80份中外推荐书目统计，在列入推荐书目的中国著作中，《论语》被推荐的次数与《老子》并列，居第三位。20世纪80年代以来，《论语》作为中国古代文化的重要典籍重新受到重视，对《论语》的研究和学习进入一个新的阶段：既非全盘肯定，也非全盘否定，而是进行实事求是的研究和分析，推陈出新，继承发展。《论语》的注本和关于《论语》的著作近年来也大量出版。

近年发现的简帛材料，关于《论语》也有一些情况值得注意。

第一，马王堆帛书和郭店楚简，都有《老子》（即《道德经》）发现，内容与今本相近。而近年出土的简帛中却没有见过《论语》，既没有《论语》的全文，也没有《论语》较完整的篇章，所见的只是零星的几句。郭店楚简中有《语丛》四篇，其体例与《论语》相近，但没有与《论语》相关的内容。这一情况如何解释？有人提出，楚地道家思想影响较大，而儒家思想影响主要在齐鲁。然而郭店楚简的大部又是属于儒家的文献，所以这一解释难以成立。

第二，属于儒家文献的简帛内容丰富，包括许多长久失传的材料，除了孔孟之间儒学的材料之外，也有许多直接反映孔子思想的材料，如孔子论《易》、论《乐》等。这些重要的材料都不见于《论语》。而原来认为成书较晚的《礼记》的一些篇章却见之于简帛，证明是战国中期前的作品，是反映孔子思想的重要材料。

第三，尤其值得注意的一点是，简帛中反映的儒家思想，颇有一些与今人通常了解的不同。比如对尧舜禅让意义的论述，关于君臣是朋友关系的思想，关于"民可使由之，不可使知之"一句的文字等。这些部分受到人们的重视，被许多人认为是更能反映原始儒家思想的东西，但是在《论语》中却没有反映，并且长期失传了。

由此也就提出了以下问题：

第一，《论语》成书时间。对于《论语》成书时间，历来有不同说法，没有定论。现在据上述看到：(1) 出土简帛中未见有《论语》及《论语》篇章的材料；(2) 出土简帛中有关孔子思想的许多材料未见于今本《论语》；(3) 简帛中所见孔子和儒家思想似更反映原始儒学思想精神。这是否说明《论语》成书时间当在这批简帛之后？或许，《论语》的作者根据他们的理解，对孔子思想的材料做了取舍，编成了《论语》；它所反映的是稍晚时候儒者所理解的思想吗？再联系到《孟子》《荀子》两书均只有对孔子语句的引述而不见《论语》书名，则《论语》的成书时间是否可能晚于《孟子》《荀子》呢？

第二，《论语》在孔子思想研究上的地位。过去一般认为，《论语》是研究孔子思想的主要材料。现在发现，孔子思想的许多材料是《论语》中所没有的；原始儒学的一些重要思想、重要精神在《论语》中也没有得到反映；而原来认为成书较晚的一些材料则被确定是反映了孔子思想。那么，还能不能说《论语》是研究孔子思想的主要材料呢？根据现有材料和研究成果，特别是新出土的简帛材料看，研究孔子思想不能局限于《论语》，是肯定的。然而，这并不能就此否定《论语》在孔子思想研究上的重要地位。从出土简帛中所发现的材料，对于了解和研究孔子和早期儒家思想，无疑是极为宝贵的。然而，这些资料早已佚失了，两千多年来不为人所知。在汉以后儒学和中华文化的发展中，传世的《论语》文本作为儒学基本经典而存在，人们都是根据传世的《论语》文本来了解和研究孔子思想的。换句话说，实际影响了儒学和中华文化发展的，是流传本的《论语》。新出土的材料的主要意义，在于它们可以帮助我们认清儒学思想早期发展的历史。而要研究孔子和儒学思想在儒学和中华文化的发展中的实际影响和意义，《论语》仍然是不可替代的最重要的材料。

研究孔子思想，也应关注《论语》之外那些古籍和出土简帛中记录孔子思想的文字，不过这类材料情况较复杂，有的是属于后人假托孔子之名所作，真伪难辨，要注意去伪存真；也有过去长期认为是伪书，近代根据对新材料的研究而又认定为真。许多问题有待进一步研究，但这并不会改变《论语》是研究孔子思想的主要材料的地位。而对于一般读者来说,依据《论语》来了解孔子思想,也就够了。

《论语》不仅是儒学和中华文化的重要经典,也是人类文化发展的重要典籍。

在两千多年的历史进程中,《论语》逐步传播到中国以外的广大地区,产生了深远的影响。《论语》在国外的传播,最早是在朝鲜。早在上古时代,朝鲜与中国就已有交通往来和居民的迁徙。中国的殷末,已有中国文化传入朝鲜。朝鲜的三国时代,随着汉字传入朝鲜,《论语》和其他一些儒家典籍也传入朝鲜。日本史书《日本书纪》有这样一段记载:

> 十五年秋八月……百济王遣阿直歧,贡良马二匹。阿直歧亦能谈经典,太子菟道稚郎子师焉。于是天皇问阿直歧曰:如胜汝博士亦有耶?对曰:有王仁者,是秀也……

> 十六春二月,王仁来之,则太子菟道稚郎子师之,习诸经典于王仁,莫不通达。[1]

此处所说十六年,是日本应神天皇十六年,即中国晋武帝太康六年(285年)。《论语》传入朝鲜应在此之前,而后又经由朝鲜传入日本。372年后,朝鲜半岛三国相继设立太学,讲授儒家经典,并向中国派遣留学生。在新罗,《论语》是上、中、下各等学生必修的教养科目,而且在遴选国家人才时,其考试科目也与太学的教育科目一致。可见,"三国时代,统治者已把儒教思想定为统治理念了"[2]。

在日本,285年,王仁把《论语》带入日本后,就担任太子之师,教授太子《论语》等儒家经典。以后不断有儒家学者经由朝鲜到日本。到推古天皇时代,"庄德太子开始了仿用儒家思想于日本政治的尝试","以儒学为政治指导原则",7世纪初,相继制定了"冠位制"、《十七条宪法》[3]。718年制定的"养老令","规定大学课目除'五经'外,还须兼习《论语》和《孝经》"[4]。

---

[1] 转引自王载源:《儒学东渐及其日本化的过程》,《孔子研究》1989年第3期。
[2] 柳承国:《韩国对儒教思想的吸收和发展》,《孔子研究》1995年第5期。
[3] 王载源:《儒学东渐及其日本化的过程》,《孔子研究》1989年第3期。
[4] 金谷治:《孔子学说在日本的传播》,《孔子研究》1987年第1期。

16世纪以后，由于欧洲来华传教士的推动，《论语》也传入欧洲。在意大利，明万历二十二年（1594年），利玛窦出版了"四书"的拉丁文译本，这是《论语》第一个西方文字译本。在法国，1687年法国传教士库普列（Couplet）翻译了"四书"。在德国，1789年才开始翻译《论语》。俄国于1715年开始向中国派遣"北京传教士团"，1807年来华的第九届教士团的比丘林，翻译了"四书"。至于阿拉伯世界，则直到1936年，才有中国人马坚译的阿拉伯文《论语》出版。

《论语》对于中华民族的历史、文化发展有着极重要的影响。在两千多年的发展中，儒学成为中华文化的主干，《论语》的思想成为中国人生活的准则和安身立命的精神支柱，是中华民族精神最重要的思想基础。

对东亚地区以至人类文明的发展，《论语》也曾发生重要的影响。在东亚地区，朝鲜、日本等地引进、学习儒学，在政治、文化发展中产生了深刻的影响，形成了"东亚文化圈"。日本涩泽荣一对《论语》的运用是一个很好的例证。涩泽荣一（1840—1931）是日本著名企业家，被誉为"日本近代企业家之父"。他把自己的成就归功于《论语》："我的经营中虽饱含辛苦和惨淡，但常遵孔子之教，据《论语》之旨，故使经营获得了成功。"他认为，道德与经济，如鸟之双翼、车之双轮，缺一不可；《论语》与经济并不对立，主张"将商业的基础置于《论语》之上"，右手拿《论语》讲之，左手把算盘计之，做到《论语》与算盘的统一，"换言之是道德与经济的合一"，要"以《论语》救实业界"。他坚持向企业职工讲授《论语》，还著有《论语讲义》和《论语和算盘》等书。他把《论语》当作把握人生方向的舵和商业活动的基础，并且获得了巨大的成功。对《论语》和儒学思想的运用，带来日本近代经济发展的一系列新特点，被人们称为"儒家资本主义"。

而在欧洲启蒙运动时期的思想家们那里，孔子和儒家思想也曾是他们构建启蒙思想的重要资源。伏尔泰这样说过："多么可悲，西方人也许应该感到羞愧……竟要到东方找到一位智者……他在公元前六百余年便教导人们如何幸福地生活……这位智者便是孔子……自他之后，普天之下有谁提出过更好的行为准则？"孔子提出的行为准则，使得"普遍的理性抑制了人们的欲望，把'己所不欲，勿施于人'这条法则铭刻在每个人的心中"。罗伯斯庇尔起草的1793年法国《人权和公民权宣言》也引用了《论语》里的格言。宣言说："自由是属于所有的人做一切不损害他人权利之事的权利；其原则为自然，其规则为正义，其保障为法律，其道德界限则在下列格言之中：己所不欲，勿施于人。"他们从自身文化的观念来理解《论语》和孔子的思想，同时赋予了新的意义。

三、读《论语》的方法

关于读《论语》方法，先贤有过许多阐述。虽都是针对时弊，但说的都是基本的道理，对今天的读者也还有指导意义。摘录若干，供读者参考。

（一）吃紧为人

《论语》说"古之学者为己，今之学者为人"，儒学是"为己"之学，"读"是为了自己修身做人，不为别的；不是把它作为知识或者学问，最重要的是用到自己身上，指导自己做人。钱穆先生说：

> 诸位莫问自己所研究者为何，皆应一读《论语》，懂得"吃紧为人"。即是要在做人一事上扣紧。中国传统义理之重要正在讲"人"。此则并非一项理论，成不成系统，合不合逻辑，或仅是一种知识。一部《论语》，重要教人并不在知识或理论上。（钱穆《孔子与论语·再劝读论语并论读法》）

朱熹《论语集注》引程子谈读《论语》：

> 程子曰："今人不会读书。如读《论语》，未读时是此等人，读了后又只是此等人，便是不曾读。"

现实生活中有这样的例子。一位研究儒学的青年学者，曾经被人们认为年轻有为，在同辈中学问做得最好，达到了很高层次，却突然被警方拘捕。原来他借着出国讲学、参加学术会议的机会，伪造证件，将6名女子以妻子的名义带往美国，后来以伪造证件罪判了刑。问题就在于他的研究和自己做人完全不相干，他公开说儒学"为己"的传统不适合现代，他也那么做了，结果害了自己，也败坏了儒学的名声。

从儒学发展来看，如果儒学的研究者都是把这个作为一种学问、作为一种知识在那儿研究，最后这就会把儒学埋葬掉，送进博物馆。儒学的本质是讲做人的道理，它的意义、价值也在于它的思想、精神培育了我们的民族精神。如果把这个取消了，把它变成纯粹的学问，儒学就不存在了。

朱熹说，《论语》的特点是"就切实做工夫处教人"，讲的都是"切己可行之事"。读的时候要联系自己的日常生活、切身体验来体会理解，切忌只求高深玄妙，从观念到观念做空洞的演绎。

（二）不先立论

这是朱熹提出来的。他说：

> 某所以读书自觉得力者，只是不先立论。

不先立论，就是不要拿自己已有的观念来解释和理解《论语》。读《论语》前我们已经读过不少书，接触到许多不同的思想、理论，头脑里不是一片空白，难免会以先入之见来看《论语》，不利于我们准确了解《论语》的原意。"不先立论"就是告诉我们，要先把自己这些已有的观念放一放，虚心地去读，去体会，自觉地避免先入之见的干扰。

朱熹批评当时一些学者，不虚心仔细体会孔孟经典的原意，只是依着自己的想法去解释经典，硬把自己的意思说成是经典的原意，实际只是用经典来印证自己的观点。

朱熹解释说，孟子说读经典要"以意逆志"，这就好比你要接一个外来的客人，你去路口迎接那个人，第一天没有接着，第二天还没有接着，或者那个人有可能来也有可能不来，或者隔几天才来，你天天去接，天天在那儿等，要等他出现你才知道。"如此方谓之'以意逆志'。今人读书，却不去等候迎接那人，只认硬赶捉那人来，更不由他情愿。……他本要自说他一样道理，又恐不见信于人，偶然窥见圣人说处与己意合，便从头如此解将去，更不仔细虚心看圣人所说是如何。……只是将圣人经书拖带印证己之所说而已。"（以上朱熹语，转引自钱穆《朱子新学案·朱子之四书学》）一个人本来想说出道理，又怕别人不相信，他发现书上有一句话好像跟自己的意思差不多，赶紧把这个意思拿来说自己的道理，断章取义，"只是将圣人经书拖带印证己之所说而已"。

朱熹批评的这种现象，于今为甚，应为所有学者所警惕。

"不先立论"对于今天的读者尤其重要。今天的读者读《论语》之前都受到过各方面的教育，读过各种各样的书，接受了各种各样的观点。如果不能把自己脑子里原有的东西放在一边，把这个地方腾出来，你就接受不了别的东西。这就是荀子讲的"虚一而静"（《荀子·解蔽》），把脑子"虚"空起来，腾出地方以后，才能读进其他的东西。原来那些想法，不管是黑格尔的思想，还是孟子的思想，都有可能挡着自己过不了那一关，心里想的还是原来一套。甚至像朱熹讲的，用圣人经典的东西拿来印证自己的东西。

关于读《论语》的方法，朱熹还说：读《论语》，如无《孟子》；读前一段，如无后一段。（《朱子语类·卷十九》）

读《论语》，就从《论语》本文来理解，不要拿《孟子》思想来解释；读哪一章，就从哪一章来理解，不把后面的内容拿来解释。这也是强调"不先立论"的意思。

钱穆先生说：朱子教人读《论语》应专管《论语》，且莫问《孟子》《中庸》，千万不要牵合他说，强通为一。此是朱子教人读书极关重要之一项，学者最当注意。（钱穆《再谈论语新解》）

不先立论，特别要注意的一点是不要以现代的观念去理解和解释。近代以来，西学传入，国学的研究和发展，进入中西会通的阶段。今日世界更进入经济全球化时代，人类共处于地球村，不同文化的交流、碰撞日益频繁和加剧。会通中西，吸取其他民族文化的精华，丰富和发展国学，是当务之急，愈来愈受到学者的关注。认清时代的潮流，关注中西文化的交流和会通，是对的，然而须知这样做的基础是对中华文化的特质和中西文化的差异有深刻的了解。特别对于初学者来说，不注意了解中华文化的特质和中西文化的差异，急于做中西比较和会通，实际上就会自觉不自觉地以西方文化的思维方式和观念来理解《论语》，而不能真正理解《论语》和中华文化。这是需要特别注意的。

（三）从《论语》本身的特点出发来理解

中西文化在宇宙观、思维方式，以至表达方法上都有很大的差别，读《论语》时不可不加以注意。西方的理论著作总是先提出问题、概念，每一个概念有一个定义，有了定义以后进行逻辑的推演，构成一个体系。我们如果用读西方著作的方法去读《论语》往往会遇到很多问题。比如"仁",《论语》里面"仁"讲了100多处,很难说哪个是"仁"的定义。《论语》的特点是从实际生活出发讲,通过实际人和实际事来阐释其思想,而不是从概念出发构建理论体系。它的思想并不是杂乱无章的,它有自己内在的逻辑性,但是在书里没有直接表述。读者只有把《论语》每一章、每一个问题都弄清楚了,理解了,才能形成自己对《论语》思想体系的理解。常见有人要在《论语》中寻找仁、义、礼等的定义,甚至要整理《论语》的"公理体系",重编《论语》。这样做,对自己是劳而无功;对《论语》则是曲解和破坏。

要正确理解《论语》的思想,就必须逐字逐句求解,读一章得一章之意,从而求得《论语》本意。基本的方法是逐句逐章地读,逐句逐章地求确解。

对于这一说法,钱穆先生曾说:

> 读《论语》贵于读一章即得一章之益。……逐字逐句求解,解得一句,即明白得此一句之义理,即可有此一句之受用。若解释得多了,凡属《论语》论"仁"处,我都解得了;《论语》不提到"仁"字处,我亦解得了;孔子论仁论道的真意义,我自然也解得了。此是一"会通"之学。义理在分别处,亦在会通处。会通即是会通其所分别。若《论语》各章各节,一句一字,不去理会求确解,专拈几个重要字面,写出几个大题目,如"孔子论仁""孔子论道"之类,随便引申发挥;这只发挥了自己的意见,并不会使自己真了解《论语》,亦不会使自己对《论语》一书有真实的受用。那是自欺欺人,又何必呢?
>
> 读《论语》,可以分散读,即一章一章地读;又可以跳着读,即先读自己懂得的,不懂的,且放一旁。你若要精读深读,仍该如此读,把每一章个别分散开来,逐字逐句,用考据、训诂、校勘乃及文章之神理气味、格律声色,面面俱到地逐一分求,会通合求。明得一字是一字,明得一句是一句,明得一章是一章。且莫先横梗着一番大道理、一项大题目在胸中,认为不值得如此细碎去理会。(钱穆《孔子与论语·孔子诞辰劝人读论语并及论语之读法》)

钱穆先生这里所说的"先横梗着一番大道理、一项大题目在胸中""《论语》

各章各节，一句一字，不去理会求确解，专拈几个重要字面，写出几个大题目，如'孔子论仁''孔子论道'之类，随便引申发挥"，是当前许多读者的通病，值得引起注意。

（四）不要忽略具体的人和事

读《论语》的时候既要注意谈思想的部分，也要重视那些讲具体事情和具体人的内容。

钱穆先生说：

全部《论语》，多是在讲具体的实人和实事。若忽略了《论语》中所讨论到的具体的实人实事，则全部《论语》所剩无几。……抽离了具体的人和事，超越了具体的人和事，凭空来讨论思索，那便近于西方哲学思想的格套。

既然孔子的思想和义理，都扣紧在人事上，因此读《论语》，也并不能只注意"仁"字、"礼"字等许多字眼。换言之，《论语》中凡牵涉到具体人和事的，都有义理寓乎其间，都是孔子思想之着精神处。

《论语》讲做人的道理，很多是通过具体的人和事来谈的。比如有一段话讲齐景公、伯夷、叔齐，"齐景公有马千驷，死之日，民无德而称焉。伯夷、叔齐饿于首阳之下，民到于今称之"。看起来只是对齐景公、伯夷和叔齐的评价，却体现出儒家对人生价值的理解。如果我们只注意"仁"是什么意思，"孝"是什么意思，可能无法完整把握《论语》的思想。还有，《论语》本身讲的道理，单纯从道理上理解，会很抽象，而如果与书里关于具体人和事的内容结合起来看，就会具体而容易理解。

（五）考据、义理、词章三个方面缺一不可

《论语》一书历代注释很多。钱穆先生介绍了三部：何晏的《论语集解》、朱熹的《论语集注》、刘宝楠的《论语正义》。他说："普通人读《论语》都读朱子注，若要深读精读，读了朱注，最好能读何晏所集的古注，然后再读刘宝楠的清儒注，不读何刘两家注，不知朱注错误处，亦将不知朱注之精善处。"

要注意不同的注。朱熹说："诸家有异同处最可观，谓如甲说如此，且捍扯住甲，穷尽其词；乙说如此，且捍扯住乙，穷尽其词。两家之说既尽，又参考而穷究之，必有一真是者出矣。"钱穆先生说："从来解说《论语》者多矣，几于每字、每句、每章必有异说。每有异说，亦多在两三说以上。惟学者治异说，切戒有好异心，切戒有好胜心。贵能平心静气，以实事求是之心读之。每得一异说，与文理文气上孰当孰否？于考据训诂上孰得孰失？与义理阐发上孰精孰粗？贵能细心寻求。《论语》本文，若平淡易简；然学者能循此求之，一说之外复有一说，众说纷纭，而各有所见，亦各有所据。正在此等处，可以长聪明，开思悟，闻见日广，识虑日精。"这里面特别讲了一点，"在此许多异解中，我们不当批评其孰是孰非，孰好孰不好，而只当看其孰者与《论语》原文本义相合。此处却不论义理，只论考据"。

（六）要和现实相结合，推陈出新

《论语》关于做人的道理，基本内容是古今中外普遍适用的做人的常道，但它产生和发展在古代社会，也不免带有时代的烙印，与现代社会有所冲突。时代发展了，也提出许多新的问题、新的要求。完全局限于经典文本，也不能适应今天的需要。应与时俱进，有所发展。所以今天读《论语》，要注意分析，推陈出新，做出新的理解和诠释，和社会主义核心价值观相联系。弘扬中华优秀传统文化与践行社会主义核心观价值观，方向是一致的，内容是相辅相成的。不能把二者对立起来，而要努力把二者结合起来，使之互相促进。

四、怎样对待传统文化

读《论语》，首先遇到的问题就是如何对待几千年的传统文化。一百多年来，人们在这个问题上提出过各种意见和主张，有过激烈的争论，有些问题至今没有完全解决。

这个问题争论的实质，是中国文化走什么道路、向何处去的问题；争论的中心是中国文化是在中华文化的基础上发展，还是要改弦更张，走西化的道路？中体西用和西体中用、全盘西化和中国文化本位、黄色文明和蓝色文明之争，争论焦点都是这个问题。一个时期以来，否定中华传统文化的思潮，甚嚣尘上。"打倒孔家店"和与传统彻底决裂、将传统文化扫进历史垃圾堆等，是其极端的表现。

经过对"文革"的反思，人们重新思考中华传统文化的价值，现在全盘否定中华传统文化的言论已经不多了。一种颇有代表性的观点是，传统文化"真理与谬误杂陈其中，既有精华性的东西，也有糟粕性的东西"。或者说，"有好也有坏"，对待传统文化就是要从它中间去找，哪些东西是对现在有用的，拿来用于当前的时代。这样的说法，看似客观全面，实则用传统文化有无可取之处、有哪些可取之处、有多少可取之处的问题，取代了中国文化走什么道路、向何处去的问题，回避和模糊了问题的实质。而且，这种说法暗含着否定中华文化的前提：中华传统文化整体上已经不能适应现代社会需要了，只有其中某些成分、元素，还可以作为思想资料为今天所借鉴。按照这样的思路，固然我们可以"找出"若干条中华文化中"有用的"思想内容，但是如果只是这样，找到再多，也只能是一堆支离零散的格言警句，难以成为完整的文化思想体系，这就自觉不自觉地消解了传统文化。

当然，对传统文化要有分析，不能说传统文化一切都好，一切照搬。但根本的问题是总体上对传统文化采取什么样的态度。半个多世纪前钱穆先生曾经提出：

> 当信任何一国之国民，尤其是自称知识在水平线以上之国民，对其本国以往历史，应该略有所知。……尤必附随一种对其本国以往历史之温情与敬意。[1]

其所以说要对民族的历史文化抱有温情和敬意，是因为民族文化是民族的生命，一旦民族文化消亡了，民族也就灭亡了。而文化发展是延续的，只有在继承前代已有成果的基础上才能发展；先进文化的源泉和基础，存在于民族文化的传统中。文化的发展犹如大树，树木生长，从幼苗到长成参天大树，要经历数十年、数百年乃至数千年时间。在树木生长的过程中，有的枝叶会衰老、枯死，同时又有新的枝叶生长；或者会遇到病虫害，严重时甚至会威胁到树木的生命。为了保证树木健康生长，要经常修剪、施肥，去掉枯枝、弱枝，促使新枝萌发生长，还要治理病虫害，精心呵护。只有这样做，才可以使枯木逢春，焕发新的活力，枝繁叶茂，茁壮成长。有时还要嫁接其他树木，使树的性状发生变化。而所有这一切，都是在树木的本根的基础上进行的，离开本根，就没有树木的生长。

---

[1] 钱穆：《国史大纲·凡读本书请先具下列诸信念》，中华书局1996年版，第1页。

◎导读

近代以来，我们的民族文化受到西方文化和社会变革的双重冲击，经历过风刀霜剑的摧残，也呈现出某些病弱之相。我们现在要做的，正是要帮助中华文化这棵古老又带病的大树复壮。为此，不能局限于从民族文化中去挑拣某些有用的东西，而要排除对民族文化的摧残，抗击外来冲击，呵护好民族文化的本根。在这个基础上，更要剔除民族文化中已经腐败、枯死的部分，消除其身上的病害，同时又吸取新的营养，推陈出新，使它焕发出新的活力，随时代的发展而发展。只看枝叶，忽略或甚至抛弃根本，不仅无法解决问题，甚至还会削弱和抽掉民族文化发展的基础。

认识和解决这个问题，一个基本的方法论问题，是要把握文化的二重性。

世间一切事物，都有两个方面。作为一个事物，它总有其区别于其他事物的特殊性或个性；同时，它又有和其他事物相同的普遍性或共性。这个个性和共性、特殊性和普遍性、个别和一般的问题，是一切认识的基本问题，也是认识一切事物的出发点。在"张三是人"这个最简单的命题中，就包含了这个个性与共性的关系问题。"张三"所反映的是特殊的个别的方面，"人"则是反映了普遍的一般的方面。

普遍性和特殊性，不是事物的两个部分，而是互相联结的两个方面。任何个别的特殊的事物，必定包含着普遍性；普遍性的内容不能脱离特殊性而存在，总是与特殊性联系在一起，存在于特殊的形态之中，通过具体形式而表现。

> 一般只能在个别中存在，只能通过个别而存在。（列宁《谈谈辩证法问题》）

> 共性"即包含于一切个性之中，无个性即无共性。"（毛泽东《矛盾论》）

普遍性反映事物共同的本质的方面，只能通过概念来把握；特殊性表现为每个事物的形象，具体、生动而丰富。

> 任何一般都是个别的（一部分，或一方面，或本质）。任何一般只是大致地包括一切个别事物。任何个别都不能完全地包括在一般之中。（列宁《谈谈辩证法问题》）

我们认识世界就是从个别的特殊的事物认识其中包含的一般的普遍的因素。

19

从认识个别事物进而到认识不同事物之间的共性，标志着认识的深化。只有从个别特殊的事物中间找到它们和其他事物共有的普遍性，我们的认识才能一步步深入到本质。

文化也是一样，它也有普遍性和特殊性的二重性。古代的文化和现代的文化不同，因为古代社会和现代社会不同，时代变化自然导致文化也有很多不同，这是文化的时代性、特殊性。但不同时代的不同文化中又有着贯穿古今、超越时代限制、为一切时代共有的东西。由此，文化才能形成一个传统。如果每一个时代的文化都截然不同，没有一个共同的东西贯穿在里面，我们就没有办法讲文化的传统。这又是文化的普遍性。

对于中国的传统文化，也应做这样的分析。我国古代传统文化产生、发展于古代等级制社会，其具体的形态和内容，必然带有历史性，从总体上说是为等级制社会服务的。但作为民族的文化，是我们先人经验和智慧的结晶，有着普遍性的品格。准确把握这两个方面和二者之间的联系，是正确认识和对待传统文化的关键。

懂得了这个特殊与普遍、个别与一般的关系问题，就可以懂得，对待传统文化既不应全盘否定，也不应全盘肯定，而应该是抛弃其带有时代特殊性的成分，继承、发扬其民族文化的普遍性的成分。我们在对待传统文化的问题上长期存在的全盘肯定和全盘否定，非此即彼的两种主张的争论，究其认识上的根源，就在于没有认识到这个普遍性与特殊性及其互相联结的方面，没有认识到传统文化的二重性。

在怎样认识和对待传统文化的问题上，仍存在着很多不同的认识。目前常用的一些提法，也有不准确、不科学或似是而非的情形，对这些问题，需要认真研究、讨论和澄清。

为多数人所接受的提法是"取其精华，去其糟粕"。什么是精华？什么是糟粕？以什么样的标准来区分？这是人们常常提出而又得不到解决的问题。提出区分精华和糟粕，其主要意义，在于指出了对待传统文化既不能简单继承、全盘照搬，也不能简单批判、全盘否定，而应加以辨别，从而明确了对待传统文化应取的根本态度。然而，严格地讲，"精华""糟粕"之分不是一种科学的标准。"精华""糟粕"是一种价值判断，是带有主观性的，不同的人会有不同的标准。这需要我们增强明辨是非的能力。

提出文化的二重性，为对传统文化的批判继承提供了一个科学的客观的标准。文化的二重性是客观的，普遍性和特殊性的区分不是随意的。在整个文化系统中，哪些属于普遍性的因素，哪些属于特殊性的因素，都是由客观条件决定的，不以人们的认识和好恶而转移。懂得了传统文化的二重性，就可以回答：凡具普遍性的因素就是可以和应该继承弘扬的精华，凡属适应旧时代需要而不适应当前时代发展的特殊性的因素，即是应予批判抛弃的糟粕。这样，就给区分精华和糟粕提供了客观的标准，把"取其精华，去其糟粕"放到了科学的基础之上。

"取其精华，去其糟粕"的原则在实际运用中的另一个问题，是人们常把精华和糟粕看成不相联结的两个部分，搞不清楚传统文化中哪些是精华，哪些是糟粕，是精华多还是糟粕多。事实上，对传统文化是不能做如此简单的分割的。普遍性和特殊性这两个方面互相联结，不可分割。普遍性的内容总是与时代性的要求联系在一起，存在于时代性的形态之中，通过其时代性的具体内容而表现出来，正是在特殊性的具体表现中，蕴涵着普遍性的精神和原则。所以，普遍性和特殊性是传统文化的两个方面，而不是传统文化的两个部分。"取其精华，去其糟粕"不是简单地挑拣分类，而是要对传统进行分析，从其时代性的具体形态中，剥离出其具有普遍性的成分，从而抛弃其形式，救出其内容。对传统中普遍性内容的继承也不是简单地拿来就用，还必须立足于当今时代的需要，对它做出新的解释，赋予它新的时代内容，使它与现代社会相适应。这是一个从个别到一般，再从一般到个别，批判、继承、创新、发展相统一的完整的过程，概括为一句话就是推陈出新。只有经过这样一个推陈出新的过程，才能既坚持民族性，又体现时代性，使传统文化适应时代要求，发展到新的阶段、新的高度。

这里还要说到"洋为中用，古为今用"。"洋为中用"是对的，"古为今用"则似是而非。因为学习其他文化的先进的、优秀的成分，与继承发展本民族传统文化是不同性质的两回事。对于其他民族文化，只能吸取其可以为我所用的部分。而传统文化，是我们几千年来生存、发展的基础，也是我们今天创造新生活的基础。我们是站在时代的高峰，立足于我们先人创造的这个基础上向前走。我们的基本态度是传承、发展，不是拿它有用的部分来用。当然，传承、发展不是故步自封，更不是复古，传承中要有推陈出新，有发展，要适应时代的需要，创造中华文化的新的辉煌。我们的民族文化有着辉煌的历史，近几百年来落后了，现在从衰落中奋起，创造新的辉煌，也就是要实现民族文化的复兴。

所以，怎样对待传统文化？概括地说就是：传承、弘扬、发展，推陈出新，创造中华文化新的辉煌，实现民族文化的伟大复兴。

学而篇第一

1·1　子曰①："学而时习②之，不亦说③乎？有朋④自远方来，不亦乐⑤乎？人不知而不愠⑥，不亦君子⑦乎？"

◎**注释**　①〔子曰〕《论语》中"子曰"都指孔子说的话。子，古时对男子的尊称。②〔时习〕时有两种解释：一说是"在一定的时候"，一说是"时常"。本书取第二种解释。习，温习和练习，引申为实践。③〔说〕同"悦"。愉快的意思。④〔朋〕古注："同门曰朋。"同在一个老师门下学习的叫朋，指志同道合的人。⑤〔乐〕快乐。古注："悦在内心，乐则见于外。"⑥〔人不知而不愠〕知，了解的意思。人不知，是说别人不了解自己。愠，恼怒。⑦〔君子〕《论语》里，君子是孔子理想中具有高尚人格的人，有时也指在位的人。这里是指前者。

◎**大意**　孔子说："学了又时时温习和练习，不是很愉快吗？有志同道合的人从远方来，不是很快乐吗？别人不了解自己却不恼怒，不也就是一个有德的君子了吗？"

◎**解读**　这一章中心是论学。孔子所教所学，主要是为人之道。旧注："学，觉也，效也。""君子学以致其道"（《论语·子张》），觉是觉为人之大道，效是效先觉之所为。与西方倡言"自我觉醒"不同，此处所言觉，是道的觉醒，人的觉醒。读者宜注意分辨。

朱熹注释说："习，鸟数飞也。"数，多次反复。为人之学，重在力行实践，需反复练习，如鸟之习飞。时代演进，知识爆炸，今天的学，与孔子所处时代的学已有很多不同，所学范围已大大扩大。但学为人之道而时习之，仍是学之根本，不可懈怠。

本章三句话叙述一位学者一生学习不同阶段的感受，"实亦孔子毕生为学之自述"（《论语新解》）。第一句是说初学时自己从学习中获得喜悦；第二句是说学习有遇疑难困惑时，有同道自远方来相互切磋，答疑解惑，从中获得快乐；

第三句是说学有成就，不为人所知，而心无愠恼，是君子所应有的态度。

一般人常以学为枯燥乏味、劳神费力的苦事，常以"梅花香自苦寒来""学海无涯苦作舟"等话来激励自己苦读。而《论语》却开篇就说学的喜悦和乐趣。苦乐之间，反映了不同的为学态度。学之喜悦和乐，来自内心对学的自觉追求。学习确需刻苦，但如果学出于内心追求，在经过不断温习而有所得的时候，就会感到由衷喜悦。就如婴儿学步，在经过多次颠扑之后，一旦能独立行走时所表现出来的喜悦那样。学习要靠个人努力，但在遇到疑难困惑，一人苦思不得其解的时候，有朋友来共同切磋，答疑解惑，无疑是极大的乐事。常言道"高处不胜寒"，创新者往往是孤寂的，即使学有成就，也往往不为人所知。而如有高度自觉的好学精神，亦就不会为此而郁闷、懊恼。反之，若学习只为满足他人（父母、学校等）要求，而不是自身真正好学，那么自然会见苦不见乐。

读本章要能体会孔子的好学精神。孔子之乐来自何处？我们如何才能体会到学的乐处？要从整部《论语》所见孔子思想、言行，联系自身学习、生活的经验来体会。《论语》所说，许多是孔子自身的内心感受和体验，对这一类内容，不能停留在文字和道理上的理解，要结合读者自己的经验，用心去体会，才能真正领悟。这是读《论语》应特别注意的。

1·2 有子①曰："其为人也孝弟②而好犯上者③，鲜④矣；不好犯上而好作乱者，未之有也。君子务本⑤，本立而道⑥生。孝弟也者，其为仁之本⑦与⑧？"

◎**注释** ①〔有子〕孔子晚年的学生，名若。《论语》里对孔子的学生一般都称字，只有曾参、有若、冉求、闵子骞四人称子。②〔孝弟〕孔子和儒家提倡的两个基本的道德规范。孝规定了子女对父母应有的态度；弟，同"悌"，规定了弟弟对兄长应有的态度。古注："善事父母曰孝，善事兄长曰弟。"③〔好（hào）犯上者〕好，喜爱。犯，冒犯，干犯。上，指在上位的人。④〔鲜（xiǎn）〕少。⑤〔务本〕务，专心致力。本，根本。⑥〔道〕万物所应遵循的原则、规律。在中国古代思想里，道有多种不同的含义。这里的道是指为人之道，即做人的根本原则，具体说就是孔子所提倡的仁道，即以仁为核心的整个思想道德体系。⑦〔为仁之本〕

仁，是孔子所倡导的最高道德范畴。为仁之本，一说孝悌是仁的根本；另一说，为仁，是行仁的意思，即孝悌是践行仁德所应遵守的根本原则。前者从仁的内容讲，后者是从仁的实行上讲。也有人解释，为仁的"仁"字就是"人"字，"为仁之本"就是"做人的根本"。⑧〔与〕同"欤"。语气词，表示疑问。古注："谦退不敢质言也。"

◎**大意** 有子说："一个人为人孝悌却又喜欢犯上，这是很少见的；不喜欢犯上却喜欢造反的，从来就没有过。君子专心致力于根本之上，根本树立了，道也就由此而生了。孝悌，这是行仁的根本吧！"

◎**解读** 本章论孝悌，提出孝悌"为仁之本"。对此，有不同的理解和解释。有子从为人孝悌就不会犯上作乱阐释孝悌的意义，这是对当时宗法制社会状况的反映。宗法社会下天子、国君由嫡长子继承，其余庶子分封为诸侯、卿大夫，社会的政治结构是建立在宗法血缘关系的基础之上的。天子与诸侯、诸侯与卿大夫的关系，同时也是父与子、兄与弟的关系，因此遵从孝悌也就不会犯上作乱。这是孝的时代性的内容和意义。秦以后，大一统帝国的中央集权制取代了宗法封建制，孝悌就失去了其原有的意义；而在近代宗法等级制度瓦解之后，孝悌与不犯上作乱的联系就已经完全失去了基础。

孝悌的本义，是善事父母、兄弟，事亲敬长，属于家族伦理。家庭是社会的细胞，父母兄弟是每一个人最亲近的人，爱人总是从爱父母兄弟开始，从孝悌开始；人不孝悌不能爱人，也无仁心。这是孝悌的普遍性的基础和意义，是不受时代限制的。只要以血缘关系为基础的家庭还是社会的细胞，孝悌就是家庭以至社会和谐稳定极为重要的道德基础。

孝悌是仁心的表现，爱人从孝悌开始，但它只是行仁的一个方面，能孝悌未必就能仁。一说认为，"为仁"二字应连读。为仁，就是"行仁"。孝悌只能说是"行仁"的根本，而不能说是仁的根本。"谓行仁自孝弟始，孝弟是仁之一事。谓之行仁之本则可，谓是仁之本则不可。"（朱熹《论语集注》）这一解释，比较能与孝悌本义相合。

1·3 子曰："巧言令色①，鲜矣仁。"

◎**注释** ①〔巧言令色〕"巧"和"令"都是美好的意思。古注："好其言，善其色，致饰于外，务以说人。"

◎**大意** 孔子说："花言巧语，装出好看的脸色来讨人喜欢，这样的人，仁心就很少了。"

◎**解读** 人的内心会通过日常言行而表现出来。"巧"和"令"，本来都是褒义。这里说的巧言令色，是专求讨好他人，说出一些花言巧语，装出好看的脸色来讨人喜欢，待人却没有真情实意，虚情假意，自然谈不上仁。美好的语言、和善的脸色是好的，但更重要的是内心的真诚。

1·4　曾子①曰："吾日三省②吾身：为人谋而不忠③乎？与朋友交而不信④乎？传⑤不习乎？"

◎**注释**　①〔曾子〕孔子晚年的学生，名参（shēn）。②〔省（xǐng）〕察看、检查。③〔忠〕古注："尽己之谓忠。"即对人尽心竭力的意思。④〔信〕古注："以实之谓信。"诚实的意思。⑤〔传〕古注："传，谓受之于师。"老师传授给自己的知识。

◎**大意**　曾子说："我每天多次反省自己：为别人办事是不是尽心竭力了？同朋友交往是不是做到诚实可信了？老师传授给我的学业是不是实践了？"

◎**解读**　孔子教育弟子，重视修养的自觉性，要求"君子求诸己"。自省是体现了"求诸己"精神的自我修养的基本方法，可谓"为学之本"。三省，过去有的解释为三次检查，有的解释为从三个方面检查，有的解释为多次检查。总之是说要经常反省自己。关于自省，还可参读4·17，5·27，7·21，12·4各章。

本章提到曾子自省的三方面内容。传，指老师传授给自己的学业；忠、信是孔子重视的两项道德要求，是传的主要内容。"子以四教：文、行、忠、信。"旧注："忠信为传习之本也。"《论语》多处讲忠信，说君子要"主忠信"（1·8章），以忠信为主，可以与5·27，7·24，9·24，12·10，15·5各章参读。

"为人谋而不忠乎"的"忠"，是泛指对一切人，并不专指忠君。《论语》里讲"忠"大都是作为一般的道德规范，与"信"相连，讲"忠信"，并不专用于君臣关系。这与后世儒家提倡的忠君思想，既有联系，又有区别。儒家思想在汉以后被定为正统思想，后世儒家对孔子的思想做了许多解释、发挥。经后世儒家解释发挥的孔子思想，与《论语》里记载的孔子本来的思想，在许多问题上也是既有联系，又有不同。这是在读《论语》和了解、研究孔子思想的时候要特别注意的一个问题。

1·5 子曰："道①千乘之国②，敬③事而信，节用而爱人，使民以时④。"

◎ **注释** ①〔道〕有的本子写作"导"。治理的意思。②〔千乘之国〕有一千辆兵车的国家，指当时的诸侯国。乘（shèng），古时一车四马为一乘，这里指兵车。③〔敬〕谨慎专一的意思。④〔使民以时〕役使百姓要考虑农时，即在农闲时役使。时，指农时。

◎ **大意** 孔子说："治理一个有一千辆兵车的国家，处事要谨慎专一而有信用，要节约财用而爱人，役使百姓要在农闲时。"

◎ **解读** 本章谈为政治国。孔子提出的几条策略——谨慎专一，讲信用，节约财用，爱护百姓，依农时使用民力，看似简单浅近，却是治国最基本的要求，一切当政者都应注意。

1·6 子曰："弟子①入则孝，出则弟②，谨而信，泛③爱众，而亲仁。行有余力，则以学文④。"

◎ **注释** ①〔弟子〕一般有两种含义：一指年纪较小，为人弟和为人子的人；一指学生。这里是指前者。②〔入则孝，出则弟〕古时子与父住在不同住处，学习则在外舍。入指进到父亲住处，或说在家；出指到外舍就师学习。出则弟，是说要用弟道对待师友，以及其他年长于自己的人。③〔泛（fàn）〕广泛的意思。④〔行有余力，则以学文〕行有余力，指有闲暇时间。古注："余力犹言暇日。"文，古代文献。

◎ **大意** 孔子说："弟子在家要讲孝，出外要讲悌，言行要谨慎，要诚实可信，要广泛地爱众人，而亲近其中有仁德的人。这样做了还有余力和闲暇，再去学习文献知识。"

◎**解读** 本章谈对少年弟子的教育。孝悌、谨信、爱众、亲仁是仁德的几点基本要求。"行有余力，则以学文"，要求弟子们致力于德行修养，有余力再学习文献知识，说明孔子是把德行的教育放在首位。但"行有余力"主要是从为学次第说，不是从重要性上说，不可认为重德行就可忽视学文。力行而不学文，就会只知要怎么做，却不知为什么要这么做；看起来是做了，但他的理解却可能是错的。

文和行是孔子之教的两个方面。从学习的次序说，要从力行开始；从做人的要求说，学文是根本。力行和学文不可偏废。本章对子弟说，是"行有余力，则以学文"；6·25章谈成人教育，则说君子"博学于文，约之以礼，亦可以弗畔矣夫"，说的也是文和行两个方面，但重点、次序又有不同。可联系参读。这个本末终始的问题，是传承传统文化、进行道德教育中的重要问题，要认真研究和正确处理。19·12章也讨论到这个问题，可参读。还可与1·7，6·25，7·24，9·10章参读。

1·7 子夏[①]曰："贤贤易色[②]，事父母能竭其力，事君能致其身[③]，与朋友交言而有信。虽曰未学，吾必谓之学矣。"

◎**注释** ①〔子夏〕孔子晚年弟子。姓卜名商，字子夏。②〔贤贤易色〕第一个"贤"字作动词用，尊重的意思。贤贤，尊重有才德的贤人。易，有两种解释：一作改变讲，指尊重贤者而改变好色之心；一作轻视讲，指看重贤德而轻视女色。有一种说法认为，全章四句分指夫妇、父子、君臣、朋友四伦，这一句专指妇女而言。③〔致其身〕把生命奉献给国君。致，尽的意思。

◎**大意** 子夏说："一个人能看重贤德而轻视女色，侍奉父母能竭尽全力，服侍国君能献出生命，与朋友相交说话诚实可信。这样的人，尽管他自己说没有学习过，我也一定说他是已经学习了。"

◎**解读** 将这一章与前一章联系起来，更可以看到孔子教育重在德行的特点。不过，如果以为只要付诸实践就可以，却忽视了对经典文献的学习，就会陷入另一种片面性。旧注："力行而不学文，则无以考圣贤之成法，识事理之当然，而所行或出于私意。"对于这个问题，要把这两章和19·12等章联系起来，全面理解。

1·8 子曰:"君子不重则不威。学则不固①。主忠信②。无友不如己者③。过则勿惮④改。"

◎ **注释** ①〔学则不固〕有两种解释:一、固,作坚固解,与上句相连,不厚重就无威严,所学也不坚固;二、固,作固陋解,见闻浅少的意思。"学则不固"自成一句,学了就可以不固陋。②〔主忠信〕以忠信为主。③〔无友不如己者〕无,通"毋",不要。不如己,有两种解释。一般解释,交友是为了提升自己的修养,择友如择师。与高于自己的人交往,体现了见贤思齐的精神,与不如自己的人交往,无益而有害。所以不要和不如自己的人交往。另有一解释说,如果大家都不和不如自己的人交往,你愿与他交而他不愿与你交,就会找不到朋友,所以"如"是似的意思。不如己,是指不和自己同道、同类。古注:"不如己者,不类乎己,所谓'道不同不相为谋'也。"④〔惮(dàn)〕怕,畏惧。

◎ **大意** 孔子说:"君子不厚重就没有威严;学习,就可以不粗鄙浅陋;要以忠信为主;不要同与自己不同道的人交朋友;有了过失不要怕改正。"

◎ **解读** 君子,古时有两种含义:一指在位的人,一指有道德的人。《论语》中的"君子",主要指后一个含义,是孔子理想中完善人格的代表。《论语》论及君子品德的内容,是《论语》思想的重要部分。

"主忠信",指为人行事要以忠信为主。《论语》多处讲忠信,如1·4,5·27,7·24,9·24,12·10,15·5章,可参读。

"无友不如己者",可与4·1章"里仁为美"联系起来理解。19·3章子夏门人和子张关于交友的讨论,也和这个问题有关,可以参读。

"过则勿惮改",指出了对待过失的正确态度,是闪烁着真理光辉的格言。还可与6·2,15·29,19·8,19·21章参读。

1·9 曾子曰:"慎终追远,民德归厚矣。"

◎ **大意** 曾子说:"谨慎地对待父母的去世,追念久远的祖先,百姓的道德风尚就会日趋淳厚了。"

◎**解读** 孔子和儒家不信鬼神，却很重视丧祭之礼。孔子赋予丧祭之礼以道德的意义，把丧祭之礼看作内心孝的情感的寄托和表现。17·21章孔子解释"三年之丧"的必要性，对这一点做了具体的说明。3·4章强调哀和敬，也是反映了这一点。这一章说的是另一方面：认真实行丧祭之礼，又可潜移默化地培养人们的道德情感，使"民德归厚"，社会安定。这是理解礼的意义和仁礼关系的重要方面。可与2·5，17·21章参读。

1·10　子禽①问于子贡②曰："夫子③至于是邦也，必闻其政，求之与？抑与之与？"子贡曰："夫子温、良、恭、俭、让以得之。夫子之求之也，其诸④异乎人之求之与？"

◎**注释**　①〔子禽〕孔子学生，姓陈，名亢，字子禽。②〔子贡〕孔子学生，姓端木，名赐，字子贡。③〔夫子〕古代对男子的敬称。《论语》中，孔子的学生称孔子为夫子。④〔其诸〕语气词，表示揣度的语气，相当于"或者""莫非"。

◎**大意**　子禽问子贡说："我们夫子到一个国家，总是能了解到这个国家的政事，这是去求得来的，还是人家主动告诉他的呢？"子贡说："我们夫子是靠温和、善良、庄敬有礼、节俭、谦逊而得来的。我们夫子去求的方法，或许是与别人的求法不同吧。"

◎**解读**　孔子周游列国，虽然没有得到各国国君的任用，但他每到一地都能了解到当地的政事。子贡说这不是孔子去求来的，而是因为他温、良、恭、俭、让的道德仪容赢得人们的尊敬，人们主动告诉他的。这是孔子和一般人不同的地方。有些人为了参与政事，往往费尽心机，拍马奉迎，送礼请托去求；还有人甚至采用财色行贿、拉帮结派等不法手段，以求谋取一官半职。而孔子并不刻意地追求，只是通过自己温、良、恭、俭、让的人格魅力，赢得人们的尊敬，从而能够了解当地政事。这是自然得到的结果，不是刻意追求的结果。"求"和"得"的差别，值得仔细体会。

1·11　子曰："父在观其志，父没观其行①，三年无改于父之道②，可谓孝矣。"

◎**注释** ①〔观其志、观其行〕其，指儿子。父亲在，儿子不能独立处事，所以观其志；父亲死了，儿子独立处事，所以要观其行。②〔三年无改于父之道〕这里的道是指父亲生前所为，包括其思想和处事方式。

◎**大意** 孔子说："父亲在，观察儿子要看他的志向；父亲死了，要看他的行为。在三年之内能不改变父亲生前的所为，可以说是孝了。"

◎**解读** 《论语》讲到孝的要求的有多处，这是其一。

这一章多有不同解释。父死后要"三年无改于父之道"，宋儒注曰："必能三年无改于父之道，乃见其孝，不然，则所行虽善，亦不得为孝矣。"把"无改于父之道"看作孝的第一位的要求。清人批评这一说法，认为不是以不改为孝，而要看父之道是否正确。所以不改，是因为它是正确的；如果不正确，朝死而夕改也是可以的。钱穆先生的《论语新解》则认为："其实孔子此章，即求之于近日之中国家庭，能遵此道者，尚固有之。既非不近人情，亦非有乖大义。孝子之心，自然如此。孔子即本人心以立教，好高骛远以求之，乃转失其真义。"前二解侧重于道义是非方面，后者侧重于人情人心方面。当代社会下，孝更应顺应时代潮流、创新精神与之相谐调。

1·12 有子曰："礼之用，和①为贵。先王之道斯为美②，小大由之。有所不行。知和而和，不以礼节之，亦不可行也。"

◎**注释** ①〔和〕和谐，协调。②〔斯为美〕斯，这，此。这里指礼，也指和。

◎**大意** 有子说："礼的运用，以和谐为可贵。先王治国之道的好处就在这里，不论小事大事都照这样去做。但也有不能这样做的。只知道要和而刻意追求和谐，不用礼来节制，也是不可行的。"

◎**解读** 和为贵，是孔子思想的重要内容之一，它代表了中国人最高的价值追求，几乎为中国人家喻户晓，成为人们日常行事的准则。但人们往往并没有真正理解它的含义。它不只是人们一种善良、美好的愿望和追求，而且是对中国人根本世界观的深刻反映，成为普通百姓在日常生活中待人处事的基本原则，有着丰富的内涵。传统文化中对此有多方面的论述，有丰富而宝贵的思想资源，需要认真学习研究。

这一章着重强调了和是最高的价值追求，同时又指出不能为和而和，要"以礼节之"，说明和不是无原则的调和。《论语》将"无原则的调和"称为"同"，如13·23章"君子和而不同，小人同而不和"，以"和"与"同"对举，提出"和而不同"为待人处事的根本原则，以"和而不同"与"同而不和"为区分君子、小人的标志，可以与本章联系起来读。

1·13 有子曰："信近于义，言可复①也；恭近于礼，远耻辱也；因②不失其亲，亦可宗③也。"

◎**注释** ①〔复〕古注："复，践言也。"实现诺言的意思。②〔因〕依靠，凭借。③〔宗〕有两种解释：一、宗犹主也；二、尊崇，崇敬。本书取第二种解释。

◎**大意** 有子说："说话有信用而近于义，那么说的话就能兑现；态度恭敬而近于礼，就可以远离耻辱；所依靠的都是可亲的，也就值得崇敬了。"

◎**解读** 信和恭都是重要的德行。但只有合于义、礼，才能成为真正的善；不义之信不可复，非礼之恭自取辱。具体的德行要求必须合于义、礼的原则。8·2，17·23章都讲到这一点，可联系起来读。

1·14 子曰："君子食无求饱，居无求安，敏于事而慎于言，就有道①而正②焉，可谓好学也已。"

◎**注释** ①〔有道〕指有道德的人。②〔正〕正其是非。
◎**大意** 孔子说："君子吃饭不求饱足，居住不求安逸，对工作勤快敏捷，说话却谨慎，又到有道的人那里去辩证自己的是非，这样可以说是好学了。"
◎**解读** "食无求饱，居无求安"，是说对待物质生活的态度；"敏于事而慎于言，就有道而正焉"，是说修身的态度。如何处理二者的关系是人生中的大问题。一心求安饱，则无暇顾及修身；一心修身求道义，则自然亦不孜孜于求安饱。君子食无求饱,居无求安,不是提倡贫穷,而是说用心于修身而不是孜孜于安饱。这是对君子的要求,也是好学的表现。可联系下章及4·5,4·9,6·9,7·15,14·11章来把握。

1·15 子贡曰:"贫而无谄,富而无骄,何如?"子曰:"可也。未若贫而乐①,富而好礼者也。"子贡曰:"《诗》云:'如切如磋,如琢如磨②',其斯之谓与?"子曰:"赐也!始可与言《诗》已矣;告诸往而知来者③。"

◎**注释** ①〔贫而乐〕有的本子乐下有"道"字,作"贫而乐道"。②〔如切如磋,如琢如磨〕见《诗经·卫风·淇澳》。有两种解释:一说切磋琢磨分别指对骨、象牙、玉、石四种不同材料的加工,不加工不能成器;一说加工象牙和骨,切了还要磋,加工玉石,琢了还要磨,有精益求精的意思。本书取第二种解释。③〔告诸往而知来者〕诸,这里同"之"。往,过去的事,这里指已经告诉他的话。来,未来的事,这里指还没有说出的话。

◎**大意** 子贡说:"贫穷而能不谄媚,富有而能不骄傲,怎样呢?"孔子说:"这也算可以了。但不如贫穷还乐于道,富有还好礼。"子贡说:《诗经》上说:要像加工牙骨玉石那样切呀、磋呀、琢呀、磨呀,就是讲的这个意思吧?"孔子说:"赐呀,你能从我已经告诉你的话中领会到我还没有说到的意思,现在可以和你谈《诗经》了。"

◎**解读** 人处贫穷,易自我卑贱,谄媚于人;处富贵,则易骄肆傲慢。能贫而无谄,富而无骄,说明他能正确对待贫富,所以孔子予以肯定。"贫而乐道,富而好礼"则超越了贫富的考虑,不论贫富,都一心向道。这是孔子希望人们达到的理想境界,也是他进行道德教育想要达到的目标。可参读上章及4·5,4·9,6·9,7·15,14·11章。

孔子回答子贡的问话,在表示可以之后,又提出更高一层的要求。子贡从这里又联系到《诗经》,悟到《诗经》这几句正是说明学问要不断切磋琢磨,因而得到孔子的赞许。这段对话生动地表现出孔子教育的一个重要特点,就是重视引导学生主动思考，要求学生能"告诸往而知来者"。这是孔子教育思想中很有价值的部分，可与7·8章参读。

1·16 子曰："不患①人之不己知，患不知人也。"

◎**注释** ①〔患〕忧虑。

◎**大意** 孔子说："不忧虑别人不了解自己，只怕自己不了解别人啊。"

◎**解读** "不患人之不己知"可与首章"人不知而不愠"参读，《论语》中说明这一思想的还有4·14，14·32，15·18，15·20章，可参读。

"患不知人"，指不能分辨人的是非善恶，会有许多麻烦，是值得忧虑的。12·22章孔子还用"知人"解释"知"，并解释说，"举直错诸枉，能使枉者直"。知人又是为政治国任用贤才的要求：不知人，无以识贤才。《论语》多处说到知人，可与2·10，5·9，12·22，13·24，15·22，20·3章参读。

为政篇第二

2·1 子曰:"为政以德,譬如北辰①,居其所②而众星共③之。"

◎**注释** ①〔北辰〕指北极星。②〔所〕处所、位置。③〔共〕同"拱",环绕。
◎**大意** 孔子说:"以道德来治理政事,就可以像北极星那样,自己安居在自己的位置上,而别的星辰都围绕着它。"
◎**解读** 对"为政以德",旧注有的从无为解释,说:"德者无为,譬犹北辰之不移,而众星拱之也。"但也有人从道德感召的角度解释说:"主要在其德性,在其一己之品德,惟德可以感召,可以推行,非无为。"下面2·3章也是讲治国之道,其中说"道之以德,齐之以礼,有耻且格",是对为政以德较具体的说明。"道之以德,齐之以礼",是说治理民众的基本原则,既非无为,亦非只是一己品德的感召。联系起来读,才可以完整准确地了解孔子"为政以德"的思想。

2·2 子曰:"《诗》三百①,一言以蔽之,曰'思无邪②'。"

◎**注释** ①〔《诗》三百〕《诗经》实有三百零五篇,"三百"只是举其整数。②〔思无邪〕这是《诗经·鲁颂·駉》上的一句话。原文"思"字是语助词,孔子借用这句话把思作"思想"讲。无邪有两种解释:一、纯正,没有邪恶;二、直的意思。就是说《诗》三百都是直接抒发作者的感情,没有虚伪假托。后者较近孔子本意。
◎**大意** 孔子说:"《诗经》三百篇,用一句话来概括,就是'思无邪'。"
◎**解读** 《诗经》,是孔子教育学生的重要内容之一。本章是孔子对《诗》精神的概括。孔子说,"吾道一以贯之",读书学习重要的是要把握贯穿其中的基本精神。"一言以蔽之",就是一以贯之的意思。"思无邪"就是贯穿于诗经三百篇中的核心精神。

《论语》谈《诗》的内容的,还有3·20章,可以参读。

2·3 子曰:"道①之以政,齐②之以刑,民免③而无耻④;道之以德,齐之以礼,有耻且格⑤。"

◎**注释** ①〔道〕有两种解释:一、治理;二、引导。这一章两句都是"道"和"齐"并提,解释为引导更通顺些。②〔齐〕整齐,这里是规范人们的行动的意思。③〔免〕免于犯罪,免于受罚。④〔耻〕羞耻之心。⑤〔格〕有解释为"至"的,有解释为"正"的,意思相近,都是说百姓能守规矩、走正道。

◎**大意** 孔子说:"用法制政令来引导百姓,用刑罚来规范百姓的行动,百姓只是求得免于犯罪受罚,却没有羞耻之心;用道德教化来引导百姓,用礼制来规范百姓的行动,百姓就会有羞耻之心,并且自觉地走上正道了。"

◎**解读** 这一章孔子比较了两种不同的治国方法,阐发了"为政以德"的思想。凭借强力,通过法制刑罚实行统治,还是立足于道德,通过礼制和教化来治国,是春秋战国时期存在于法家和儒家、霸道和王道之间的两种对立的治国主张。孔子用"免而无耻"和"有耻且格"概括地说明了这二者的不同特点和功能,指出了道德教化在稳定社会秩序方面的重要作用。从这个基本认识出发,他主张"为政以德",强调以道德教化为治国的基础,把社会秩序的稳定建立在人们道德自觉的基础之上。

"道之以德,齐之以礼",是孔子为政以德思想的两个方面。道之以德,使百姓有耻;齐之以礼,使行为有据。德和礼(即仁与礼)是统一不可分的两个方面,这两者的统一,是孔子思想的重要内容,表现于儒家思想的各个方面。把两个方面割裂开来,只强调一个方面,忽视或贬低另一方面,争论孔子思想的核心是仁还是礼,都是片面的。对于德和礼的关系,《论语》中有许多论述,可联系起来加以理解。

2·4 子曰:"吾十有①五而志于学,三十而立②,四十而不惑③,五十而知天命④,六十而耳顺⑤,七十而从心所欲不逾矩⑥。"

◎**注释** ①〔有〕同"又"。②〔立〕自立的意思。孔子说:"立于礼。"自立就是自己能够自觉地按照礼的要求来处事。有人把"立"解释为站得住脚,但这章是讲孔子自己一生学习、修养的不同阶段的不同境界,这样解释与整章文意不合。③〔不惑〕不被外界事物所迷惑。④〔知天命〕这是孔子思想中较难理解的一个重要问题,人们有许多不同的解释,但颇多牵强。要注意从《论语》中讲到天命的各章来理解,在综合有关各章内容的基础上,求"知天命"的本义。⑤〔耳顺〕有各种解释。《论语译注》说:"这两个字很难讲,企图把它讲通的也有很多人,但都觉牵强。"可以与"人不知而不愠"联系起来理解。就是听到各种不同的意见,即使错误的和对自己不利的意见,也能正确对待,不感到违逆不顺。⑥〔从心所欲不逾矩〕从,遵从。有的以为从同"纵",放纵。但放纵有贬意,与本章文意不合。逾,越过。矩,规矩。

◎**大意** 孔子说:"我十五岁时立志学习,三十岁能自立,四十岁能不被外界事物迷惑,五十岁能知天命,六十岁能正确对待各种言论,不觉得不顺,七十岁能随心所欲而不会越出规矩。"

◎**解读** 孔子讲他一生学习成长的过程,说明人生即不断修养的过程,死而后已。孔子所述成长过程中几个阶段的几种境界,可以借鉴,对照自己,看达到了什么样的境界,如何追求更高的境界,但不可拘泥于他所说的十五、三十、四十、五十、六十和七十的年龄,勉强要求自己。现代社会比起孔子那个时代,经济、科技高度发达,有人因此认为,可以更早自立。然而今日之社会,也远较古代复杂得多,又处于迅速发展变化之中,"立"与"不惑"也比孔子那时候难多了。面对迅速的发展变化、形形色色无穷的诱惑和各种思潮的影响,"不惑"已经不是阶段性的标志,而应当成为毕生的追求。至于"知命""从心所欲不逾矩",更是事实上难以达到的境界,只应当作激励自己前进的目标,去不懈地追求。总之,学习修养是一个长期的、循序渐进、死而后已的过程,要活到老,学到老,一步步向更高的境界前进,急于求成是不行的。

2·5 孟懿子①问孝。子曰："无违②。"樊迟③御④，子告之曰："孟孙⑤问孝于我，我对曰'无违'。"樊迟曰："何谓也？"子曰："生，事之以礼；死，葬之以礼，祭之以礼。"

◎**注释** ①〔孟懿子〕鲁国大夫，三家之一，姓仲孙，名何忌，懿是谥号。他的父亲孟僖子临死时要他向孔子学礼。②〔无违〕不违背礼的意思。③〔樊迟〕孔子的学生，名须，字子迟，比孔子小四十六岁。④〔御〕驾驶马车。⑤〔孟孙〕指孟懿子。

◎**大意** 孟懿子问什么是孝。孔子说："孝就是不违背礼。"一天，樊迟给孔子驾车，孔子告诉他说："孟孙问我什么是孝，我回答他说'就是不违背礼'。"樊迟说："这是什么意思呢？"孔子说："父母活着的时候，要按礼侍奉他们；父母死了，要按礼来安葬他们，按礼祭祀他们。"

◎**解读** 孔子说孝就是不要违背礼，就是"事之以礼""葬之以礼""祭之以礼"。也就是说，孝要落实到礼上；是否做到了孝，应以是否依礼而行来衡量。12·1章又说"克己复礼为仁"，具体来说，是要"非礼勿视，非礼勿听，非礼勿言，非礼勿动"。视听言动一切都依礼而行，就是仁。这都是说，仁与礼不可分。礼的规定体现了仁的要求，依礼而行就是仁；礼是仁的落实，也是仁的标准。本章也可与1·9章参读。

2·6 孟武伯①问孝。子曰："父母唯其疾之忧②。"

◎**注释** ①〔孟武伯〕孟懿子的儿子，名彘，武是谥号。②〔父母唯其疾之忧〕这句话有多种解释：一、父母爱子，无所不至，唯恐其有疾病，子女能体会父母这种心情，在日常生活中谨慎小心，就是孝；二、做子女的要使父母只为自己的疾病担忧，不必为自己其他方面的事担忧；三、子女只应以父母的疾病为忧，其他不宜过多操心。以第二说为较好。

◎**大意** 孟武伯问什么是孝。孔子说："要让你的父母只为你的疾病担忧。"

◎**解读** 父母对子女的爱，无微不至。所以子女的孝要体现在不让父母为自己担忧。说"父母唯其疾之忧"，是因为疾病是自己无法控制的因素，不能全由自己决定；而自身的立身行事，则全在自己。让父母只为自己的疾病担忧，其他方面的事则让父母放心，就是把孝体现在自己的修身、成长上，并贯彻到日常生活中做好每一件事的实际行动中。

2·7 子游①问孝。子曰："今之孝者，是谓能养。至于犬马，皆能有养②；不敬，何以别乎？"

◎**注释** ①〔子游〕孔子晚年的学生，姓言，名偃，字子游。②〔至于犬马，皆能有养〕这句话有两种解释：一说狗守门、马拉车驮物，也能侍奉人，也就是犬马也能养人；一说狗马也能得到人的饲养。以后一解为好。

◎**大意** 子游问什么是孝。孔子说："现在所谓的孝，只是说能赡养父母就行了。但就是狗马也都能得到饲养，如果对父母不敬，赡养父母和饲养狗马又怎样区别呢？"

◎**解读** 这一章孔子讲"孝"，突出了一个"敬"字，强调孝应该体现在人们内心的道德情感上，而不只是物质上的赡养关系。产生于血缘关系的对父母的爱敬之情，是孝的实质。关于这一点，还可参读17·21章。

孔子以饲养犬马和赡养父母作比较，说"不敬。何以别乎？"反观今日，一些人对宠物犬马之养，远超于父母之上，则又何以为人？

2·8 子夏问孝。子曰："色难①。有事，弟子服其劳②；有酒食，先生③馔④，曾是以为孝乎？"

◎**注释** ①〔色难〕色，脸色。色难有两种解释：一说难在顺承父母的脸色，一说难在侍奉父母时要始终保持和颜悦色。前说指父母的脸色，后说指孝子的脸色。讲孝，应是从子的方面讲，因此以后一解为好。②〔服其劳〕服，从事，担任。③〔先生〕一说指长者，一说指父兄。本章讲孝，应指父兄。④〔馔〕食用。有的解释为陈列，也可通。但直接解为食用更好。

◎**大意** 子夏问什么是孝。孔子说："难的是对父母要和颜悦色。仅仅是有事情子女去做，有酒饭给父兄吃，这样就可以算是孝了吗？"

◎**解读** 人的脸色是内心情感的表露，说难的是对父母要始终保持和颜悦色，也就是说难的是要有发自内心的对父母的爱敬之情，而不能停留在有事自己做、有饭父兄吃的外在行为上。

赡养父母，是为人子女的义务，也是孝的起码要求。一般人常常只从行为上看，以为能从物质上赡养父母就是孝了。这几章里孔子对孝的论述，则超越了物质生活赡养的外在行为的层次，直指内心的情感。只在行为上依礼而行，而非发自内心，不敬，不能无怨无尤，不惮其烦，也还不能说是孝。这一点极为重要，要认真体会。后文3·3章说："人而不仁，如礼何？人而不仁，如乐何？"17·21章孔子与宰我讨论"三年之丧"，说的都是这个道理，可参读。

2·5章说孝要落实到礼上，依礼而行就是孝；这几章则说只是依礼赡养父母不足以为孝，从两个方面说明仁和礼的关系，要注意联系起来，全面理解。

一般讲孝，常言"孝顺"。《论语》论孝只说"敬"，未见说"顺"，也值得注意。

2·9 子曰："吾与回①言终日，不违②，如愚。退而省其私③，亦足以发④，回也不愚。"

◎**注释** ①〔回〕孔子学生，姓颜名回，字子渊。②〔不违〕不提出不同意见和问题。③〔退而省其私〕一说是考察他与其他学生私下讨论学问时的言论，一说是颜回退回去自己研究。如果是自己研究，应写成自习或自省，而不是省其私。故以前说为好。④〔发〕发挥。

◎**大意** 孔子说："我与颜回谈话，他整天都不提出不同的意见和问题，像是很愚笨。等他退下去之后，我考察他私下的言论，发现他也能对我讲的有所发挥，颜回其实并不愚笨呀！"

◎**解读** 通过从孔子对颜回的赞誉，可以看到孔子对弟子的要求。他不希望弟子"终日不违"，提不出不同意见和问题，而是欣赏弟子"足以发"，能够对他讲的内容有所发挥。本章可与1·15章参读。

2·10 子曰:"视其所以①,观其所由②,察其所安③。人焉廋④哉?人焉廋哉?"

◎**注释** ①〔所以〕"以"字有两种解释:一作"使用"讲,一作"作为"讲。这两种解释相近。"所以"也有二解,一可把"所以"作"相与"讲,即所结交的朋友;一作"动因"讲,即所抱有的动机。本书认为后一种解释较好。②〔所由〕由,经由。所经由的道路。③〔所安〕指人对于某事的心情、意志。如有了过失,有的心安理得,有的于心不安,就是所安不同。安,安定、安乐。④〔廋(sōu)〕隐藏,藏匿。

◎**大意** 孔子说:"看他言行的动机,观察他所走的道路,考察他安于什么。这样,一个人怎样能隐藏得了呢?一个人怎样能隐藏得了呢?"

◎**解读** 1·16章说"患不知人",本章就是谈知人的方法。所以、所由、所安,由外而内,由显现而隐秘;视、观、察,由表及里,由浅而深。如此全面观察,人自然无从隐瞒。5·9章还说到"听其言而观其行",可参读。

2·11 子曰:"温故而知新①,可以为师矣。"

◎**注释** ①〔温故而知新〕有不同的解释:一、一般解释是,在温习已知的知识中有新的体会,开发出新知识。二、把"温故"与"知新"作两个方面来解释,古注:"既温寻故者,又知新者,则可以为人师矣。"前一解强调从温故中知新,似更符合孔子思想,可以与1·15章"告诸往而知来者",7·8章"举一隅不以三隅反,则不复也"联系起来理解。

◎**大意** 孔子说:"能在温习已知知识的过程中有新的体会,开发出新知识,就可以当老师了。"

◎**解读** 学习都由温故即继承前人已有知识开始,但又必须从温故中开发出新知,才是真正的学。不温故而凭空开新,将是无源之水、无本之木;只温故而不能开发出新知,则是泥古不化、停滞不前。凡此都不能称为"学",更不足以为师。古人亦有以"通古今"解释温故知新:"故,古也。六经皆述古昔、称先王者也。知新，谓通其大义，以斟酌后世之制作。"今天对待传统文化，也宜温故而知新。

2·12 子曰："君子不器①。"

◎**注释** ①〔君子不器〕器具，各种器具都有专门的用途。孔子说"君子不器"，是说君子应该博学多能，不局限于某一专门知识或技能。

◎**大意** 孔子说："君子不要像器具那样（只有某种特定的用途）。"

◎**解读** "君子不器"，是相对于"君子学以致其道"（19·7章）来说的。孔子教人重在"致其道"，要求人们成为有理想、有道德、人格高尚、博学多能、全面发展的君子，而不局限于掌握某一方面的专门知识和技能。14·13章提到"成人"的标准，反映了孔子对完善人格的要求。这是关于教育，关于人的成长的古今通用的基本思想，值得我们认真研究领会。

教育是随社会需求的变化而发展的。自从机器工业发展、科学技术成为生产力以后，社会需要大量科学技术人才，培养各类各级专业人才也成为学校的一项目标；然而教育培养具有完善人格的成人的根本任务和目标没有改变。在商品经济环境影响下，一些年轻人既不求成人，也不求成才，一心只想"成功"。正确认识成人、成才、成功这三种不同的追求，是十分重要的问题。成人是做人的根本要求，是古今的通义；成才反映了现代社会对人的素质的要求，应当重视"成才"，但不能因此而忽视以至忘掉"成人"的目标；在成人、成才的基础上求成功，才能实现真正的成功。以成人为目标，"君子不器"，仍然是我们教育工作的重要原则。

"君子不器"的本义是相对于道而言的，指人才不能只有专业知识和能力，还应具备健全的人格，成为全面发展的人。当代科学技术发展的趋势，愈来愈向综合的方向发展。在科技知识和能力的培养上，也不能局限于专业范围，而要力求成为能够进行跨学科综合研究的人才。这也可以说是君子不器在现代条件下所应具有的新的含义。

2·13 子贡问君子。子曰："先行其言而后从之。"

◎ **大意** 子贡问怎样做一个君子。孔子说:"先自觉践行你所要说的话,然后再说。"

◎ **解读** 言行关系,是道德修养中的一个重要问题。重视力行,要求言行一致,是孔子教育思想的重要方面,也是中华民族的传统美德。可与1·3,4·22,4·24,5·9,5·13,12·3,13·27,14·5,14·29诸章参读。

2·14 子曰:"君子周而不比①,小人比而不周。"

◎ **注释** ①〔周而不比〕遍及。比,勾结。"周"与"比"对举,是团结众人,不结党营私的意思。另一说,周作"忠信"讲。

◎ **大意** 孔子说:"君子能团结众人而不结党营私,小人结党营私却不能团结众人。"

◎ **解读** "周而不比"和"比而不周"的差别,实质是公与私的对立。君子以道义为立身行事的准则,出于公心,所以能够团结众人;小人以私利为准则,所以总是结党营私。另有15·21章"群而不党",13·23章"君子和而不同,小人同而不和"可以参读。"周而不比""群而不党"是从行为表现上说,"和而不同"是从思想态度上说。"和而不同"是"周而不比""群而不党"的思想基础;"周而不比""群而不党"是"和而不同"的实际表现。

2·15 子曰:"学而不思则罔①,思而不学则殆②。"

◎ **注释** ①〔罔〕同"惘"。有几种解释:一、迷惑;二、诬罔、受骗;三、惘然无知。本书取第三种。②〔殆〕有几种解释:一、危险;二、疲怠;三、疑惑。本书取第三种。

◎ **大意** 孔子说:"只学习而不思考,就会惘然无知而没有收获;只思考而不学习,就会疑惑而不能肯定。"

◎ **解读** 孔子既指出学而不思的不足,也指出思而不学的弊病,主张学与思相结合。《论语》中有许多章分别谈到学和思这两个方面,如15·30,17·8章着重强调了"学"的重要性，7·8，15·2章则是强调了"思"的重要性，要注意联系起来全面理解。

2·16 子曰："攻①乎异端②，斯③害也已④。"

◎**注释** ①〔攻〕有两种解释：一、治，做某件事，如"攻读"；二、攻击。本书取第一种解释。②〔异端〕过去一般解释为不同于孔子的思想学说，并提出杨墨佛老加以说明。但孔子当时还没有诸子百家。因此《论语译注》译成"不正确的议论"。《论语新解》则认为：异端是泛指，一事必有两头，一线必有两端，从这端看，那端是异端；从那端看，这端是异端。本书认为这种解释是合理的，《论语》这一章正是告诫人们不要只执一端。③〔斯〕代词，这。④〔也已〕语气词。

◎**大意** 孔子说："专就反对的一端去下功夫，这就有害了。"

◎**解读** 这一章有多解。《论语正义》引焦循说，认为本章的意思是，不同意见如果双方各执一端，就有害了；不同意见彼此切磋，不专执一端，害自然就没有了。《论语新解》试译作"专向反对的一端用力，那就有害了"。这两种解释意思相近，都是说本章是告诫人们不要只执一端，是孔子提倡的中庸思想的体现，可与6·27，9·7，11·15，13·21章参读。

人之功过是非、优劣长短，事之成败顺逆、兴亡得失，都是两端并存的。而偏于一端，见其一而不见其二，是人们的通病，人受其害深矣。《论语》此章中孔子特别指出其害，实有深意。读者应认真体会，戒之戒之。

2·17 子曰："由①，诲女②知之乎！知之为知之，不知为不知，是知也。"

◎**注释** ①〔由〕孔子早年学生，姓仲名由，字子路。②〔女〕同"汝"，你。

◎**大意** 孔子说："由呀，我教你怎样求知吧！知道的就是知道，不知道的就是不知道，这就是智慧呀！"

◎**解读** 强不知以为知，是人们认识中常见的通病。孔子所提倡的对知识的实事求是的老实态度，是纠正这种毛病的良方。关于这个问题，还可参读2·18，3·9，7·27，9·4，17·14章。

2·18 子张①学干禄②。子曰："多闻阙③疑④，慎言其余，则寡尤⑤；多见阙殆，慎行其余，则寡悔。言寡尤，行寡悔，禄在其中矣。"

◎**注释** ①〔子张〕孔子晚年学生，姓颛孙，名师。②〔干禄〕求官职。干，求。禄，古代官吏的俸禄。③〔阙〕缺。这里作放置一旁讲。④〔疑〕与后文"多见阙殆"中的"殆"同是怀疑的意思。《论语集注》认为二者又有不同，"疑者所未信，殆者所未安"，疑是指自己感到不很可信，殆是指自己感到于心不安。⑤〔尤〕过失。

◎**大意** 子张要学谋求官职的方法。孔子说："多听，有疑问的地方先放在一旁不说，其余那些有把握的，也要谨慎地说，就能减少过失；多看，有疑问的地方先放在一旁不做，其余那些有把握的，也要谨慎地去做，就能避免后悔。说话少过失，做事少后悔，官职俸禄就在这里了。"

◎**解读** 子张问的是谋求官职的方法。孔子告诉他要多闻多见，慎言慎行，减少过失和后悔，如能做到，职位俸禄也就自然在其中了。这实际上也是学习和日常言行的基本态度和原则。谋求官职并没有其他特殊的方法和途径。求职为官，根本在为人，这个道理，古今通用，值得深思。可与1·10章"夫子温、良、恭、俭、让以得之"参读。

2·19 哀公①问曰："何为则民服？"孔子对曰②："举直错诸枉③，则民服；举枉错诸直，则民不服。"

◎**注释** ①〔哀公〕即鲁哀公，鲁国国君。姓姬，名蒋，哀是谥号。②〔对曰〕《论语》记载对国君及在上位者问话的回答都用"对曰"，以表示尊敬。③〔错诸枉〕错有两种解释：一、废置；二、放置其上。诸，相当于"之乎"。如果"错"字作"废置"讲，不需"诸"字，"错诸枉"不能通。因此"错"字应作"放置其上"

讲，"错诸枉"就是放在邪曲的人之上。

◎**大意** 鲁哀公问："怎样才能使百姓服从？"孔子答道："把正直的人提拔起来放在邪曲的人之上，百姓就服从了；把邪曲的人提拔起来放在正直的人之上，百姓就不服了。"

◎**解读** "举直错诸枉"，要求举贤才，使贤人的地位在邪曲人之上，是孔子德治思想的一个重要内容。《论语》讲到这一点的还有6·4，6·12，12·22，13·2章，可联系起来读。举贤才的思想，比之于当时宗法制度下不问德行和才能、任人唯亲的做法来说，是一个进步，由此也形成了古代政治中任人唯贤的优良传统。

2·21 季康子①问："使民敬忠以②劝③，如之何？"子曰："临之以庄，则敬；孝慈④，则忠；举善而教不能，则劝。"

◎**注释** ①〔季康子〕鲁国大夫，姓季孙，名肥，康是谥号。②〔以〕连词，与"而"同。③〔劝〕勉励。这里是自勉努力的意思。④〔孝慈〕有两种解释：一说当政者自己实践孝慈，一说当政者引导百姓孝慈。

◎**大意** 季康子问道："要使百姓对当政的人尊敬、忠心，又能加倍努力，该怎样去做呢？"孔子说："你用庄严的态度对待百姓，他们就会尊敬你；你对父母孝，对子弟慈，百姓就会忠于你；你提拔善人，又教育能力差的人，百姓就会互相勉励，加倍努力了。"

◎**解读** 当政者关心的是怎样使百姓忠心、尽力的问题，孔子的回答则是对当政者提出的要求。百姓能否尽忠、尽力，全看当政者自己做得好坏，体现了正人先正己的思想。12·17章"政者，正也。子帅以正，孰敢不正"，12·19章"君子之德风，小人之德草，草上之风必偃"，说的都是这个道理。百姓的态度，社会的风气，都取决于当政者自身。13·6，13·13章亦可参读。

2·21 或谓孔子曰："子奚不为政？"子曰："《书》云①：'孝乎惟孝，友于兄弟，②施于有政③。'是亦为政，奚其为为政？"

◎**注释** ①〔《书》云〕《书》指《尚书》。②〔孝乎惟孝，友于兄弟〕这两句，见伪古文《尚书·君陈篇》。孝乎惟孝，是对孝的赞美之词。友，亲爱，友好。③〔施于有政〕施，一作"施行"讲，一作"延及"讲。"施于有政"，依前解就是施行到政事中，依后解就是影响到政治上去。本书认为后解较好。

◎**大意** 有人对孔子说："你为什么不从事政治呢？"孔子说："《尚书》中说：'孝啊，孝于父母，友爱兄弟，把这孝悌的道理推广到政事上。'也就是从事政治了，又要怎样才是为政呢？"

◎**解读** 孔子一生大半时间不获任用，主要的时间和精力用于教育。有人不解，问孔子为何不去出仕从政。孔子说，用孝悌的道理教育培养一批人，通过他们把孝悌之道用于齐家治国，这也就是从政了。还有什么是为政呢？旧注有说，孔子不仕，有难以向问话人说的话，所以用这样一个托词来回答。不过真正的道理也就在这中间。在孔子思想里，为政和教育是不可分的。从为政方面看，他认为"政者，正也"，主张"为政以德"，要求在位的当政者要"帅以正"，对百姓则要"道之以德，齐之以礼"，使百姓"有耻且格"。所以道德教化是治国的基础。从教育方面讲，他认为教育不是单纯传授知识的文化活动，而是培养人、培养治国贤才，关系到社会安定、国家繁荣的根本大事。如果孝悌之义真能施行于家、国、天下，也就无异于为政了。这一思想影响深远，形成了我国重视教育的优良传统，造就了我们礼仪之邦的美名。可与2·3章"道之以德，齐之以礼"及谈教育的6·25，13·4章参读。

2·22 子曰："人而无信，不知其可也。大车无輗，小车无軏①，其何以行之哉？"

◎**注释** ①〔大车无輗（ní），小车无軏（yuè）〕古代大车是指牛车，小车是指马车。这两种车车辕前面都有一道驾牲口的横木。横木两端和车辕上凿有小孔，用包有铁皮的木销钉插入圆孔，把横木和车辕连接。这两种车的销钉就分别叫作輗和軏。

◎**大意** 孔子说："一个人不讲信用，是不可以的（直译是：不知怎么可以）。大大小小的车辆，没有了连接辕和前面横木的销钉，还怎么能走呢？"

◎**解读** 孔子用"大车无輗，小车无軏，其何以行之哉"做比喻，说明人不可无信；人之不可无信，正如车之不可无輗、軏。含义深刻，要认真领会。

《论语》中的"信"，有两方面的含义：一、对人讲信用。如1·4章"与朋友交而不信乎？"又《论语》中常"忠信"连用，这种情况下的"信"，一般也指诚信、信用。二、取得他人的信任，取信于民。如19·10章"君子信而后劳其民"。也有的地方两种含义兼有，本章就是两种含义都可解。这两个方面又是互相联系的，只有对人讲信用，才能取得他人的信任。但讲信用不只是为了取得他人的信任，更不能只是为了给自己带来好处。本章所说，人而无信，无论个人还是社会，何以行之？这才是"信"的根本意义。只从给自己带来好处这一点看"信"，就会脱离"信"的本义；在欺骗可以给自己带来更大好处时，就会选择欺骗。

关于"信"，还可与13·20，15·36，19·10章参读。

2·23 子张问："十世可知也①？"子曰："殷因②于夏礼，所损益③可知也；周因于殷礼，所损益可知也。其或继周者，虽百世可知也。"

◎**注释** ①〔十世可知也〕子张是问十世以后的事能不能预先知道。世，古时称三十年为一世。也有的把"世"解释为"朝代"。也，同"耶"，疑问词。②〔因〕因袭、继承。③〔损益〕减少和增加，变动的意思。

◎**大意** 子张问："十世以后的事可以预先知道吗？"孔子说："殷朝继承了夏朝的礼仪制度，所减少和所增加的是可以知道的；周朝继承了殷朝的礼仪制度，所减少和所增加的也是可以知道的。将来的朝代如果继承周朝的礼仪制度，就是一百世之久，也是可以知道的。"

◎**解读** 孔子在这一章中讲到历史发展中的变和不变。殷因于夏，周因于殷，是不变的方面；有所损益，是变的方面。人类社会不断进步，总是继承前代的成果，有不变的方面，同时又会去旧立新，有所变革。有因有革，不变的传统中有变，变革的发展中有不变，是社会发展的规律。孔子说，把握了这一点，即使百世以后的发展方向，也是可以预料的。这一点，对于今天我们思考文化的继承与发展，也有重要意义。

从孔子实际的态度看，如3·14章"周监于二代，郁郁乎文哉！吾从周"，与17·5章"如有用我者，吾其为东周乎"，都说明孔子的基本态度是要继承周礼，但他并不是反对任何改革；在他看来，文化是既有继承，也有损益的。可以与3·1，3·2，3·6，9·3章参读。

2·24 子曰："非其鬼①而祭之，谄②也。见义③不为，无勇也。"

◎**注释** ①〔鬼〕有两种解释：一、指死去的祖先；二、泛指鬼神。后解可以包含前解。②〔谄〕谄媚。③〔义〕孔子思想中的一个道德范畴。《论语集解》注："义，所宜为。"人所应该做的就是义。和孔子整个思想联系起来看，符合仁、礼要求的就是义。

◎**大意** 孔子说："不是你应该祭的鬼神，你却去祭它，这就是谄媚。见到应该做的事而不去做，就是没有勇气。"

◎**解读** "见义不为，无勇也。"从正面讲，就是要见义勇为。遇到合于道义，应该做的事，就要勇于去做。这是修身的第一步，是最基本的要求。人们常把见义勇为解释为在危险或灾难面前舍己救人。舍己救人固然是属于见义勇为，然而《论语》中"见义不为，无勇也"的本义，并不在此，至少不仅限于此。见义不为，道德认知与道德实践脱节，是社会生活中常见的现象，也是道德教育中的大问题。"见义不为，无勇也"是针对这一现象和问题的批评。一事当前，做还是不做？每个人都有自己的选择，是以应该不应该为标准，还是以对自己有利不利为标准？这反映了一个人的价值观。见义勇为就是要求以应该不应该为行为准则，应该做的就做，反映了"义以为上"的价值观。

把见义勇为理解为舍己救人，从事实上说，既不可能要求多数人做到，也不能被多数人接受。而把见义勇为理解为克服见义不为的陋习，见到应该做的就勇于去做，从日常每一件小事做起，以应该不应该为衡量做和不做的标准，这是每一个人都应该而且可以这样做的，也是修身的起点。真正这样要求自己，坚持不懈，贯彻到底，最后也就可能在生死关头舍己救人。

孔子以"见义不为"为"无勇"，表明勇和义的要求相联系。"勇"不是简单的天不怕地不怕，不怕牺牲，不怕死。"见义勇为"的"勇"是勇于战胜自己。克服私心，应该做的就做，是需要勇气的。做到这一点才是真正的"勇"；做不到这一点，就是"无勇"。《论语》中许多道德规范，如勇、直、恭、慎、信等等，都不能离开仁、礼以及义的要求。这一点非常重要，希望读者注意。关于勇，还可参读8·2，8·10，17·23章，并与15·35章"当仁不让于师"联系起来，完整把握。

八佾篇第三

3·1 孔子谓季氏①八佾②舞于庭,"是可忍③也,孰不可忍也?"

◎**注释** ①〔季氏〕鲁国大夫季孙氏。②〔八佾(yì)〕佾,行列。古时祭祀时的舞蹈,天子八佾,诸侯六佾,大夫四佾,士二佾。每佾人数有两种说法:一说每佾八人;一说每佾人数与佾数相同,即八佾每佾八人,六佾每佾六人,四佾每佾四人,二佾每佾二人。③〔忍〕有两种解释:一作"容忍"讲,一作"忍心"讲。本书取后者。

◎**大意** 孔子谈到季氏在自己家庙的庭院中使用六十四人的舞列的事说:"这样的事他都忍心去做,还有什么事他不忍心做呢?"

◎**解读** 本篇所谈论的都与礼乐有关。孔子所处的时代,是社会变动、礼崩乐坏的时代,违礼僭越的行为层出不穷。这一章记载了孔子对当时一些违礼行为的评论,可与3·2,3·6,3·22,5·18章参读。讲的是具体的人和事,却有义理寓乎其间,反映了孔子对时世的基本态度。在《论语》中,像这样讲具体人和事的内容很多,虽没有直接谈到仁、礼等,但孔子的思想正是通过这些具体的人和事体现出来的。读《论语》不能只注意那些直接阐述思想的部分,也要重视谈到具体的人和事的章节,认真体会其中蕴含的思想精神。

3·2 三家①者以《雍》彻②。子曰:"'相维辟公,天子穆穆'③,奚取于三家之堂④?"

◎**注释** ①〔三家〕鲁国大夫孟孙、叔孙、季孙三家。②〔以《雍》彻〕《雍》,

《诗经·周颂》的一篇。彻，同"撤"。古时祭礼完毕撤去祭品时要奏乐唱诗，《雍》是周天子举行祭礼撤祭品时唱的诗。③〔相（xiàng）维辟公，天子穆穆〕是《雍》诗中的两句。相，傧相，助祭者。辟公，指诸侯。穆穆，端庄盛美貌，这里形容天子的仪态。④〔堂〕庙堂。

◎**大意**　孟孙、叔孙、季孙三家在祭祖完毕撤除祭品时，命乐工唱《雍》诗。孔子说："《雍》诗唱的是诸侯助祭，天子端庄而美貌。这样的意思，怎么能用在你们三家的庙堂里呢？"

3·3　子曰："人而不仁，如礼何？人而不仁，如乐何？"

◎**大意**　孔子说："一个人没有仁心，他怎么推行礼呢？一个人没有仁心，他怎么运用乐呢？"

◎**解读**　仁和礼的统一，是孔子思想的重要内容。本章讲的是仁礼关系的一个方面。礼是关于人与人的关系在制度上和日常行为上的种种规定，乐是表达人们内心情感的一种形式，同时也是礼的一部分。礼乐都是外在的，仁则是人们内心的道德情感和要求。仁在内，礼乐在外；仁是灵魂，礼乐是形式。没有仁，礼乐就失去了灵魂，徒具形式，毫无意义。2·7，2·8，17·21章论孝也体现了这一精神，可参读。1·9，2·5，12·1，17·11章则从另一角度谈这一点，强调依礼而行就是仁；礼是仁的落实，也是仁的标准；没有礼，仁也就不能落实，无从检验。可将以上内容联系起来读，完整把握仁和礼的关系。

从这一点可以进一步理解"为政以德"的思想。在"道之以德"和"齐之以礼"这两个方面中，"道之以德"是"齐之以礼"的基础，"齐之以礼"是"道之以德"的落实。

3·4　林放①问礼之本。子曰："大哉问！礼，与其奢也，宁俭；丧，与其易②也，宁戚。"

◎**注释**　①〔林放〕鲁国人。②〔易〕有两种解释：一、谦和，平易；二、治办周到。《集注》引范氏曰:"夫祭与其敬不足而礼有余也,不若礼不足而敬有余也;丧与其哀不足而礼有余也,不若礼不足而哀有余也。"这是从礼的形式和内容、外部的仪式规定与内心情感的关系来解释。依此,以第二解为好。

◎**大意**　林放问什么是礼的根本。孔子说:"这个问题意义重大呀!对于礼,与其过于奢侈,宁可比较节俭;对于丧礼,与其治办周备,宁可哀伤多些。"

◎**解读**　本章探讨礼之本。礼有两个方面,其具体规定是形式方面,其所体现的内心情感则是其实质。二者中,内心情感是灵魂,是本;外在形式是末。一般人常常只注意礼的形式,而忽略了其实质和根本。所以林放提出礼之本的问题受到孔子的赞许。这是对上一章思想的具体发挥,可联系起来理解。只注意形式而忘其实质的舍本逐末的情况,在现实生活中也是常见的,应引起注意。

3·5　子曰:"夷狄①之有君,不如诸夏②之亡③也。"

◎**注释**　①〔夷狄〕古代对于周边少数民族的贬称。②〔诸夏〕古代汉族自称诸夏,或华夏。③〔亡〕同"无"。古书"无"多写作"亡"。这一章有两种解释:一说,夷狄即使有国君,也不如诸夏没有国君。另一说,夷狄尚且有国君,诸夏的士大夫却僭越作乱,反而没有君臣之分。前一说强调了夷狄之不如诸夏,后一说则是强调了尊君的思想。本书认为前一种说法较好。

◎**大意**　孔子说:"夷狄即使有国君,也不如中国没有君主哩。"

◎**解读**　本章也可联系前两章来理解。治国也有内和外、实质和形式两方面。有没有君,是形式;有没有道,是实质。夷狄指周边文化落后的民族或地区。本章的意思也就是说,夷狄即使有君,也只是形式上优于中原的无君,实质上还是不如中原虽无君而有道。这就突出了中原之优于夷狄是在于道,即文化高于夷狄。这也就是古代常说的"华夷之辨"。

3·6　季氏旅①于泰山。子谓冉有②曰:"女③弗能救④与?"对曰:"不能。"子曰:"呜呼!曾谓泰山不如林放乎⑤?"

◎**注释** ①〔旅〕祭名。"旅于泰山"就是祭祀泰山。按照周礼，只有天子有资格祭祀天下名山大川，诸侯只能祭封地以内的山川。季氏是鲁国大夫，却去祭祀泰山，是僭礼的行为。②〔冉有〕孔子的学生，名求。当时是季氏的家臣。③〔女〕同"汝"，你。④〔救〕这里是谏止的意思。⑤〔曾谓泰山不如林放乎〕泰山，泰山神。林放，鲁国人，见前3·4章"林放问礼之本"。这句话的意思是泰山神难道还不如林放知礼吗？它怎会接受这种不合礼法的祭祀呢？这是对季氏祭泰山的批评，对林放知礼的赞美，也是对冉有的批评。

◎**大意** 季孙氏去祭泰山。孔子对冉有说："你不能劝阻他吗？"冉有回答说："不能。"孔子说："唉！难道泰山神还不如林放知礼吗？"

◎**解读** 本章也是反映孔子对当时违礼现象的态度，可与3·2章参读。

3·7 子曰："君子无所争，必也射①乎！揖②让而升，下而饮。其争也君子。"

◎**注释** ①〔射〕指古代的射礼。大射礼规定两人一组，相互作揖然后登堂，射完再相互作揖退下。各组射完后，再作揖登堂饮酒。②〔揖〕拱手行礼。

◎**大意** 孔子说："君子没有什么与别人争的事情，如果有的话，那就是比赛射箭了。比赛时，先相互作揖然后登堂，射完又相互作揖再退下，然后登堂喝酒。这样的争才是君子之争啊。"

◎**解读** 孔子提倡谦逊礼让而少言竞争、争斗，本章是《论语》中讲到争的唯一的一处。其具体所指，属于竞赛之争。古代竞赛也是依一定的礼仪规范而进行的，是君子之争。现代市场经济条件下，竞争是经济运行的基本法则，是推动经济和社会发展的动力，生活中存在着多方面的竞争。因此，现代人必须具有竞争意识，从这个角度说，"君子无所争"已是不合时宜了。但经济活动只是社会生活的一部分，竞争法则不能滥用于社会生活的一切方面。对于社会的和谐发展，谦逊礼让仍是重要的，谦逊礼让是中华民族的传统美德，是促进社会和谐的重要因素，应该继承发扬。即使争，也应是正常的竞争、竞赛，都应该遵守法律、道义的规范（或称游戏规则），而不能不择手段。换言之，我们应提倡君子之争，而不是小人之争。

3·8 子夏问曰:"'巧笑倩兮,美目盼兮,素以为绚兮。'① 何谓也?"子曰:"绘事后素②。"曰:"礼后乎?"子曰:"起予者商也③!始可与言《诗》已矣。"

◎**注释** ①〔巧笑倩(qiàn)兮,美目盼兮,素以为绚(xuàn)兮〕倩,笑容美好。兮,语气词,相当于"啊"。盼,眼睛黑白分明。《集解》:盼,动目貌。这里是形容眼睛美丽动人。绚,有文采。前两句见《诗经·卫风·硕人》,第三句不见于《诗经》,可能是逸句。②〔绘事后素〕有两种解释:一、绘画时先有白底,然后画画;二、古人绘画,先画五彩颜色,然后用粉白线条加以勾勒。本书认为后一种解释更好。③〔起予者商也〕起,启发。予,我,孔子自指。商,即子夏,名商。

◎**大意** 子夏问道:"'笑容是多么美好啊,眼睛是多么动人啊,用素粉来打扮啊。'这几句诗是指的什么呢?"孔子说:"这就好比绘画先画了色彩,再加素色。"子夏说:"是说礼也是后起的事吗?"孔子说:"启发了我的是卜商啊,现在可以和他谈《诗经》了。"

◎**解读** 孔子赞扬子夏从"绘事后素"中领悟到"礼后乎",是用绘画做比喻来说明仁和礼的关系。这里包含了两方面的意思:一方面,仁是基础,礼是在仁的基础上加以文饰;另一方面,只有有了礼的文饰,才能最后完成一幅画,所以礼也是不可少的。6·16,12·8章谈到文与质的关系,要求君子"文质彬彬",说的也是这个问题,可以联系起来参读。

孔子教人重启发,要求弟子能举一反三。本章中子夏能从孔子的话中体会到孔子没有直接说出的意思,"告诸往而知来者",并且反过来也启发了孔子,因此受到孔子的称赞。这可与2·11,5·8,7·8章参读。

3·9 子曰:"夏礼吾能言之,杞①不足征②也;殷礼吾能言之,宋不足征也。文献③不足故也。足,则吾能征之矣。"

◎**注释** ①〔杞〕与后文中的"宋"都是春秋时的国家名。杞是夏禹的后裔,宋是商汤的后裔。②〔征〕证明。③〔文献〕文指历史典籍，献指贤人。与现在文献只指典籍不同。

◎**大意**　孔子说："夏朝的礼，我能说出来，但杞国不足以证明我的话；殷朝的礼，我能说出来，但宋国不足以证明我的话。这是因为历史典籍和贤人不够。如果有足够的历史典籍和贤人，我就可以拿来作为证明了。"

◎**解读**　孔子说，关于夏礼、殷礼，自己虽能有所说明，但因为文献不足，仅从夏、殷后裔杞和宋的情况还不足以证明，如有足够的文献和贤人，就可以证明了。这反映了他对知识的慎重和实事求是的态度。可与2·17，17·14章参读。

3·10　子曰："禘①自既灌②而往者，吾不欲观之矣③。"

◎**注释**　①〔禘〕周朝时天子和诸侯祭祖的大祭。祭祖时先祭始祖，第一次献酒后，再依尊卑亲疏的次序祭祀历代祖先。②〔灌〕禘礼中第一次献酒。③〔吾不欲观之矣〕鲁文公时，在禘祭时把其父僖公排在闵公的前面，僖公虽是闵公的哥哥，但他是继承闵公当国君的，因此把僖公放在闵公之前就是违礼的逆祀。孔子不愿再看，表示对此的不满。

◎**大意**　孔子说："对于禘，从第一次献酒以后，我就不想看下去了。"

3·11　或问禘之说①。子曰："不知也。知其说者之于天下也，其如示诸斯②乎！"指其掌。

◎**注释**　①〔禘之说〕关于禘祭的规定。说字有的解释为理论，有的解释为道理。《集解》正义解释，禘之说即"禘祭之礼，其说何如"。②〔示诸斯〕斯，指下文"掌"字。示有两种解释：一作"视"讲，意思是像看自己的掌中物一般，很易明了；一作"置"讲，就是像摆在自己手掌里一样，运用自如。两种解释都通。孔子主张礼治，认为报本追远，没有比禘祭意义更深远的了。

◎**大意**　有人问关于禘祭的规定，孔子说："我不知道。知道这种规定的人，对治理天下的事，就像放在这里一样。"孔子一面说，一面指着他的手掌。

3·12 祭如在，祭神如神在。子曰："吾不与^①祭，如不祭。"

◎**注释** ①〔与（yù）〕参与。

◎**大意** 孔子在祭祖先的时候，就像祖先真的在受祭；祭神的时候，也好像真有神在受祭。孔子说："我如果没有亲自参加祭祀，那就和没有举行祭礼一样。"

◎**解读** 孔子并不信鬼神，认为应该"敬鬼神而远之"，但极重视对祖先的祭祀。本章要求"祭神如神在"，祭祀时要带着好像祖先真在受祭一样的虔诚心情，强调的是祭者在祭祀时的内心情感，而不是强调鬼神的真正存在。因此祭祀的意义是道德的而非宗教的。对这一点要注意体会。

关于祭礼，可与1·9章参读；关于礼的本质和形式，可参读2·7，2·8，3·3，3·4，17·11，17·21章。

3·13 王孙贾^①问曰："与其媚于奥，宁媚于灶^②，何谓也？"子曰："不然。获罪于天^③，无所祷也。"

◎**注释** ①〔王孙贾〕卫国大夫。②〔与其媚于奥，宁媚于灶〕这两句是当时的俗语。王孙贾问孔子，暗示要孔子奉承自己。媚，谄媚、奉承。奥，居室的西南角，古时是家中尊者居住的地方。灶，烹饪做饭的地方。居奥的尊者地位虽高，但不管事，不如灶下做饭的掌握饮食大事。这里用奥喻指内廷的近臣，灶喻指外朝的实际执政者。③〔获罪于天〕对于天，有不同的解释，有的说天就是理，有的则说天是喻指卫君。后一说更接近于孔子原意。

◎**大意** 王孙贾问道："俗话说，与其奉承奥处的尊者，不如在灶处奉承做饭的人。这是什么意思？"孔子说："不是这样。如果得罪了卫君，那就没有地方可以祷告了。"

◎**解读** 获罪于天，古注释"天"喻指理，或卫君；卫君是实指，理是指其一般意义。今天也可以解释为正义、民意。本章之意，既不要奉承近臣，也无须奉承权臣，重要的是做好应该做的事；否则，违背正义，得罪了百姓，奉承谁都没有用。

3·14 子曰："周监于二代①，郁郁②乎文哉！吾从周。"

◎**注释** ①〔监于二代〕监，通"鉴"。二代指夏、商二代。②〔郁郁〕文采盛貌。文，指礼乐制度。

◎**大意** 孔子说："周朝的礼仪制度借鉴于夏商二代，是多么丰富多彩呀，我遵从周朝的制度。"

◎**解读** 遵从周礼是孔子的基本态度。孔子要求"齐之以礼"（2·3）、"克己复礼"（12·1），这里所说的礼主要指周礼。同时，在遵从周礼的基本前提之下，孔子又主张对周礼有所"损益"。可与2·23, 3·1, 3·2, 3·6, 9·3, 17·5章参读。

3·15 子入太庙①，每事问。或曰："孰谓鄹人之子②知礼乎？入太庙，每事问。"子闻之，曰："是礼也③。"

◎**注释** ①〔太庙〕一般是指天子的祖庙。这里指鲁国祭周公的庙，也叫太庙。②〔鄹（zōu）人之子〕鄹，又作陬，地名，在今山东曲阜东南，孔子在这里出生。孔子的父亲叔梁纥曾做过鄹大夫，《左传》称他鄹人纥。鄹人之子即指孔子。③〔是礼也〕一般都作肯定语气解释，说孔子每事问是表示他对礼的谨慎和恭敬的态度，这正是知礼的表现。《论语新解》解释，也通"邪"，是疑问词。说孔子每事问，是因为太庙中有许多僭礼之处，孔子提问，是"极委婉而又极深刻之讽刺与抗议"。有人因此以为孔子不知礼，孔子也只反问"这是礼吗"？孔子明知故问，正是希望人们有所省悟，这种解释也是合理的，可参考。

◎**大意** 孔子到了太庙，每件事都要问。有人说："谁说这个鄹大夫的儿子懂得礼呀？他到了太庙里，什么事都要问别人。"孔子听到了说："这就是礼呀！"

◎**解读** 本章两种不同注释，关键在对"也"字的解释上。作肯定语气解释的，是从对礼的态度方面解释，说这是表示孔子对礼的谨敬，即使知道，也还是要问；作疑问词解释的，则联系当时鲁国多僭越违礼情形的背景，说这是孔子"极委婉而又极深刻之讽刺与抗议"。二者各有其道理，也都可给人以启发。读者不必计较其对错，重点理解前人注释的含义，从中自可得到启发。

3·16 子曰："射不主皮①，为力不同科②，古之道也。"

◎ **注释** ①〔射不主皮〕古时行射礼时，用布做成箭靶，叫作侯。在布中心贴一兽皮，叫作鹄。这里的皮就是指代箭靶。举行射礼时，主要看是否射中，而不是看能否射穿靶子。②〔科〕等级。

◎ **大意** 孔子说："比射箭，主要不是看能否射穿靶子，因为各人力气大小不同。这是古时候的规矩。"

◎ **解读** 尚德还是尚力，是政治领域长期存在的两种对立的思想。本章说比赛射箭不以能否射穿靶子为主，反映了尚德不尚力的思想。朱熹注："古者射以观德，但主于中，而不主于贯。"

3·17 子贡欲去告朔之饩羊①。子曰："赐也，尔爱②其羊，我爱其礼。"

◎ **注释** ①〔告朔之饩（xì）羊〕朔，农历每月的初一。周礼，天子在每年冬十二月，向诸侯颁发第二年的历书，告知每个月的初一日。诸侯接受后将历书藏于祖庙，到每月初一，杀一只羊祭于祖庙，并向百姓颁告。这就叫告朔。到孔子的时候，鲁国国君不再亲临祖庙，告朔之礼已废而不行，但每到初一还要杀一只羊供奉祖庙。子贡认为这样徒具形式，不如连羊也不杀。②〔爱〕爱惜的意思。

◎ **大意** 子贡想要免去每月初一告祭祖庙用的那只羊。孔子说："赐呀，你爱惜那只羊，我却是爱惜那种礼呀！"

◎ **解读** "告朔之礼"，反映了人们对历法时令的重视。"告朔之礼"已经废而不行，孔子却不愿取消每月初一杀羊供奉的做法。因为杀羊供奉祖庙是承载"告朔之礼"的形式。留下这一形式，也是留下了关于"告朔之礼"的一个记忆，虽不再告朔，人们还会想到这一天是初一；去掉这一形式，"告朔之礼"就会从人们的记忆中彻底消失，人们也就不再注意哪一天是初一了。从这里也可理解礼的形式的意义。

3·18　子曰："事君尽礼，人以为谄也。"

◎**大意**　孔子说："完全按照礼的规定来侍奉君主，世人反而认为这是谄媚。"
◎**解读**　按礼的要求侍奉君主，反被人们视为谄媚，这反映了礼崩乐坏环境下的社会风气，也反映了孔子坚持道义的态度和尴尬的处境。可与12·11章参读。在社会风气衰微的环境下，坚持道义，不愿随波逐流的人，总会遭遇类似的情况，要有勇气面对，坚持自己的原则。

3·19　定公①问："君使臣，臣事君，如之何？"孔子对曰："君使臣以礼，臣事君以忠②。"

◎**注释**　①〔定公〕鲁国国君，名宋，定是谥号。②〔君使臣以礼，臣事君以忠〕有两种解释：一说"君之使臣以礼，则臣必事君以忠"；一说这两方面都是"理之当然"，君应该依礼，臣应该忠心，双方都要尽心从自己方面去做。
◎**大意**　鲁定公问："君主使唤臣下，臣子服事君主，应当怎样做呢？"孔子回答说："君主按照礼的要求去使唤臣下，臣子就会忠心服事君主了。"
◎**解读**　对"君使臣以礼，臣事君以忠"的注释，汉儒说，对君和臣各有要求，君上要按礼的要求对待臣下，臣下才能尽忠于君上。这种说法比较侧重于对君的要求，强调君依礼待臣是臣下尽忠事君的前提。宋儒说，两方面都是"理之当然"，君臣双方应各自尽心去做，"君不患臣之不忠，患我礼之不至；臣不患君之无礼，患我忠之不尽"。即使君主无礼，臣下也应尽忠。从此可以窥见儒家思想的发展，在君臣关系上，愈往后世，对君上的要求愈少，而对臣下的要求愈苛，直至发展到不问是非，对君主单方面绝对服从的愚忠。在汉儒与宋儒的解释中，前者应更接近孔子原意。

关于君臣关系，《论语》中还有11·23，14·23，15·37章讲到，可参读。

3·20 子曰:"《关雎》①乐而不淫,哀而不伤。"

◎**注释** ①〔《关雎》〕《诗经》的第一篇。此篇写一君子追求淑女,思念时辗转反侧、寤寐思之的忧思,以及结婚时钟鼓乐之、琴瑟友之的欢乐。古乐也有《关雎》,有人认为这一章所说《关雎》是指《关雎》的乐,而不是指其诗。

◎**大意** 孔子说:"《关雎》这篇诗,有欢乐,但不放荡;有悲哀,但不至于伤感。"

◎**解读** 哀乐是人之常情。乐而不淫、哀而不伤,是说哀乐都能适度,不致过分,体现了儒家的中和思想。可与11·15章"过犹不及"参读。而为什么说《关雎》篇是乐而不淫、哀而不伤?怎样才是乐而不淫、哀而不伤?则要从《关雎》文中细心体会。

3·21 哀公问社①于宰我②。宰我对曰:"夏后氏以松,殷人以柏,周人以栗,曰:使民战栗③。"子闻之,曰:"成事不说,遂事不谏,既往不咎。"

◎**注释** ①〔社〕土地神,祭土神的庙也称社。古时立国都都要建社,选用宜于当地生长的树木做社主(土地神的牌位)。从后文宰我的回答看,哀公问的就是用什么木头做社主。②〔宰我〕孔子的学生,名予。③〔使民战栗〕战栗,恐惧,发抖。宰我解释周朝用栗木做社主是为了使百姓恐惧。对于这段对话的含义,有两种说法:一说这是宰予讽劝哀公用严政;一说,当时三桓专政,哀公想进行讨伐,故意用问社相暗示。宰予的回答,则暗示赞成。孔子知哀公无能,三家专权,时间已久,难以很快改变,不赞成哀公轻率行动,所以说了下面的话。

◎**大意** 鲁哀公问宰我关于做社主的事。宰我答道:"夏朝用松木,殷朝用柏木,周朝用栗木,用栗木是要使百姓害怕得发抖。"孔子听后,说:"已经做成的事不用再说了,已经在做的事不用再去劝阻了,已经过去的事也不必再追究了。"

◎**解读** 此章所说虽是针对鲁国当时的情况而言,而孔子所说的"成事不说,遂事不谏,既往不咎",仍有借鉴意义。既往不咎也已成为人们熟悉和常用的成语。

3·22 子曰："管仲①之器小哉！"或曰："管仲俭乎？"曰："管氏有三归②，官事不摄③，焉得俭？""然则管仲知礼乎？"曰："邦君树塞门④，管氏亦树塞门；邦君为两君之好有反坫⑤，管氏亦有反坫。管氏而知礼，孰不知礼？"

◎**注释** ①〔管仲〕名夷吾，齐桓公的相，辅助齐桓公成为诸侯的霸主。②〔三归〕有多种解释：一、古时女子出嫁时叫归，管仲娶三姓之女，叫三归；二、归通"馈"，管仲家祭用三牲之献；三、管仲三处采邑；四、管仲有三个藏钱币的府库；五、指管仲从百姓身上收取的市租；六、管仲有三处府第可归。一、二两说是说管仲僭越违礼；三、四、五是说管仲富有，都不是不俭的意思。所以本书采用第六说。③〔摄〕兼任。④〔树塞门〕古礼，天子诸侯在门口立小墙遮蔽视线，以别内外。小墙叫屏，亦叫树。塞，遮蔽的意思。⑤〔反坫（diàn）〕古代国君与别国国君友好会面，互相酬酢时放置空酒杯的土台。

◎**大意** 孔子说："管仲的器量真小呀！"有人说："管仲是俭朴吧？"孔子说："管仲有三处府第，各项职事都有专人，从不兼差，怎能算是节俭呢？"那人又问："那么管仲是不是知礼呢？"孔子说："国君的门口有小墙遮蔽，管仲也有；国君为了招待别国君主，有放酒杯的土台，管仲也有。如果说管仲知礼，那么谁才不知礼呢？"

◎**解读** 本章谈对管仲的批评。14·17，14·18两章也谈对管仲的评价，却是高度赞扬了管仲。可参读。

3·23 子语①鲁大师②乐，曰："乐其可知也：始作，翕③如也；从④之，纯⑤如也，皦⑥如也，绎⑦如也，以成。"

◎**注释** ①〔语（yù）〕告诉。②〔大（tài）师〕太师，乐官名。③〔翕（xī）〕有两种解释：一解为合、聚；一解为盛。④〔从〕同"纵"，展开。⑤〔纯〕和谐。⑥〔皦〕音节分明。⑦〔绎〕连续不断。

◎**大意** 孔子给鲁国乐官讲奏乐的道理说："音乐是可以知道的：开始演奏，各种乐器合奏，声音丰美；继续展开下去，和谐，分明，连绵不绝，最后完成。"

◎**解读** 乐是孔子教育的重要内容之一。8·8章说："兴于《诗》，立于礼，成于乐。"《论语》谈乐的还有3·3，3·25，7·13，8·15，9·14，15·10，17·18章，可参读。

3·24 仪封人①请见，曰："君子之至于斯也，吾未尝不得见也。"从者见之②。出曰："二三子何患于丧③乎？天下之无道也久矣，天将以夫子为木铎④。"

◎**注释** ①〔仪封人〕仪，地名。封人，镇守边疆的官。②〔从者见之〕随行的学生引他见了孔子。③〔丧（sàng）〕失掉官位。④〔木铎〕木舌的铜铃。古代天子发布政教命令时摇木铎来召集百姓。

◎**大意** 仪邑的边防官请求见孔子，并说："凡是君子到这里来，我都要见一见。"孔子随行的学生引他去见了孔子。见过孔子出来后，他说："你们几位，何必为失掉官位发愁呢？天下无道已经很久了，天将把他老先生当作木铎向大家传道统呀。"

◎**解读** 《论语》也记载有当时人对孔子的一些评价，本章是其中之一。14·41，14·42，18·6，18·7章记载了当时一些隐者对孔子的评价。

3·25 子谓《韶》①，"尽美矣，又尽善②也"；谓《武》③，"尽美矣，未尽善也"。

◎**注释** ①〔《韶》〕与后文的《武》都是古时乐曲名。韶，舜时乐曲名。②〔美、善〕美指乐曲音调、舞蹈的形式而言。善指乐舞的思想内容而言。《集解》引孔注："《韶》，舜乐名，以圣德受禅，故尽善。《武》，武王乐也，以征伐取天下，故未尽善。"③〔《武》〕周武王时乐曲名。

◎**大意** 孔子说《韶》乐，"是美到极点了，又善到极点了"；说《武》乐，"是美到极点了,但不够善"。

◎**解读** 旧注都以武王凭借武力征伐得天下来解释武乐的"未尽善",反映了尚德不尚力的思想。可与3·16,7·20,14·6,14·35,15·1章参读。

3·26 子曰:"居上不宽,为礼不敬,临丧不哀,吾何以观之哉?"

◎**大意** 孔子说:"居于当政的地位而不宽厚待人,行礼的时候不严肃恭敬,参加丧礼时不悲痛哀戚,这种情形我怎么看得下去呢?"

里仁篇第四

4·1 子曰："里仁为美①。择不处仁②，焉得知③？"

◎**注释** ①〔里仁为美〕里，有两解：一，乡里、居住的地方；二，借作动词用，里即居，住在某处。本书取第一种解释。仁，也有两解：一指人道；一指仁者。本书取后者。里仁，一说居住在有仁者（或有仁厚的道德风尚）的地方，一说居于仁道，即以仁道为立身的根本。本书认为第一种解释较为准确。②〔择不处（chǔ）仁〕择，选择。处，居住。处仁，一说选择有仁者（或有仁厚的道德风尚）的地方居住；一说选择仁道而处。③〔知〕同"智"。

◎**大意** 孔子说："居住的地方要有仁者（或有仁厚的道德风尚）才好。选择住处不选在有仁者（或有仁厚的道德风尚）的地方，哪能算是明智呢？"

◎**解读** 重视对居住环境和朋友的选择，是儒家关于个人修养的思想的一个重要方面。1·8，15·9章都谈到这个问题，可联系起来读。1·8章说"无友不如己者"，也要从"里仁为美"这一点上来理解，不要简单地理解成眼睛向上，不与不如自己的人交朋友。

4·2 子曰："不仁者不可以久处约①，不可以长处乐。仁者安仁，知者利仁②。"

◎**注释** ①〔约〕穷困。②〔安仁、利仁〕安仁，安于仁道。利仁，认为仁有利于己才去行仁，"有利则行，无利则止"。

◎**大意** 孔子说："不仁的人不能长久地处于贫困中，也不能长久地处于安乐中。仁者是安于仁道，智者则是知道仁对自己有利而去行仁。"

◎**解读** 不仁者不能长久地处于贫困和安乐之中，久处贫困就易于为非作乱，久处安乐就易于骄奢淫逸。只有仁者安于仁道，才能经受住长久贫困或安乐的考验而不走上邪道。可以与6·9，7·15，15·1章参读。

这一章还提出了"安仁"和"利仁"这样两种不同的境界，也值得注意。安仁，安于仁道，或以仁道为安，其对仁道的追求，完全发自内心；利仁，则是知道仁有利于己而行仁。

14·25章说："古之学者为己，今之学者为人。"可以参读。安仁是为己的表现，为己才能安仁；利仁则不免为人，终不能说是仁的境界。其间的差别，须仔细体会。

人生修养，就在于不断提升自己的境界，《论语》中多处谈到境界问题。希望读者认真研读领会。可与2·4，6·18章参读。

4·3 子曰："唯仁者能好①人，能恶②人。"

◎**注释** ①〔好（hào）〕喜爱。②〔恶（wù）〕憎恨，讨厌。
◎**大意** 孔子说："只有仁人才能爱应当爱的人，恨应当恨的人。"
◎**解读** 樊迟问仁，孔子答曰爱人。但仁不是只讲爱人，本章提出"仁者能好人""能恶人"，有好恶两面，爱憎分明。君子的好恶，要以仁为准绳。只有一切从仁出发，才能真正做到爱人和恨人。人有私欲，就有种种算计、顾虑，因而往往不能真正爱其所爱，恨其所恨，还会影响其爱和恨的标准，不能爱其所应爱，恨其所应恨。其结果则是是非混淆，好人不得好报，恶人不受谴责，以致好人吃亏，恶人当道。唯有仁道通行，才能使好人受人爱，恶人被人弃，善道光昌，恶行匿迹，社会和谐。无仁心，好恶也不能适度，"人而不仁，疾之已甚"（8·10）、"爱之欲其生，恶之欲其死"（12·10）都是其表现。还可与17·13，17·24章参读。

4·4 子曰："苟志于仁矣，无恶①也。"

◎**注释** ①〔恶〕有两种解释：一、善恶的"恶"，与上章"恶"字不同。二、好恶的"恶"，与上章"恶"字同义。本书取第二种解释。

◎**大意** 孔子说："如果立志于仁，就不会做坏事了。"

4·5 子曰："富与贵是人之所欲也，不以其道得之，不处也；贫与贱是人之所恶也，不以其道得之，不去也。君子去仁，恶乎①成名？君子无终食之间违仁，造次②必于是，颠沛③必于是。"

◎**注释** ①〔恶（wū）乎〕何，怎么。②〔造次〕急遽，仓促。③〔颠沛〕跌倒，用以形容人事困顿，社会动乱。

◎**大意** 孔子说："富贵是人人都想要的，但不是依道的要求而得到的富贵，就不去接受它；贫贱是人人都厌恶的，但不是依道的要求而得以摆脱的贫贱，就不去摆脱它。君子如果丢弃了仁德，又怎能叫作君子呢？君子没有一顿饭的时间背离仁德，就是在仓促匆忙的时候也一定按仁德去做，就是在颠仆困顿的时候也一定按仁德去做。"

◎**解读** 义利关系是儒学和中国传统文化讨论的一个重要问题。利和义，反映了人生的物质生活和精神生活这两个方面。利，指个人的物质利益，是自然的、物质生活的方面；义，指社会的道义规范和个人的道德、理想追求，是人文的、精神生活的方面。物质生活根源于人的生理本能，本质上与禽兽没有不同；精神生活则是人所独有的，是之所以为人之所在。所以人应该把精神生活的追求放在第一位。如果只知追求物质的享受，那就近于禽兽了。孔子肯定追求富贵、厌恶贫贱是人之常情，同时又要求按照义的标准来决定对富贵贫贱的取舍，不用不合道义的手段求富贵，也不以不合道义的手段摆脱贫贱。这也就是要求人们自觉地把精神生活的追求放在第一位，以道义的标准指导和约束自己对物质利益的追求。14·13，16·10，19·1章要求"见利思义""见得思义"，说的也是同样的思想。还可与4·8，4·9，4·11，6·9，14·45，17·23章参读。

义利关系同时也是反映了个人物质利益与社会整体利益的关系。利是指个人的利益，义是社会公共利益的反映。任何社会都存在着社会公共利益与个人利益之间的矛盾，都要求个人私利服从于社会的公共利益。孔子提出的"见利思义""不以其道得之，不处也"，是古今中外都适用的道德准则。只是在不同社会，道义的具体内容是不同的。今天我们提倡"见利思义"，继承了"不以其道得之，不处也"的原则和精神，而我们提倡的道、义，则不完全等同于古代儒家的道、义，道、义的内容经过推陈出新的发展，已经有了新的内涵。孔子关于义利关系的思想，还可参读4·12，4·16，7·11，7·15章。

本章后半部分说，君子不可有片刻违离仁道，哪怕是造次之间，颠沛之中，无时无处，任何条件下，都无不用心于仁。这一点要认真体会力行。可与15·5章参读。

4·6 子曰："我未见好仁者，恶①不仁者。好仁者，无以尚②之；恶不仁者，其为仁矣，不使不仁者加乎其身。有能一日用其力于仁矣乎？我未见力不足者。盖有之矣，我未之见也③。"

◎**注释** ①〔好、恶〕同4·3章解。②〔尚〕通"上"，用作动词，超过的意思。③〔盖有之矣，我未之见也〕盖，疑问词，大概的意思。对"有之"二字有两种解释：一、"有之"是指有肯用力而力不足者，是联系上句"未见力不足者"来理解；二、"有之"是指有肯一日用力于仁者，是联系上句"有能一日用其力于仁矣乎"来理解。

◎**大意** 孔子说："我没有见到过爱好仁德的人和厌恶不仁的人。爱好仁德的人，是不能再好的了；厌恶不仁的人，他行仁德，不让不仁的东西加到自己身上。有人能把他一天的力量都用在仁上吗？我没有见过力量不够的。大概力量不足的人还是有的，我没有见过罢了。"

◎**解读** 好仁和恶不仁，都是仁德的很高境界，难得见到并不奇怪。重要的是要哪怕用一天时间，致力于仁德修养。虽不能一天用力就成仁人，却也是用一天力见一天功，不会力不从心。这是说道德修养完全依靠自觉的努力，靠日常点滴的积累，只要坚持去做就可达到。问题在于没有去做，没有坚持。可与6·10章及12·1章"为仁由己"参读。

4·7 子曰："人之过也，各于其党。观过，斯知仁矣①。"

◎**注释** ①〔观过，斯知仁矣〕旧注说，赞同仁道的有三种：仁者是实行仁道才心安，智者是以实行仁道有利于自己而赞同仁道，畏罪者是勉强按仁道去做。赞同仁道的表现虽同，思想本质却不同。因此只看一个人按仁道去做的表现还不能判断他是否真有仁心。而过错是人人力求避免的，从一个人的错误最能看出他的内心真情，所以说"观过，斯知仁矣"。也有的书上引用这一章时写作"斯知人矣"，也通。

◎**大意** 孔子说："人们的错误，总是与和他同类人相似。所以，考察一个人所犯的错误，就可以知道这个人的仁与不仁了。"

4·8 子曰："朝闻道，夕死可矣。"

◎**大意** 孔子说："早晨通达了道，即便当天晚上就死去，也可以无悔了。"
◎**解读** 这一章言简意赅，包含着孔子对人生的根本认识，要认真领会。道，人生的大道，精神生命的追求；死，物质生命的终结。"朝闻道，夕死可矣"，说的是对精神生命和物质生命关系的认识。人的生活有两个方面：一个是物质生活，如吃、穿、住、行等的要求，这些是出于人的生物本能，是自然的。另一方面，人生活在社会中，一切活动都离不开社会，离不开与他人的关系，因此，人要遵守社会的规范，担负社会责任。同时，人还有道德情感、人生理想的追求，这是精神生活，是社会的、人文的。人与禽兽的区别，以及人之所以为人，就在于人有做人之道，有人文的精神生活。生命的意义在于精神生命。懂得做人之道，人生才能有意义；不知为人之道，只知追求物质生活的满足，则近于禽兽，如同行尸走肉。所以说"早晨得知了道，即便当天晚上就死去，也可以无悔了"。当然，这一说法是极而言之。事实上对道的追求、学习、践行和卫护，贯穿于人的一生，构成生命的全部。可与4·5，4·9，7·6，8·7，8·13，15·8，15·31章参读。

4·9 子曰:"士①志于道,而耻恶衣恶食者,未足与议也。"

◎**注释** ①〔士〕古时称"士、农、工、商"为四民,"凡习学文武者为士",士是四民中读书习武的人,其地位在农、工、商之上。

◎**大意** 孔子说:"一个士有志于道,而又以自己吃得不好穿得不好为耻辱,这种人,是不值得与他讨论道的。"

◎**解读** 志于道,用心追求为人之道,是孔子之教的第一位的要求,见7·6章。本章把"志于道"和"耻恶衣恶食"对举,也是谈精神生命与物质生命的关系。"志于道"就要以精神生命为先,把物质生活的追求放在次要地位。如果以"恶衣恶食"为耻,对物质生活的匮乏耿耿于怀,说明其心不在道,"志于道"只是虚言,所以说"未足与议也"。可与1·14,4·5,6·9,7·15,14·3章参读。

关于"士",可与8·7,13·20,13·28,14·3,19·1章参读。

4·10 子曰:"君子之于天下也,无适也,无莫①也,义②之与比③。"

◎**注释** ①〔適(dí)、莫〕这两个字的意思是对应的,有几种不同的解释:一、厚薄亲疏,"无適""无莫"就是不分亲疏厚薄;二、敌对和爱慕,"无適""无莫"就是没有敌对,也没有爱慕;三、適,一定要如何做;莫,一定不能如何做。"无適""无莫"就是无可无不可的意思。本书取第三种解释。②〔义〕古注:"义,宜也。"凡是适宜的言行,就是符合于义的。因此不同的人所讲的义,都是不同的。在孔子看来,义与仁、礼是互相联系不可分的,凡符合于仁、礼的要求的,便是义。③〔比〕有两种解释:一、亲近,相近;二、从,听从,依照。本书取第二种解释。

◎**大意** 孔子说:"君子对天下的事,没有非这样做不可的,也没有一定不能这样做的,只是按照义去做。"

◎**解读** "义之与比",以义为立身处事的准绳,是孔子对君子的一个基本要求。《论语》里还有"君子义以为质"（15·17），"君子义以为上"（17·23），"见得思义"（16·10，19·1），"见利思义"（14·13），"见义不为，无勇也"（2·24），说的是一个意思，可以参读。

另外，18·8章说到"无可无不可"，可参读。

4·11　子曰："君子怀①德，小人怀土②；君子怀刑③，小人怀惠。"

◎**注释**　①〔怀〕有两种解释：一、思念；二、安于。②〔土〕乡土。③〔刑〕法制。
◎**大意**　孔子说："君子总想着道德，小人总想着乡土；君子总想着法制，小人总想着恩惠。"
◎**解读**　君子小人关注点不同，反映了他们在对待精神生命和物质生命关系问题上的不同态度。

4·12　子曰："放①于利而行，多怨②。"

◎**注释**　①〔放〕有两种解释：一、放纵；二、依据。本书取第二种解释。②〔多怨〕一般解释为多被别人怨恨。《论语新解》解释为自己心上多生怨恨。
◎**大意**　孔子说："事事都依据个人利益而行动，会招致很多怨恨。"
◎**解读**　这一章从另一个角度反映孔子对个人利益的态度，可与4·5章及《论语》中谈义利关系的各章参读。

4·13　子曰："能以礼让为国乎？何有①？不能以礼让为国，如礼何②？"

◎**注释**　①〔何有〕何难之有，不难的意思。②〔如礼何〕把礼怎么办？意思是说纵然有礼的形式，不以礼让治国，这礼也是没有用的。
◎**大意**　孔子说："能够用礼让来治理国家吗？（如果以礼让来治理国家）那样还

会有什么困难呢？如果不能用礼让来治国，那对于礼又怎么办呢？"

◎**解读** 孔子主张以礼治国。本章提出"让"字，并"礼让"连言，尤其特别指出，不能礼让，何以言礼？说明"让"是礼的核心精神之一。在以后的发展中，礼让也成为中华民族的传统美德。当代市场经济环境下，人们追求经济利益，崇尚竞争，礼让被很多人认为是迂腐而不合时宜的观念。其实，让是人们相处之道的通义，无让即无社会和谐，古今中外概莫能外。当代社会矛盾、冲突纷繁复杂，提倡礼让显得尤其重要。诚然，市场经济以竞争为动力，没有竞争意识和充分的竞争，无以发展经济。然而竞争并非一切。如何认识和处理礼让与竞争的关系，协调礼让与竞争两个方面，使二者相互配合，促进经济、社会的全面和谐发展，是我们需要研究解决的问题。

8·1章赞泰伯"三以天下让，民无德而称焉"为至德，可参读。

4·14 子曰："不患无位，患所以立①；不患莫己知，求为可知也。"

◎**注释** ①〔所以立〕指足以立身的才学，或足以立于其位的才学。
◎**大意** 孔子说："不愁没有职位，只愁自己没有能够任职的才学本领；不愁没有人知道自己，只求自己有真才实学值得为人们所知道。"
◎**解读** 这一章反映了孔子立身处世的一个根本态度：凡事立足于对自己的要求，立足于自身的学问、修养和能力。15·20章所言"君子求诸己，小人求诸人"就明确说明了这一点，1·16、14·32、15·18章也反复讲到了这一思想。1·1章说"人不知而不愠，不亦君子乎"，14·37章说"不怨天，不尤人。下学而上达"等，都可参读。

4·15 子曰："参乎，吾道一以贯①之。"曾子曰："唯。"子出，门人问曰："何谓也？"曾子曰："夫子之道，忠恕②而已矣。"

◎**注释** ①〔贯〕贯穿，贯通，统贯，如以绳穿物。②〔忠恕〕据朱熹注，尽自己的心去待人叫作忠，推己及人叫作恕。

◎**大意**　孔子说："参呀，我讲的道是由一个基本的思想贯通起来的。"曾子说："是。"孔子出去之后，同学问曾子："这是什么意思？"曾子说："先生的道，就是忠恕罢了。"

◎**解读**　曾参说"夫子之道，忠恕而已矣"，前人多有不同解释。朱熹认为，孔子的思想博大精深，难以用一句话来说明。曾子用"忠恕"来说明，是因为"忠恕"是人人能知能行的最浅显的道理，他希望人们能从这最浅显的地方做起，在自己的实践中逐步领会孔子思想。《论语新解》说曾子此说"可谓虽不中不远矣。若由孔子自言之，或当别有说。所谓仁者见仁，智者见智。读者只当此章乃曾子阐述其师旨，如此则已"。

关于"忠恕"，6·28章孔子说仁是"己欲立而立人，己欲达而达人"，这就是忠。15·23章孔子说到，恕就是"己所不欲，勿施于人"，并说这是可以终身奉行的。忠和恕，都体现了从自己所欲所恶理解他人，推己及人的精神。忠是从积极方面讲，恕是从消极方面讲，核心都是为人处事心里要想到他人，不要只想到自己；不只替自己着想，也要替他人着想。这是实行孔子仁学思想的出发点。在长期的历史发展中，它已经成为中国人代代相传的生活准则，民族精神的一部分。中国社会中广泛存在的"急人之难""一方有难，八方支援"的互助精神，和"设身处地""将心比心"的互谅精神等等，都是推己及人精神的表现。

"忠恕之道"体现了人人平等和尊敬他人的精神，也是现代社会公德的基础，可以而且应该成为全人类普遍遵行的社会生活准则。

除上面两章外，还可参读5·11，12·2，12·16章。

4·16　子曰："君子喻①于义，小人喻于利。"

◎**注释**　①〔喻〕懂得。

◎**大意**　孔子说："君子懂得的是义，小人懂得的是利。"

◎**解读**　前人对本章的误解、批评甚多。常有人根据这段话批评儒家把义和利根本对立，只讲义，不讲利。这是一种误解或曲解。喻，懂得。全章意思是，君子懂得以义为取舍标准，懂得见利思义，不取不义之财；小人则只知有利，而不知道在利的取舍上，还存在对不对、该不该的问题。并不是说君子只讲义不要利。联系《论语》其他章节看，4·5章所说的"不以其道得之，不处也""不去也"，就是喻于义；4·12说的"放于利而行"，就是喻于利。这一章进一步指出这正是君子和小人对待利关系的不同态度，从这里得不出义和利根本对立的结论。

以义制利、见利思义是人类社会普遍适用的原则。任何一个社会对个人利益的获得，都有某种道德的或其他规范的限制，不能听由个人随心所欲地谋取个人私利，不能容许个人的牟利行为危害社会利益，否则社会就会出现不安和动乱。这是古今中外普遍的、永恒的通义。而在不同的社会，对不同的人群，利益取舍的是非标准是不同的，所以见利思义的原则在具体条件下的具体内容又有时代性，是随着时代和条件的变迁而变化的。

4·17 子曰："见贤思齐焉，见不贤而内自省也。"

◎**大意** 孔子说："见到贤人，就努力向他看齐；见到不贤的人，就自己反省有没有类似的毛病。"

◎**解读** "见贤思齐，见不贤而内自省"是对自省的具体说明，可见内省并非"闭门思过"，而是要在现实的交往中，随时、随处对照反省自己，向他人学习。如能这样做到，那么与人相处，不论其人贤与不贤，都可对己有益。

可与7·21章"三人行，必有我师焉"，19·22章"夫子焉不学？而亦何常师之有"参读。

4·18 子曰："事父母几①谏，见志不从，又敬不违，劳②而不怨。"

◎**注释** ①〔几（jī）〕轻微，婉转。②〔劳〕忧愁。
◎**大意** 孔子说："侍奉父母，如果父母有不对的地方，就要很委婉地劝止。自己的意见表达了，父母不听从，还是要恭恭敬敬，不要违抗父母的意志，虽然忧愁，但不要怨恨。"
◎**解读** 孝敬父母不是要求对父母百依百顺，父母有过错要进行劝谏，但态度要委婉；父母不听劝谏，也还要保持恭敬，虽然忧愁，但不怨恨，不违抗。这样两个方面相结合，尽孝道而不失原则，坚持原则而不违孝道。对此要认真地体会。

4·19 子曰："父母在，不远游①，游必有方②。"

◎**注释** ①〔游〕指游学、游宦，到外地去求学、做官。②〔方〕一定的地方。
◎**大意** 孔子说："父母在世，不出远门，如果不得已要出远门，也必须有一定的去处。"
◎**解读** 俗话说："儿行千里母担忧。"古代交通、通讯不发达，"父母在，不远游，游必有方"，是为了不让父母担忧。可与2·6章"父母唯其疾之忧"联系起来读。现在经济全球化迅猛发展，交通、通讯便捷，"父母在，不远游"的要求已经没有必要，但父母思念儿女、儿女从精神上关怀父母的人伦之情却没变。"常回家看看"替代"父母在，不远游"，已成为当今孝道的重要内容。具体要求已变，而精神依旧。继承和发扬优秀传统要注意分析把握这两个方面。

4·20 子曰："三年无改于父之道，可谓孝矣。"

◎**解读** 这一章已见《学而》。

4·21 子曰："父母之年，不可不知①也。一则以喜，一则以惧。"

◎**注释** ①〔知〕这里是常记在心的意思。
◎**大意** 孔子说："父母的年龄不能不时时记在心里。一方面为他们的长寿而高兴，一方面又为他们的衰老而恐惧。"

4·22 子曰:"古者言之不出,耻躬之不逮^①也。"

◎**注释** ①〔逮(dài)〕及,到。
◎**大意** 孔子说:"古人不轻易发表言论,是以自己的行为跟不上为可耻呀!"
◎**解读** 古人以不能说到做到,对自己的言论不能身体力行为可耻,所以出言谨慎。这反映了中国传统文化重力行,要求言行一致,鄙弃言过其行,言行不一的特点。可与4·24章联系起来读。

4·23 子曰:"以约^①失之者鲜矣。"

◎**注释** ①〔约〕约束。
◎**大意** 孔子说:"因为约束自己而犯错误是很少见的。"
◎**解读** 人贵能约束自己,有所节制。放任情欲,不知约束和节制,必有后患。

4·24 子曰:"君子欲讷^①于言而敏^②于行。"

◎**注释** ①〔讷〕迟钝。②〔敏〕敏捷。
◎**大意** 孔子说:"君子总想言语要迟钝,而做事要敏捷。"
◎**解读** 这一章和4·22章都是谈言行关系,可联系起来读。这里孔子说的言语迟钝,并非真正的迟钝,而是前章所说因为怕说了做不到而出言谨慎。而在行的方面,则要敏捷,说到就要做到。还可与2·13,12·3章参读。

4·25 子曰:"德不孤,必有邻。"

◎**大意** 孔子说:"有德的人不会孤立,一定会有与他亲近的人。"
◎**解读** 孔子一生不得志,屡次遭受危难,弟子中不免有人为此而迷惘、动摇。本章孔子所说,既是他自己信心的宣示,也是对弟子的开导。可与15·1章参读。

4·26　子游曰:"事君数①,斯辱矣;朋友数,斯疏矣。"

◎**注释**　①〔数(shuò)〕屡次,多次。引申为烦琐的意思。

◎**大意**　子游说:"事奉君主太烦琐,就会受辱了;对待朋友太烦琐,就会被疏远了。"

◎**解读**　古代"五伦",父子、兄弟、夫妇三伦属家庭,君臣、朋友则在家庭关系之外。二者相类,相处之道也有相近之处。君友有过,劝谏不听,要适可而止,寻求其他的劝谏方式,过于急促或烦琐,就会欲荣反辱;求与君友亲近,过于急迫或烦琐,也会欲亲反疏。

公冶长篇第五

5·1 子谓公冶长①,"可妻也。虽在缧绁②之中,非其罪也"。以其子③妻之。子谓南容④,"邦有道,不废;邦无道,免于刑戮"。以其兄之子妻之。

◎**注释** ①〔公冶长〕孔子的学生。②〔缧绁(léi xiè)〕捆缚犯人的绳索,引申为牢狱。缧,同"累"。③〔子〕古时儿女都称子,这里指女儿。④〔南容〕孔子的学生南宫适(kuò),字子容,通称南容。

◎**大意** 孔子评论公冶长说,"可以把女儿嫁给这样的人。虽然他被关在狱中,但不是他的罪过呀"。孔子把自己的女儿嫁给了他。孔子评论南容说,"国家有道时,他不会被废弃不用;国家无道时,他也可以免于刑戮"。于是把自己的侄女嫁给了他。

◎**解读** 本篇内容主要是对人的评论。孔子的教育以教人做人为主,孔子对人的评价,直接反映了他关于做人的思想,望读者注意领会。

5·2 子谓子贱①,"君子哉若人!鲁无君子者,斯焉取斯?"

◎**注释** ①〔子贱〕孔子学生宓(fú)不齐,字子贱。
◎**大意** 孔子评论子贱说,"这个人真是个君子呀!假如鲁国没有君子,他从哪里取得这样的好品德呢?"
◎**解读** 孔子称赞子贱为君子,又特别指出他的优良品德是来自于鲁国的君子,反映了孔子对向贤者学习的重视。可与4·1章"里仁为美"参读。

5·3 子贡问曰："赐也何如？"子曰："女，器也。"曰："何器也？"曰："瑚琏①也。"

◎**注释** ①〔瑚琏〕古代宗庙中祭祀用的盛粮食的器皿，竹制，上面用玉装饰，是祭器中贵重而华美的一种。

◎**大意** 子贡问道："我这个人怎么样呢？"孔子说："你是一件有用的器皿。"子贡又问："是什么器皿呢？"孔子说："是那宗庙中盛粮食的瑚琏。"

◎**解读** 2·12章子曰："君子不器。"本章孔子说子贡"器也"，那么子贡能不能称君子呢？有人说子贡尚不能达到不器的要求，而是器之贵者；也有人说，子贡也是孔子的高徒之一，何以不能称君子？《论语新解》说："读书有当会通说之者，有当仅就本文，不必牵引他说者。如此章，孔子告子贡'汝，器也'，便不当牵引'君子不器'章为说。"

5·4 或曰："雍①也仁而不佞②。"子曰："焉用佞？御人以口给③，屡憎于人。不知其仁④，焉用佞？"

◎**注释** ①〔雍〕孔子的学生冉雍，字仲弓。②〔佞（nìng）〕能言善辩，有口才。③〔口给〕口才敏捷。④〔不知其仁〕有两种解释：一指佞人，佞人遭人憎恨，因而不知其（佞人）有仁道；二指冉雍，不知冉雍是否仁者。大意取前者。

◎**大意** 有人说："冉雍这个人有仁德但没有口才。"孔子说："何必要口才呢？靠伶牙俐齿去和人辩驳，常常招人讨厌。这样的人我不知他有什么仁慈，何必要口才呢？"

◎**解读** 本章反映孔子重德而谨言。旧注说，佞人和别人应答，"但以口取辩而无情实"，只是以言辞辩说取胜而没有真情实感。这里说的是德和言、言辞的内容和形式的关系问题。从为人说，重在德；从言辞说，重在内容。口才不是无意义，但如果口才脱离德，言辞的形式脱离内容，则不仅无用，而且有害。可与1·3章"巧言令色，鲜矣仁"参读。

5·5 子使漆雕开①仕。对曰:"吾斯之未能信。"子说②。

◎**注释** ①〔漆雕开〕孔子的学生,姓漆雕,名开,字子开。②〔说〕同"悦",高兴。

◎**大意** 孔子叫漆雕开去做官。漆雕开回答说:"我对这事还没有自信呀。"孔子听了很高兴。

◎**解读** 子说,旧注有的说是孔子赞漆雕开"谦退",有的说是赞其"笃志"。读者可以自作选择、判断,也可有自己的领会。

5·6 子曰:"道不行,乘桴①浮于海,从我者其由与!"子路闻之喜。子曰:"由也好勇过我,无所取材②。"

◎**注释** ①〔桴(fú)〕用来在水面浮行的木排或竹排,大的叫筏,小的叫桴。②〔无所取材〕"材"有三种解释:一、编桴用的材料。孔子并不真想乘桴浮海,见子路没有听懂他的意思,所以这样讲。二、同"裁",指子路不知裁度事理。三、同"哉",说子路以为孔子只要与他同行,所以孔子说"难道就不取别人吗?"本书取第一种解释。

◎**大意** 孔子说:"我的道如果行不通,就乘上小木排到海外去,跟随我的怕只有仲由吧!"子路听了很高兴。孔子说:"仲由的好勇超过了我,可是没处去弄到编木排的材料呀!"

◎**解读** 孔子说要"乘桴浮于海",应是他感到道难行于世而发的感慨,并非真要出海远行。旧注有说"皆假设之言耳"。子路信以为真。孔子赞扬了子路,又说无法获得编筏的材料,化解了子路的误解。

9·13章有"子欲之九夷",可联系参读。

5·7 孟武伯问:"子路仁乎?"子曰:"不知也。"又问。子曰:"由也,千乘之国,可使治其赋①也,不知其仁也。""求也何如?"子曰:"求也,千室之邑②,百乘之家③,可使为之宰④也,不知其仁也。""赤⑤也何如？"子曰："赤也，束带立于朝⑥，可使与宾客⑦言也，不知其仁也。"

◎**注释** ①〔赋〕兵赋。②〔千室之邑〕有一千户人家的大邑，指当时卿大夫的领地。③〔百乘之家〕指卿大夫的采地。当时大夫有车百乘，是采地中比较大的，称"百乘之家"。④〔宰〕家臣。⑤〔赤〕孔子的学生公西华，名赤。⑥〔束带立于朝〕指穿着礼服立于朝堂。⑦〔宾客〕古时贵客如国君上卿称"宾"，国君上卿以下一般客人称"客"。"宾客"二字连用，泛指客人。

◎**大意** 孟武伯问孔子："子路做到仁了吗？"孔子说："不知道。"孟武伯又问。孔子说："仲由嘛，在拥有一千辆兵车的大国，可以让他管理军事，但我不知道他是不是做到了仁。"孟武伯问："冉求怎样呢？"孔子说："冉求嘛，在有千户人家的封邑或者有百辆兵车的大夫的采地，可以让他当总管，但我不知道他是不是做到了仁。"孟武伯又问："公西赤又怎样呢？"孔子说："公西赤嘛，可以让他穿着礼服，站在朝堂上接待宾客，但我不知道他是不是做到了仁。"

◎**解读** 仁是人生的全德，是孔子提出的做人修养的最高标准。所以孔子不轻易肯定某人为仁。本章孔子虽没有肯定子路、冉求、公西华为仁，却很具体地肯定了他们三人的才能。可见孔子对弟子的要求，既有共同的全德的要求，又能培养发挥个人的专长。

5·8 子谓子贡曰："女与回也孰愈①？"对曰："赐也何敢望回？回也闻一以知十②，赐也闻一以知二③。"子曰："弗如也。吾与女弗如也④。"

◎**注释** ①〔愈〕胜过。②〔闻一以知十〕十指数的全体。旧注："一，数之始；十，数之终。"③〔闻一以知二〕指可以由此及彼。旧注："二者，一之对也。"④〔吾与女弗如也〕"与"字有两种解释：一、孔子说自己与子贡都不如颜回。二、《论语集注》："与，许也。"赞许，孔子赞许子贡自认不如颜回。本书认为第一种解释更准确。

◎ **大意** 孔子对子贡说:"你和颜回谁强一些?"子贡回答:"我哪里敢和颜回比?颜回他能'闻一知十',推知全体;我却只能'闻一知二',由此及彼。"孔子说:"是不如他呀。我和你都不如他呀。"

◎ **解读** 子贡自认不如颜渊,既有自知之明,又能坦然自认不如人,得到孔子赞许;孔子又自认也不如颜渊,既是对子贡的肯定和慰勉,也体现出他的自谦和坦荡。

5·9 宰予昼寝。子曰:"朽木不可雕也,粪土①之墙不可杇②也,于予与何诛③!"子曰:"始吾于人也,听其言而信其行;今吾于人也,听其言而观其行。于予与改是。"

◎ **注释** ①〔粪土〕腐土、脏土。②〔杇(wū)〕抹墙用的抹子叫杇,用抹子粉刷墙壁也叫杇。③〔于予与何诛〕对宰予还怎么责备呢?有对他不知如何教诲的意思。诛,责备。与,语气词。

◎ **大意** 宰予白天睡觉。孔子说:"烂木头是没法雕刻的,腐土筑的墙是没法粉刷的,对宰予还怎么责备他呢?"孔子说:"以前我对人,听了他讲的就相信他的行为;现在我对人,听了他讲的还要观察一下他的行为。宰予这件事使我有了这个改变。"

◎ **解读** 孔子重视知人。樊迟问知,孔子答"知人"。1·16章说:"不患人之不己知,患不知人也。"听其言而观其行,是知人的一种重要的方法。可与2·10,9·27,12·22,13·24章参读。

孔子自称,由宰我的表现而认识到要"听其言而观其行",可见孔子的自谦和孔门教育教学相长的情景。

5·10 子曰:"吾未见刚者。"或对曰:"申枨①。"子曰:"枨也欲,焉得刚?"

◎ **注释** ①〔申枨(chéng)〕孔子的学生。

◎**大意** 孔子说:"我没有见过刚强的人。"有人回答说:"申枨是刚强的。"孔子说:"枨这个人欲望太多,哪里能刚强呢?"

◎**解读** 刚,坚强不屈。能战胜贪欲,才能刚;贪求物欲,不能刚强。《论语新解》说:"但此章仅言多欲不得为刚,非谓无欲即是刚。如道家庄老皆主无欲而尚柔道,亦非刚德。"要注意分辨。

5·11 子贡曰:"我不欲人之加诸我也,吾亦欲无加诸人。"子曰:"赐也,非尔所及①也。"

◎**注释** ①〔非尔所及〕有两种解释:一、非尔所及指前半句,即不能阻止别人把不义加于自己;二、非尔所及指后半句,无加诸人不同于勿施于人,勿施于人有告诫禁止之意,欲无加诸人则是自然而然地做到,而这是子贡所做不到的。两种解释都是合理的。

◎**大意** 子贡说:"我不愿别人强加于我的,我也不想强加于别人。"孔子说:"赐啊,这不是你所能做到的啊!"

◎**解读** 对"非尔所及"的两种不同解释。一说以"非尔所及"是指后半句,认为"勿施于人"有告诫禁止之意,依此去做是恕;"欲无加诸人"则是完全出于自觉,自然而然,是仁的要求,所以为子贡所不能。另一说以为是指前半句的,则强调孔门之教重在求诸己,尽其在我。"己所不欲,勿施于人"重点在对自己的要求;"我不欲人之加诸我也,吾亦欲无加诸人"则对人的要求与对己的要求并列。而他人以什么加于自己,是不能由自己决定的,"言不能止人使不加非义于己"。细加思考,都可有益于对"己所不欲,勿施于人"的理解。

5·12 子贡曰:"夫子之文章①,可得而闻也;夫子之言性②与天道③,不可得而闻也。"

◎**注释** ①〔文章〕指孔子所编订的《诗》《书》《礼》《乐》等等。②〔性〕人性。《论语》中谈到性的只有17·2章"性相近也,习相远也"一句。③〔天道〕

古人讲道有天道和人道。《论语》中孔子多处讲到"天"和"命",但不见有关于"天道"的言论。

◎**大意**　子贡说:"老师关于《诗》《书》《礼》《乐》等的讲授,能够听得到;老师关于人性和天道的言论,是没法听到的。"

◎**解读**　7·24章:"子以四教:文、行、忠、信。"孔子的教育,都在就《诗》《书》《礼》《乐》等文献和日用常行,教以为人之道,而不深言性和天道,所以子贡有这样的感叹。从中国思想发展的情况看,关于性和天道问题,是在孔子之后才受到普遍关注,并展开讨论的。孔子很少说到性与天道,是当时中国人思想发展状况的反映。

5·13　子路有闻,未之能行,唯恐有闻。

◎**大意**　子路在听到一个道理但还没有能亲自实行的时候,唯恐再听到新的道理。

◎**解读**　本章赞子路勇于践行的美德。可与4·22章参读。

5·14　子贡问曰:"孔文子①何以谓之'文'也?"子曰:"敏②而好学,不耻下问,是以谓之'文'也。"

◎**注释**　①〔孔文子〕卫国大夫,名圉,文是他的谥号。②〔敏〕一般解释为敏捷,也可解释为勤勉。《礼记·中庸》注:"敏,犹勉也。"这里作勤勉讲为好。

◎**大意**　子贡问道:"孔文子为什么谥号叫'文'呢?"孔子说:"他勤勉好学,不以向地位卑下的人请教为耻,所以得到了'文'的谥号。"

◎**解读**　子贡问,为什么用"文"作孔圉的谥号?孔子说,这是因为他"敏而好学,不耻下问",不因孔圉有错而抹杀其优点。可见孔子对人的态度。聪敏的人往往不好学,一般人也往往耻于下问,"敏而好学,不耻下问"是不容易做到的优良品质,是我们应该努力这样去做的。不耻下问,不只是指地位高或年龄长的下问地位低和年龄少的,有才能的向无才能的、知识多的向知识少的请教,都是不耻下问。可与8·5,19·22章参读。

5·15 子谓子产①有君子之道四焉:"其行己也恭,其事上也敬,其养民也惠,其使民也义。"

◎**注释** ①〔子产〕春秋时郑国的大夫,名公孙侨。
◎**大意** 孔子说子产具备了四项君子之道:"他自己行为谦逊,事奉君上恭敬,养护百姓有恩惠,役使百姓符合法度。"
◎**解读** 这里讲的君子之道,包括了对己、对君、对民三个方面,也都是为政之道。可与1·5章参读。君子、小人,古时有两种含义:一从地位分,指在位者和庶民;一从道德分,指有德者和无德者。本章所说,应是指在位者。

5·16 子曰:"晏平仲①善与人交,久而敬之②。"

◎**注释** ①〔晏平仲〕春秋时齐国大夫,名婴。②〔久而敬之〕之字有两种解释:一、指晏平仲自己,即说相交久了,人们越发对他恭敬;二、指晏平仲所交的人,即说晏平仲与人相交虽久,仍能对人保持恭敬。本书取第二种解释。
◎**大意** 孔子说:"晏平仲善于和别人交朋友,相交很久还能对人保持恭敬。"
◎**解读** 交友之道也是为人之道的一个重要方面。《论语》谈到这一问题的,还有1·8,4·1,4·26,12·23,12·24,15·9,16·4章,可以参读。

5·17 子曰:"臧文仲①居蔡②,山节藻棁③,何如其知也?"

◎**注释** ①〔臧文仲〕春秋时鲁国大夫,姓臧孙,名辰,文是谥号。当时人认为他很有智慧。②〔居蔡〕居,作动词用,藏的意思。蔡,这里指国君用以占卜的大龟。蔡这个地方产龟,因此把大龟叫蔡。"臧文仲居蔡"即臧文仲藏了一只大龟。③〔山节藻棁(zhuō)〕节,柱上的斗拱。棁,房梁上的短柱。该句意思是,把斗拱雕成山形,在棁上绘上水草花纹。古时这是装饰天子宗庙的做法。
◎**大意** 孔子说:"臧文仲藏了一只大龟,藏龟的屋子的斗拱雕刻成山的形状,短柱上画上水草花纹，他的智慧究竟怎么样呀？"

◎**解读** 当时人认为臧文仲有智慧，可是孔子举出他建造豪华宫室来藏一只大龟的事，说他不智。旧注："孔子言其不务民义，而谄渎鬼神如此，安得为智？"可与6·20章"务民之义，敬鬼神而远之，可谓知矣"联系读。

5·18 子张问曰："令尹子文①三仕为令尹，无喜色；三已之，无愠色。旧令尹之政，必以告新令尹。何如？"子曰："忠矣。"曰："仁矣乎？"曰："未知。焉得仁？""崔子弑齐君②，陈文子③有马十乘，弃而违之。至于他邦，则曰：'犹吾大夫崔子也。'违之。之一邦，则又曰：'犹吾大夫崔子也。'违之。何如？"子曰："清矣。"曰："仁矣乎？"曰："未知。焉得仁。"

◎**注释** ①〔令尹子文〕令尹，楚国官名，相当于宰相。子文姓斗，名縠于菟（gòu wū tú）。②〔崔子弑齐君〕崔子，齐国大夫崔杼。齐君，齐庄公，名光。弑，古代在下位的人杀了在上位的人叫弑。③〔陈文子〕齐国的大夫，名须无。

◎**大意** 子张问道："令尹子文三次担任令尹，没有显出高兴的样子；三次被免职，没有显出怨恨的样子。他自己当令尹时的政事，一定都告诉来接任的新令尹。这个人怎么样？"孔子说："可算得上忠了。"子张说："可说是仁了吗？"孔子说："不知道。怎么算得上仁呢？"子张又问："崔杼杀了齐君，陈文子家有四十匹马，都抛弃不要了，离开了齐国。到了另一个国家，他说：'这里的执政者也和我们齐国的大夫崔子差不多。'就离开了。又到一个国家，又说：'这里的执政者也和我们的大夫崔子差不多。'又离开了。这个人怎么样？"孔子说："可算得清了。"子张说："可说是仁了吗？"孔子说："不知道。怎么算得上仁呢？"

◎**解读** 孔子肯定令尹子文的忠和陈文子的清，却认为他们不能算仁。忠和清是重要的道德要求，像令尹子文和陈文子这样，已经很不容易了。但毕竟还只是一个方面，而仁是全德。做到忠、清，不等于就达到了仁的要求。子张所问，只是二人的一个方面，不能反映二人全貌，所以孔子回答"不知，焉得仁"。可与5·7章参读。

5·19　季文子①三思而后行。子闻之，曰："再，斯可矣。"

◎**注释**　①〔季文子〕鲁国大夫季孙行父，文是谥号。
◎**大意**　季文子遇事都要考虑三次才行动。孔子听到后，说："考虑两次也就可以了。"
◎**解读**　"三思而后行"是生活中常用的成语，意思是行动之前要做周密的思考，以避免仓促行事带来的失误。本章孔子说，思考两次就可以了，是针对季文子的具体情况而说的。有二解：一说季文子行事审慎，很少过错，"不必及三思"；一说史书记载，季文子平日对祸福利害计较过细，想得多了，"私意起而反惑"，实际行事反多失误，所以孔子说不必"三思"。今天读此章，不必拘泥于"三"还是"再"的具体数上，把"三"理解为"多"就可以了。

5·20　子曰："宁武子①邦有道则知，邦无道则愚②。其知可及也，其愚不可及也。"

◎**注释**　①〔宁武子〕卫国大夫宁俞，武是谥号。②〔愚〕这里讲的愚，并不是真愚，而是隐藏自己的智慧装成愚笨的样子，保全自己，以完成大业。
◎**大意**　孔子说："宁武子在国家有道时就聪明，国家无道时就显得很愚笨。他的聪明是别人可以做得到的，他的愚笨却是别人做不到的。"
◎**解读**　这一章及15·6章对宁武子、史鱼、蘧伯玉的评论，特别称道了宁武子和蘧伯玉在邦无道的情况下的"愚"和"卷而怀之"，值得注意。旧注，武子仕卫在文公、成公时。文公有道，武子对政事经常有所建议，这是其"知"，是他人也可以达到的；成公无道，以至失国，而武子"周旋其间，尽心竭力，不避艰险"，这是他人都以为愚而不做的，而他最后终于借此"保其身以济其君"，帮助国君完成了大事。这种"愚"，正是他人不可及的。事见《左传》。

　　本章和5·19章"季文子三思而后行"，对季文子、宁武子的评价，都是针对他们的具体情况。如不了解当时语境，就不能准确理解《论语》的本义。读《论语》，对这一点要特别注意。

可与7·10，8·13，14·1，14·4，18·1章参读。

5·21　子在陈①曰："归与！归与！吾党之小子②狂简③，斐然④成章，不知所以裁⑤之。"

◎**注释**　①〔陈〕国名。②〔吾党之小子〕党，乡党。吾党之小子，指孔子在鲁国的学生。③〔狂简〕狂，志大。简，有两种解释：一、疏略；二、大。狂简依前一解就是志大才疏，依后一解就是进取有大志。④〔斐（fěi）然〕斐，有文采的样子。⑤〔裁〕裁剪，节制。"不知所以裁之"有两种解释：一、指学生们自己不知自己节制自己；二、指孔子不知如何节制学生们。本书取第一种解释。

◎**大意**　孔子在陈国说："回去吧！回去吧！家乡的学生有进取心，有大志，文采也斐然可观，但还不知道怎样节制自己。"

◎**解读**　这是孔子周游列国后将回鲁国时的感叹。

5·22　子曰："伯夷、叔齐①不念旧恶②，怨是用希③。"

◎**注释**　①〔伯夷、叔齐〕商代孤竹君的两个儿子。孤竹，国名。父亲遗命传位于叔齐。叔齐以礼制规定长子继承，要让位于伯夷；伯夷为遵父命，亦不接受君位。二人双双弃国出走，逃到周的领地。周武王起兵伐纣，他们认为这是以臣弑君的不义行为，拦在马前劝阻。周灭商，他们以在周朝做官为耻，逃进首阳山中以野草充饥，后来又因不愿食周粟而饿死。②〔旧恶〕有两种解释：一、过去的恶事，只要能改，就不会念念不忘；二、恶即"怨"，旧恶即宿怨。③〔怨是用希〕希，同"稀"，少。"怨是用希"也有两种解释：一、指别人对伯夷、叔齐的怨恨很少；二、指伯夷、叔齐自己很少怨恨别人。

◎**大意**　孔子说："伯夷、叔齐不记人家过去的恶行，因此别人对他们的怨恨也就很少。"

◎**解读**　怎样处理人间恩怨，是人生中的大问题。以怨报怨，怨怨相报何时了？也有人主张"以德报怨"。孔子反对怨怨相报，也反对以德报怨，主张"以直报怨"（14·36章）。不念旧恶，不因积怨而改变对人的态度，就是以直报怨。这是理性的态度。旧注说，伯夷、叔齐疾恶如仇，"不立于恶人之朝，不与恶人言"，绝不与恶人交往。但只要他所恶的人能改正，就不再记恨而与他交往，所以少有怨恨。

5·23　子曰："孰谓微生高①直？或乞醯②焉，乞诸其邻而与之。"

◎**注释**　①〔微生高〕鲁国人，姓微生，名高。当时人们认为他是一位直人。②〔醯（xī）〕醋。

◎**大意**　孔子说："谁说微生高直？有人向他讨点醋，他（不直说没有），却向邻居讨来转给人家。"

◎**解读**　微生高不直说自己没有，向邻居要了醋给人家。孔子从这件小事评论说，微生高不直。细微之处可以反映一个人的品格，无论是观察他人，还是自己的修养，都不可忽略。旧注说："是曰是，非曰非，有谓有，无谓无，曰直。圣人以微事断之，所以教人不可不谨也。"

5·24　子曰："巧言、令色、足恭①，左丘明②耻之，丘亦耻之。匿怨而友其人，左丘明耻之，丘亦耻之。"

◎**注释**　①〔巧言、令色、足恭〕有几种解释：一、足，过分。二、巧言令色是从言语和脸色上讨好别人，足恭是两脚做出逢迎恭敬的姿态来讨好人。三、足，成也，巧言令色，以成其恭，讨好其人。②〔左丘明〕鲁国人，姓左丘，名明。也有人说姓左，名丘明。

◎**大意**　孔子说："花言巧语，装出好看的脸色，摆出逢迎的姿态来讨好人，左丘明认为可耻，我也认为可耻。把怨恨藏在心里，表面上却表示友好，左丘明认为可耻，我也认为可耻。"

◎**解读**　可与1·3，17·13章参读。

5·25　颜渊、季路侍①。子曰："盍②各言尔志。"子路曰："愿车马，衣轻裘，与朋友共，敝之而无憾。"颜渊曰："愿无伐③善，无施劳④。"子路曰："愿闻子之志。"子曰："老者安之，朋友信之，少者怀之⑤。"

◎**注释**　①〔侍〕位卑的人在位尊的人身旁叫侍。单用侍字，是站立两旁，坐着叫侍坐。②〔盍〕何不。③〔伐〕夸耀自己。④〔施劳〕有两种解释：一、宣扬自己的功劳；二、把劳苦的事加给别人。本书取第一种解释。⑤〔老者安之，朋友信之，少者怀之〕有两种解释：一、对老者养之以安，对朋友交之以信，对少者怀之以恩；二、使老者安于我的奉养，朋友信我，少者怀我。两种解释强调的角度不同，但有相通之处。只有养之以安，老者才能安于我的奉养；只有交之以信，朋友才能信我。只有怀之以恩，少者才能怀我。

◎**大意**　颜渊和子路侍立在孔子身边，孔子说："何不各人说说自己的志向呢？"子路说："我愿意把车马衣服拿来与朋友共用，坏了也不抱怨。"颜渊说："我愿意不夸耀自己的好处，不宣扬自己的功劳。"子路向孔子说："希望听听老师的志向。"孔子说："使老者安心，使朋友信任我，使年轻人怀念我。"

◎**解读**　孔子师生自述志向，子路、颜渊和孔子，都是求仁，方向一致，而境界不同。子路车马裘衣愿与朋友共用，敝而无憾，体现了"忧道不忧贫"（15·31章）的精神；颜渊愿为善不夸耀，有功不宣扬，体现了"学者为己"（14·25章）的精神；孔子安之、信之、怀之，则体现了"修己安人""安百姓"（14·45章）的追求。子路、颜渊所说还限于个人的修养，孔子之志则在仁道的通行天下。其中差别要仔细体会。《论语》中孔子自述志向的文字，还有9·12，11·25，13·10，17·5，17·7章，可以参读。

5·26　子曰："已矣乎！吾未见能见其过而内自讼者也。"

◎**大意**　孔子说："完了啊！我没有看见一个能够看到自己的错误而又能在内心自己责备自己的人呀。"

◎ **解读** 自省，是修养的基本方法。《论语》中多处讲到这个问题，可注意参读。本章特别提出"内自讼"，值得注意。"内自讼"就是知有过时，不等他人责备而自责，是"为己"精神的体现。能自讼自责，才是真正的道德精神。

5·27 子曰："十室之邑，必有忠信如丘者焉，不如丘之好学也。"

◎ **大意** 孔子说："只有十户人家的小邑，必定有像我这样具有忠信品质的人，只是不如我这样好学罢了。"

◎ **解读** 《论语》中的一些章记载了孔子自述的话。在这些自述中，孔子否认自己是生而知之，不以圣、仁、君子自居，而只说自己的长处是好学。这些自述，主要有2·4，7·1，7·2，7·3，7·16，7·18，7·19，7·27，7·32，7·33，9·7，14·30章。把这些章联系起来读，可以集中从一个方面了解孔子的精神。

本章孔子说"必有忠信如丘者焉"，独举出"忠信"；1·4章说曾子"三省"，忠信占其中之二；1·8章说君子"主忠信"，以忠信为主；7·24章说"子以四教：文、行、忠、信"。从以上章节可见孔子对忠信的重视，读者应注意体会。

雍也篇第六

6·1 子曰:"雍也可使南面①。"仲弓问子桑伯子②。子曰:"可也,简③。"仲弓曰:"居敬而行简,以临其民,不亦可乎?居简而行简,无乃④大⑤简乎?"子曰:"雍之言然。"

◎**注释** ①〔雍也可使南面〕雍,指冉雍,孔子弟子,字仲弓。南面,面向南。古时天子、诸侯听政都是南面而坐,"可使南面"就是可以让他治理国家。旧注有的说是指可以任诸侯,有的说是指可以当天子。这不符合儒家强调宗法礼制的思想,因此都是不准确的。②〔子桑伯子〕人名。③〔简〕不烦琐。行简是指推行政事简而不繁。④〔无乃〕岂不是。⑤〔大〕同"太"。

◎**大意** 孔子说:"冉雍这个人,可以让他去治理国家。"仲弓问到子桑伯子这个人。孔子说:"这人可以,他行事简要而不烦琐。"仲弓说:"居心恭敬严肃而行事简要,这样来治理百姓,不是也可以吗?但居心简行事也简,岂不太简了吗?"孔子说:"你说得对。"

6·2 哀公问:"弟子孰为好学?"孔子对曰:"有颜回者好学,不迁怒①,不贰过②,不幸短命死矣③。今也则亡④,未闻好学者也。"

◎**注释** ①〔迁怒〕把对甲的怒气发泄到乙身上。迁,转移。②〔贰过〕重复犯错误。贰,重复的意思。③〔短命死矣〕颜回死时年仅三十一岁。④〔亡〕同"无"。

◎**大意** 鲁哀公问:"您的学生中哪个好学?"孔子回答说:"有个颜回好学,他不迁怒于别人，不犯同样的错误，可惜短命死了。现在没有了，没有听说有谁是好学的。"

◎**解读** 孔子赞扬颜渊好学，特别提出他好学的表现是"不迁怒、不贰过"，要认真领会。不迁怒，是"求诸己"（15·20章）、节制怒气、使之适度的表现；不贰过，是善于从错误中学习的表现。真正懂得这两点，并且用于自身，可以大有益于学。

6·3 子华①使于齐，冉子②为其母请粟③。子曰："与之釜④。"请益。曰："与之庾。"冉子与之粟五秉。子曰："赤之适齐也，乘肥马，衣轻裘。吾闻之也：君子周⑤急不继⑥富。"原思⑦为之宰⑧，与之粟九百⑨。辞。子曰："毋，以与尔邻里乡党⑩乎！"

◎**注释** ①〔子华〕孔子的学生，姓公西，名赤，字子华。②〔冉子〕即冉有。③〔粟〕古文粟米对用时，粟指带壳的谷粒，去壳以后叫做米。粟字单用时，就是指米。④〔釜〕与后面的庾、秉都为古代量名。六斗四升为一釜；十六斗为一庾；十斗为一斛，十六斛为一秉，一秉合一百六十斗。⑤〔周〕周济，救济。⑥〔继〕接济。⑦〔原思〕孔子的学生原宪，字子思。⑧〔为之宰〕做孔子的家宰，之指孔子。⑨〔九百〕没有指明量名，有说九百斗，有说九百斛，不知是斗是斛。⑩〔邻里乡党〕古代以五家为邻，二十五家为里，万二千五百家为乡，五百家为党。这里指家乡周围的百姓。

◎**大意** 公西子华出使到齐国去，冉有为他的母亲向孔子请求补助一些粮食。孔子说："给他六斗四升。"冉有请求再加一些。孔子说："给他十六斗。"冉有却给了他八十石。孔子说："公西赤这次去齐国，乘坐肥马驾着的车子，身上穿着轻暖的皮衣。我听说过，君子是只周济急需救济的穷人，而不接济富人。"原思当了孔子家的总管，孔子给他俸米九百。原思推辞不要。孔子说："不要推辞。有多的，就给你的乡亲们吧。"

◎**解读** 对于物质利益的取舍，孔子主张"见利思义"，不以其道不取（4·5章）。这一章讲的两件事，也都是关于钱财，不过不是个人的取舍，而是对他人的赠予。从此可以看到，对于钱财的赠予，也有一定的原则。这一点也要注意。

6·4 子谓仲弓，曰："犁牛①之子骍且角②，虽欲勿用③，山川④其舍诸⑤？"

◎**注释** ①〔犁牛〕耕牛。古时耕牛不作祭祀用。②〔骍（xīng）且角〕骍，赤色。周朝以赤色为贵，祭祀用的牛也选用赤色的。角，意思是角长得周正。③〔用〕用于祭祀。④〔山川〕山川之神。⑤〔其舍诸〕其，意义同"岂"。诸，"之乎"二字的合音。

◎**大意** 孔子评论仲弓说："耕牛产下的牛犊周身赤色，角也长得整齐端正，即使人们不想用它来做祭品，但山川之神难道会舍弃它吗？"

◎**解读** 耕牛本来不能作祭祀用，孔子说如果耕牛之子长得好，形体符合祭祀的要求，神也舍不得抛弃它。他用这做比喻，评价仲弓，说明选用人才要看德行，不能只看出身而抛弃贤才。本章反映了孔子举贤才、反对任人唯亲的思想。

6·5 子曰："回也其心三月①不违仁，其余则日月②至焉而已矣。"

◎**注释** ①〔三月〕说其时间长久。②〔日月〕说其短暂。

◎**大意** 孔子说："颜回的心能长久地不背离仁德，其余的人却只是偶尔一时做到了仁而已。"

◎**解读** 进德修身，贵在持久。偶一做到，不能持久，终究不能成自己所得。

6·6 季康子问："仲由可使从政也与？"子曰："由也果①，于从政乎何有？"曰："赐也可使从政也与？"曰："赐也达②，于从政乎何有？"曰："求也可使从政也与？"曰："求也艺③，于从政乎何有？"

◎**注释** ①〔果〕有决断。②〔达〕通达事理。③〔艺〕多才能。
◎**大意** 季康子问孔子："仲由这个人，可以让他管理政事吗？"孔子说："仲由做事果断，对于管理政事有什么困难呢？"季康子又问："端木赐可以让他管理政事吗？"孔子说："端木赐通达事理，对于管理政事有什么困难呢？"又问："冉求可以让他管理政事吗？"孔子说："冉求多才多艺，对于管理政事有什么困难呢？"
◎**解读** 孔子说，子路、子贡、冉有三人各有所长，都可以在为政上发挥作用。可见虽说君子不器，但孔子并不否定技艺才能之重要，而且能了解弟子各自的特长，因材施教。

6·7 季氏使闵子骞①为费②宰。闵子曰："善为我辞焉！如有复我③者，则吾必在汶④上矣。"

◎**注释** ①〔闵子骞〕孔子的学生，名损，字子骞。②〔费（mì）〕季氏的封邑。季氏僭越专权，费邑的长官也屡次反叛，所以闵子骞不愿去费邑当官。③〔复我〕再来召我。④〔汶〕水名，在齐南鲁北境上。"必在汶上"是说要离鲁去齐。
◎**大意** 季氏要闵子骞做费邑的长官。闵子骞说："请你好好为我推辞吧！如果有人再来召我，那我一定要逃到汶水北边去了。"

6·8 伯牛①有疾，子问之，自牖②执其手，曰："亡之③，命矣夫！斯人也而有斯疾也！斯人也而有斯疾也！"

◎**注释** ①〔伯牛〕孔子的学生，姓冉，名耕，字伯牛。②〔牖（yǒu）〕窗户。③〔亡之〕有两种解释：一作"丧失"讲，一作"死亡"讲，意思相近。本书取前者。

◎**大意**　伯牛病了，孔子去探望他，从窗户外握着他的手说："丧失了这人，这是命呀！这样的人竟生这样的病！这样的人竟生这样的病！"

◎**解读**　知命，是孔子思想中重要的部分。《论语》中多处谈到命，这是其中之一。要注意从《论语》这些有关章句来理解孔子知命的思想。

6·9　子曰："贤哉回也！一箪①食，一瓢饮，在陋巷②，人不堪其忧，回也不改其乐③。贤哉回也！"

◎**注释**　①〔箪（dān）〕古代盛饭的竹器。②〔巷〕古时巷有两个含义：里中之道叫巷，人的住处也叫巷。这里的陋巷是贫蔽陋的小巷。今曲阜有"陋巷"。③〔回也不改其乐〕颜回所乐的是什么？有的说是乐道；有的说是乐于学，不改好学之乐。

◎**大意**　孔子说："颜回真是贤人啊！一箪饭，一瓢水，住在简陋的小屋里，别人都忍受不了这种穷困的忧愁，他却没有改变他的乐趣。颜回真是贤人啊！"

◎**解读**　颜回的"不改其乐"和孔子对他的赞扬，反映了对人生意义的理解和根本的人生态度。本章说颜回"不改其乐"与7·15章说"饭疏食饮水，曲肱而枕之，乐亦在其中矣。不义而富且贵，于我如浮云"的孔子之乐，二章合称"孔颜之乐"。宋儒曾教弟子寻孔颜乐处，思考他们所乐何事，这成为读《论语》中一个经典问题。一方面，对以不正当的手段取得的富贵，看得如浮云一样；另一方面，一碗饭，一瓢水，住破屋，身处一般人不堪忍受得清贫，为什么孔颜能不改其乐，乐在其中？他们乐的是什么？人们常说，人生最大的追求就是快乐。那么，都是追求快乐，为什么会有这样的不同？我们要追求什么样的快乐？我们自己所乐何事？认真思考这些问题，对我们领悟人生会有很好的启示。

本章还可与4·9章"士志于道，而耻恶衣恶食者，未足与议也"，4·5章"富与贵是人之所欲也，不以其道得之，不处也；贫与贱是人之所恶也，不以其道得之，不去也"等参读。

6·10　冉求曰："非不说子之道，力不足也。"子曰："力不足者，中道而废。今女画①。"

◎ **注释** ①〔今女画〕女，同"汝"。画，同"划"，自己划定界限，不想前进。
◎ **大意** 冉求说："我不是不喜欢老师的道，是我的力量不够呀。"孔子说："力量不够是到半路才停下来，现在你是自己给自己划定了界限不想前进。"
◎ **解读** 冉求自称在学道上"力不足"，孔子批评他是不求上进，半途而废，说明修养仁德不存在"心有余而力不足"的问题。只要努力，就可以达到；达不到不是因为力量不足，而是自己不想前进，放弃了努力。可与4·6，12·1章参读。

6·11 子谓子夏曰："女为君子儒，无为小人儒。①"

◎ **注释** ①〔君子儒、小人儒〕《论语集解》说："君子为儒将以明道，小人为儒则矜其名。"《论语集注》说："君子儒为己，小人儒为人。"（为己、为人可参看14·25章）
◎ **大意** 孔子对子夏说："你要做君子儒，不要做小人儒。"
◎ **解读** 孔子提出君子儒和小人儒的区别，要求弟子做君子儒，不做小人儒。真正的儒者是在其道，不在其名，在于他服膺儒道，身体力行，成为真君子，这是君子儒；而小人学儒，只为有儒者之名，夸夸其谈，与自身修养不发生关系，这是小人儒。《论语》中多处讲到君子和小人的区别，从君子与小人的对比中说明对君子的要求。这是孔子思想中重要的部分，希望读者注意。

6·12 子游为武城①宰。子曰："女得人焉耳乎②？"曰："有澹台灭明③者，行不由径④；非公事，未尝至于偃之室也。"

◎ **注释** ①〔武城〕鲁国地名。②〔女得人焉耳乎〕焉、耳、乎都是语助词。③〔澹（tán）台灭明〕人名，姓澹台，名灭明，字子羽。后来也成为孔子的学生。④〔径〕小路，捷径。
◎ **大意** 子游做了武城的地方官。孔子说："你在那里求得人才了吗？"子游说："有一个叫澹台灭明的，他走路不抄小道，没有公事从来不到我屋里来。"

◎**解读** 这一章也反映孔子对举贤才的重视，可与12·22，13·2章参读。子游以"行不由径"作为认定澹台灭明是贤人的标准，值得注意。

6·13 子曰："孟之反①不伐，奔②而殿，将入门，策其马，曰：'非敢后也，马不进也。'"

◎**注释** ①〔孟之反〕鲁国大夫，名侧。②〔奔〕败走。
◎**大意** 孔子说："孟之反不夸耀自己。打仗败退时，他在最后，快进城门的时候，他鞭打着他的马说：'不是我勇于殿后，是马不能跑到前边呀。'"
◎**解读** 孔子赞扬孟之反不夸耀自己。可与5·25章颜渊"愿无伐善，无施劳"联系起来读。行善完全发自内心，既不是害怕制裁，也不是谋求奖赏，只是求一己的心安。"施惠无念，受恩莫忘""善欲人见，不是真善"都反映了14·25章所说的"为己"的精神。这是真正的道德精神，也是中华传统文化的重要精神。做了一点事，喜欢自夸，生怕人家不知道，这样的人不能说有真正的道德精神。

6·14 子曰："不有祝鲐①之佞，而有宋朝②之美，难乎免于今之世矣。"

◎**注释** ①〔祝鲐（tuó）〕卫国大夫，字子鱼。有口才。②〔宋朝〕宋国公子。有美貌。
◎**大意** 孔子说："如果没有祝鲐那样能说会道的口才，而只有宋朝那样的美貌，那在今天的世上就难免受害了。"

6·15 子曰："谁能出不由户？何莫由斯道也？"

◎**大意** 孔子说："谁能不从房门走出屋去呢？为什么就没有人按着正道去走呢？"
◎**解读** 这一章讲人要走正道，可与6·12章参读。

6·16 子曰:"质胜文①则野②,文胜质则史③。文质彬彬④,然后君子。"

◎ **注释** ①〔质胜文〕质,朴实。文,文采。本章中质指内在品质,即仁;文指外在的礼。②〔野〕古时郊外称野。这里引申为粗鲁、鄙野。③〔史〕掌管法典和记事的官。这里指虚浮不实。④〔彬彬〕指文和质两方面配合得很恰当。《论语集注》:"物相杂而适均之貌。"

◎ **大意** 孔子说:"质朴多于文采,就不免流于粗俗;文采多于质朴,就会虚浮不实。只有质朴和文采配合恰当,才是个君子。"

◎ **解读** 本章讲对君子的要求。文质彬彬,然后君子,就是说内心的道德品质和外表的礼仪,能够很好地统一起来,这样的人才是君子。质和文,仁和礼不可偏废。所以,君子必须从仁和礼两个方面进行修养。可与3·8,12·8章联系参读。

6·17 子曰:"人之生也直,罔①之生也幸而免。"

◎ **注释** ①〔罔〕诬罔不直的人。

◎ **大意** 孔子说:"人的生存是靠正直,不正直的人的生存,是他侥幸地免于死亡罢了。"

◎ **解读** 人之生也直,是从人生的本质说。只有正直才能维系社会的稳定和发展,也才能有个人的生存和发展。这是人生大道。现实中也有诬罔不直而能富贵腾达的,那只是由种种偶然条件所造成的,不是人生常道,所以说是"幸而免"。孔子指出这一点,告诫人们认清人生大道,不要心存侥幸,枉道而行。

6·18 子曰:"知之者不如好之者,好之者不如乐之者。"

◎ **大意** 孔子说:"懂得它的人,不如爱好它的人;爱好他的人,又不如以它为乐的人。"

◎ **解读**　这一章里的"之"字没有说明是指什么，一般认为是指学问。知之、好之、乐之是三种不同的境界。就道德修养来说，知道了却不爱好，不愿照着做，则所学和自己没有关系；爱好，就会去追求；又还有安仁、利仁的区别（4·2）；只有安之、乐之才是真正的道德境界。读者可以对照自己，看达到了哪个境界，并向再高一层的境界努力。

6·19　子曰："中人以上，可以语上也；中人以下，不可以语上也。"

◎ **大意**　孔子说："智力在中等水平以上的人，可以跟他讲高深的学问；在中等水平以下的人，不可以跟他讲高深的学问。"

◎ **解读**　因材施教，是孔子教育思想的一个重要内容。根据学生智力水平的高下来决定教授的内容，是因材施教的一个方面。可与11·21章参读。

6·20　樊迟问知。子曰："务民之义①，敬鬼神而远之，可谓知矣。"问仁。曰："仁者先难而后获，可谓仁矣。"

◎ **注释**　①〔务民之义〕务，致力。《论语集注》："专用力于人道之所宜。"

◎ **大意**　樊迟问怎样才算是智。孔子说："专心致力于百姓应该遵从的道德，对鬼神敬而远之，可以说是智了。"樊迟又问怎样才是仁。孔子说："仁人有难事做在人前，有收获则在人后，能这样做的话就可以说是仁了。"

◎ **解读**　不信鬼神，面对现实，以回答现实的社会问题、人生问题为中心，是孔子思想的一个突出特点。这一章说要专心致志于治国的人事，对鬼神敬而远之，既表明了不信鬼神的理性态度，也表示了对民间鬼神信仰的尊重，比较全面地反映了孔子在这个问题上的思想。11·11章说"未能事人，焉能事鬼""未知生，焉知死"，以及7·20章"子不语怪、力、乱、神"等，也都说到对鬼神的态度，可以参读。

6·21 子曰:"知者乐水,仁者乐山①;知者动,仁者静;知者乐,仁者寿。"

◎**注释** ①〔知者乐水,仁者乐山〕《论语集解》引包咸注:知者乐运其才知以治世,如水流而不知已;仁者乐如山之安固,自然不动而万物生焉。乐(yào),喜爱。今通读lè。
◎**大意** 孔子说:"智者喜爱水,仁者喜爱山;智者灵动,仁者安静;智者快乐,仁者长寿。"
◎**解读** 孔子以山和水的特性做比喻,说明仁者和智者的不同品格,需用心体会。

6·22 子曰:"齐一变,至于鲁;鲁一变,至于道。"

◎**大意** 孔子说:"齐国一改变,可以达到鲁国的样子;鲁国一改变,就可以达到先王之道了。"

6·23 子曰:"觚①不觚,觚哉!觚哉!"

◎**注释** ①〔觚(gū)〕古代酒器,上圆下方,有棱,容量二升。觚不觚,有两种解释:一、孔子时觚做成圆形,没有了棱角,孔子慨叹名实不符,讽喻政事;二、觚有少的意思。觚容量小,劝人少饮酒。孔子时人们沉湎于酒,虽然用觚饮酒,但不节制酒量,因此孔子慨叹。本书认为第一种解释更准确。
◎**大意** 孔子说:"觚不像个觚,这还叫觚吗!这还叫觚吗!"
◎**解读** 孔子慨叹觚的名实不符,也是慨叹礼崩乐坏的时势,反映了他"正名"的思想。可与12·11,13·3两章参读。

6·24 宰我问曰:"仁者虽告之曰井有仁焉①,其从之也?"子曰:"何为其然也?君子可逝②也,不可陷③也;可欺也,不可罔也。"

◎**注释** ①〔井有仁焉〕一说仁字当作"人",又一说是在井中有救人的机会。②〔逝〕去救的意思。③〔陷〕陷入井中。

◎**大意** 宰我问道:"一个仁者,别人告诉他有人掉进井里了,他会跟着下去吗?"孔子说:"为什么要这样呢?君子可以到井边去救,但不会把自己也陷入井中;他可能受骗,但不会被迷惑。"

◎**解读** 身在井上可以救落井的人,跳入井中反不能救人。这道理极简单。仁者爱人,听说有人落井,定会前往施救,却不会跳入井内。仁、知(智)统一,不知,无以为仁。宰我为什么会问孔子这样简单的问题?应该有具体的背景和原因,但现在不得而知了。

6·25 子曰:"君子博学于文,约①之以礼,亦可以弗畔②矣夫。"

◎**注释** ①〔约〕有两种解释:一、约束;二、简要,使广博的文献知识归于简要。9·11章颜渊说"夫子循循然善诱人,博我以文,约我以礼",可见"约之以礼"的"之"字应指人,前者较合《论语》原意。②〔畔〕同"叛"。

◎**大意** 孔子说:"君子广泛地学习文献,又以礼来约束自己,也就不至于离经叛道了。"

◎**解读** 博学于文,约之以礼,是孔子教育的两个方面,"可以弗畔"是其目的。7·24章"子以四教:文、行、忠、信",1·6章说"行有余力,则以学文",都是说孔子的教育是从力行和学文两个方面进行。学文,要广泛地学习文献;力行,礼是古代一切行为的规范,力行就是要依礼而行,也就是要约之以礼。"博学于文,约之以礼"正是这两个方面。

9·10章也讲到这个问题,可参读。

6·26 子见南子①,子路不说。夫子矢②之曰:"予所否③者,天厌之!天厌之!"

◎**注释** ①〔南子〕卫灵公夫人,有淫乱的行为。②〔矢〕通"誓"。③〔否〕不对,指做了不正当的事。

◎**大意** 孔子去见了南子,子路不高兴。孔子发誓说:"如果我做了不正当的事,让天厌弃我吧!让天厌弃我吧!"

◎**解读** 《论语》中多次讲到天和命,不同场合所讲含义不尽相同。本章孔子对天发誓,这里的天有人格化的神的意义。在这样的意义上讲到天的,还有7·22,9·11,14·37章。在6·8,7·20,9·1,9·5,11·8,12·5,14·38,20·3章中看到的天和命,则有不同的含义。孔子是在困境、逆境中把人力不能支配的因素归之于天或命。天、命的思想,是孔子思想中比较难理解的问题,需要细心从当时背景和《论语》文本中体会。

至于孔子见南子,这件事本来没有重要的意义。只因为在批孔的潮流中有人用此事作题材编一个小剧,借以讽刺孔子,引起一场风波,才受到人们的注意。现在这一切都已成历史,不再有什么意义。

6·27 子曰:"中庸①之为德也,其至矣乎!民鲜久矣。"

◎**注释** ①〔中庸〕孔子提出的道德准则。《论语集解》邢昺疏:"中,谓中和。庸,常也。"《论语集注》朱熹注:"中者,无过无不及之名也。庸,平常也。"

◎**大意** 孔子说:"中庸作为道德,应该是最高的了吧!人们缺乏这种道德已经很久了。"

◎**解读** 中庸是孔子和儒家提倡的待人处事的基本原则,它反映着中华文化的重要特点。这一章孔子称中庸为至德,可见他对中庸的重视。但一部《论语》,直接谈中庸的却很少,给读者的理解带来困难。然而《论语》不少章对具体事物的论述,如1·12,2·16,11·15,13·21,13·23章,都体现了中庸的思想。要注意仔细体会。另外,还需要结合儒家其他文献来理解。

6·28 子贡曰:"如有博施于民而能济众,何如?可谓仁乎?"子曰:"何事于仁?必也圣乎!尧舜①其犹病诸!夫仁者,己欲立而立人，己欲达而达人。能近取譬②，可谓仁之方也已。"

◎**注释** ①〔尧舜〕传说中上古时代两位帝王，都是孔子推崇的圣人。②〔譬〕比喻。

◎**大意** 子贡说："如果有人能对百姓广施恩惠，周济大众，怎么样呢？能说是做到仁了吗？"孔子说："这哪里是仁呢？一定是圣人了吧！就连尧舜恐怕都难于做到呢！至于仁，就是自己想在社会上立足，就也帮助别人立足；自己想要通达，就也帮助别人通达。能就近以自己的心作比而推及别人，可以说就是为仁的方法了。"

◎**解读** 这一章以"己欲立而立人，己欲达而达人"来说明仁，对于理解仁的精神十分重要。"己欲立而立人，己欲达而达人"和15·23章所说的"己所不欲，勿施于人"，共同的精神是要推己及人，从自己所欲或不欲出发，推想到别人，理解别人的所欲或不欲；也就是要时刻想到别人，要把别人看作和自己同样的人，自己希望要的别人也会希望要，自己不希望有的别人也不希望有；也就是民间常说的要将心比心，设身处地替别人着想。这体现了儒家待人的根本精神，也是实行孔子仁学思想的出发点。仁的最基本的内涵是爱人。爱人的起点就在心里有别人，能推己及人。如果心里只有自己，只想着"只要我高兴就好"，又怎么谈得到爱别人呢？推己及人也是一切社会公德的基础，可以而且应该成为全人类普遍遵行的社会生活准则。

有一种观点，认为"己欲立而立人，己欲达而达人"就是"自己想要的别人也一定想要""一个人想要的，也要尽量给予别人"，或"己之所欲，必加诸人"。这是曲解。原文本义，是自己有立、达之愿望，他人亦有立、达之愿望，在自己立、达之余，还须助他人立、达。不独自我完善，且尽心助人完善，这是仁者胸怀。"尽己之谓忠"，是说尽自己的责任以助人；"立人""达人"是助他人完成其立、达之愿望，并非将自己所欲加于他人。这是对自身的要求，非对他人的要求。"己所不欲，勿施于人"和"己欲立而立人，己欲达而达人"虽有积极、消极之别，其内涵之精神则一致，均为对自己的要求，求诸己而非求诸人。所以立人、达人的基础和前提是尊重他人的愿望。以自己之所愿要求他人，非立人、达人之本义。而将违背对方愿望的要求加之于人，则有悖于"己所不欲，勿施于人"的本义，更为不可。

述而篇第七

7·1 子曰:"述而不作①,信而好古,窃比于我老彭②。"

◎**注释** ①〔述而不作〕述,传述。作,创作,创造。②〔老彭〕商代大夫,"好述古事"。

◎**大意** 孔子说:"只传述而不创作,相信和爱好古代文化,我私下把自己比作老彭。"

◎**解读** 本篇内容多是讲孔子。

"述而不作"是孔子自述为学的态度。如果真是这样,那就不会有思想的创新和发展。实际上,在整理和阐述、传授古代文献的过程中,孔子做出了许多创新、发展,他创立的儒家学说对中华文明的发展有深远的影响。他实际上是述中有作,寓作于述,在继承中创造。之所以说"述而不作",是突出了继承的重要性。在汉代以后儒学的发展中,"述而不作",通过对经典的诠释提出新思想,发展儒学,而不自立体系,也成为中国学术发展的一种传统。对于这一传统,应该认真研究、总结,认识其价值和意义,在新的条件下继承和发展。

对于"述而不作",也可以与2·11章"温故而知新"联系理解。

7·2 子曰:"默而识①之,学而不厌,诲人不倦,何有于我哉②?"

◎**注释** ①〔识(zhì)〕记住。②〔何有于我哉〕有两种解释:一、对我来说有什么困难呢?二、谦虚之词,我做到了哪一点呢?联系《论语》别章内容看,前解较好些。

◎**大意** 孔子说:"默默地记住所学的知识,努力学习而不厌烦,教导别人不知疲倦,这对我来说有什么困难呀?"

◎**解读** 上章孔子自称"述而不作,信而好古",这一章自许"默而识之,学而不厌,诲人不倦",反映了孔子精神面貌的一个重要方面。可与7·19章参读。

7·3 子曰:"德之不修,学之不讲,闻义不能徙,不善不能改,是吾忧也。"

◎**大意** 孔子说:"对品德不去修养,对学问不去讲习,听到义的道理不能改变自己的想法按义的要求去做,有了不善的事不能改正,这些正是我所忧虑的。"

◎**解读** 修德、讲学、徙义、改过,是为人为学的四个重要方面。孔子为人们不能这样做而忧虑。我们应该向这几方面努力。徙义,改变自己以追随道义,或照道义的要求改正自己。可与"择其善者而从之"(7·21章),"就有道而正焉"(1·14章)参读。

把改过与修德、讲学、徙义并提,反映孔子对改正过失或"不善"的重视。5·26章孔子慨叹世人不能自见其过而自责,6·2章称赞颜渊又以"不贰过"作为好学的表现;还有1·8,15·29,19·8,19·21章,都可参读。

7·4 子之燕居①,申申②如也,夭夭③如也。

◎**注释** ①〔燕居〕闲居。②③〔申申、夭夭〕和舒貌。《论语集注》引杨氏曰:"申申,其容舒也;夭夭,其色愉也。"另一解释:申申,整敕貌,衣冠整齐。

◎**大意** 孔子闲居的时候,仪态温和舒畅,脸色愉快。

7·5 子曰:"甚矣吾衰也!久矣吾不复梦见周公①!"

◎ **注释** ①〔周公〕姓姬，周文王的儿子，周武王的弟弟，鲁国国君的始祖。是孔子最敬服的古代圣人之一。

◎ **大意** 孔子说："我衰老得很厉害了！好久没有再梦见周公了！"

◎ **解读** 本章反映孔子对周公的崇敬和思念。孔子志在行周公之道，所以会在梦中见到周公。年老体衰，不再梦见周公，又见道不得行，因而有此慨叹。既是叹自身衰老，也是叹道之不得行。

7·6 子曰："志于道，据于德①，依于仁，游于艺②。"

◎ **注释** ①〔德〕古注：德者，得也。能把道贯彻到自己心中而不失掉就叫德。②〔游于艺〕艺指孔子教学生的礼、乐、射、御、书、数六艺，六艺都是日常所用。游，有不同的解释：一、艺不足以据守和依靠，所以说是游；二、游泳，习艺有游泳自如的乐趣；三、闲暇无事的时候就游憩于六艺之中，游是不匆忙急迫的意思。本书认为第三种解释较为准确。

◎ **大意** 孔子说："立志于道，据守于德，依靠于仁，游习于六艺之中。"

◎ **解读** 此章提出四个方面的要求，可以说是学做人的纲要。古代道和德分别讲。道，"人伦日用之间所当行者是也"，即为人之道，做人的根本原则。志于道，立志于追求为人之道，即确立为人之目标、道路，解决人生方向的问题。朱熹说："志道，则心存于正而不他。"（《论语集注》）"志不立，直是无着力处。"（《朱子沧州精舍喻学者》）

德，得也；道之得于己者为德。对于道，自己已经把握了的，叫作德。道博大精深，对道的把握，不能一蹴而就，需在日常言行中，不断地体会、践行，积累而成。唯有自己把握了，才能够据之以指导言行。所以说"据于德"。据于德，即德行之教，将志道的追求落实于行，孝悌忠信、勇直敬让等是其要目，也唯有日常言行都能据于德而不离，才能达于道之大全。

"子曰：吾道一以贯之。"孝悌忠信、勇直敬让诸德，其中有一以贯之之精神。仁，是人与人相处的大道，贯穿于诸德的根本精神。依于仁，就是一切德行都要体现其中一以贯之的仁的精神。孝悌是为仁之本，但并不是有孝悌之行就是仁，只知孝敬父母，没有仁者爱人之心，不能将爱心推及他人，不能说是仁。所以在据于德的基础上还须有依于仁的教育。

艺，孔子时指礼、乐、射、御、书、数，以后范围扩展，包括琴棋书画、诗词歌赋，以至天文历算、农桑水利、医药百工，都属艺。艺属实务、技艺，非原则。游，游憩，朱熹注："玩物适情之谓。"钱穆《论语新解》："人之习于艺，如鱼在水。"游于艺与志于道、据于德、依于仁属不同范畴。前三项是理性的、道德的，通过博文约礼，学习修养而达到；游于艺则是感性的、艺术的，经技艺的学习而得之。前者是社会性的，人所共同；后者是个性化的，随各人兴趣条件不同而异。

志道、据德、依仁、游艺，四者相比，前三项为本，后项为末；前者重，后者轻。然四者均为成人之不可或缺，不可偏废。那些以为学做人只需熟读经典，志道进德，而一切技艺之学都属无用，甚至有害，或将儒学教育局限于琴棋书画、茶艺武术之类技艺之学，而不及志道进德之学的观点，都是偏于一端，有失儒学教育之真精神。

7·7 子曰："自行束脩①以上，吾未尝无诲焉。"

◎**注释** ①〔束脩(xiū)〕干肉，又叫脯。束脩就是十条干肉，是古代拜师用的见面礼，但是是很菲薄的。
◎**大意** 孔子说："只要肯自己拿着十条干肉为礼来见我，我从没有不给他教诲的。"
◎**解读** 这一章既表现了孔子诲人不倦（7·2，7·33章）的精神，也反映了他有教无类（15·38章）的教育思想。可与这几章及有关章参读。

7·8 子曰："不愤①不启，不悱②不发。举一隅不以三隅反，则不复也。"

◎**注释** ①〔愤〕用心思索，想弄清楚，却还没有想通的意思。②〔悱(fěi)〕口里想说却说不出来的样子。

◎**大意**　孔子说:"不到他努力想弄清楚而又想不通的时候,不去开导他;不到他想说而说不出来的时候,不去启发他。举出一个方面讲给他听,而他不能由此推知其他三个方面,那就不再教他了。"

◎**解读**　孔子教育重启发。从教的方面说,在学生充分思考的基础上再去开导、启发;从学的方面说,要求能举一反三。这些思想,符合教学的规律,具有普遍的意义。1·15,2·9,5·8,11·3章从不同的方面接触到这个问题,可以参读。

7·9　子食于有丧者之侧,未尝饱也。子于是日哭,则不歌。

◎**大意**　孔子在有丧事的人旁边吃饭,从来没有吃饱过。孔子在某一天为吊丧而哭过,就不再唱歌。

◎**解读**　在有丧事的人旁边从不吃饱,吊丧哭过当天便不歌唱,都反映出孔子对丧者的同情之心,由此可见仁的情怀。

7·10　子谓颜渊曰:"用之则行,舍之则藏①,惟我与尔有是夫②!"子路曰:"子行三军,则谁与?"子曰:"暴虎冯河③,死而无悔者,吾不与也。必也临事而惧④,好谋而成者也!"

◎**注释**　①〔用之则行,舍之则藏〕行和藏都是指道而言的,意思是:有能用我之道的,我就推行这道;没有用这道的,我就把道隐藏起来。舍,同"捨",不用的意思。②〔惟我与尔有是夫〕尔,指颜渊。是,指道,即"用之则行,舍之则藏"的道。③〔暴虎冯(píng)河〕暴虎,徒手与虎搏斗。冯河,徒步涉水过河。冯,同"凭",指有勇无谋的行为。④〔惧〕这里是警惕和谨慎从事的意思。

◎**大意**　孔子对颜渊说:"有能用我之道的,就去推行它;没有用此道的,就把它隐藏在身,只有我与你能这样吧。"子路说:"老师您如果指挥军队,那找谁共事呢?"孔子说:"赤手空拳和老虎搏斗,徒步涉水过河,死了也不后悔的人,我是不会和他共事的。我要找的,一定是临事小心谨慎,认真谋划而能成功的人。"

◎**解读**　人生道路是复杂、曲折的,时运是不断变化的,人的一生总会经历种种不同的遭遇。面对不同的环境、情况，怎样自处，是人生的一大问题。本章就是谈这个问题。孔子以弘道为人生的使命。"用之则行，舍之则藏"，行、藏指的是道。能用则用，不见用则藏。8·13，14·1，14·4，14·13，15·6，15·8，19·1章都谈到这个问题，可参读。

智、仁、勇，是孔子提倡的三项美德。《中庸》说："知、仁、勇，三者天下之达德也。"智、仁、勇三者统一，不仁无知，不仁无勇。孔子不赞成"暴虎冯河，死而无悔"一类的做法，要求临事而惧，好谋而成，说明勇也必须与智相联系，不是盲目蛮干。可与9·28，14·30，17·23章参读。

7·11 子曰："富而可求①也，虽执鞭之士②，吾亦为之。如不可求，从吾所好。"

◎**注释** ①〔富而可求〕可求是指如果合于道，可以去求。可与4·5章"不以其道得之，不处也"联系起来理解。②〔执鞭之士〕古代天子和诸侯出入时，手执皮鞭开路的人。意思是指地位低下的职事。

◎**大意** 孔子说："富有如果合于道，就可以去求，虽然是给人执鞭的下等差事，我也愿意去做。如果富有不合于道就不要去求，还是按我的爱好去做。"

◎**解读** 本章谈对致富的态度。可与4·5章和相关各章参读。可求和不可求，有因为命的限制而可能和不可能，也有是否合乎道义的可以不可以。

7·12 子之所慎：齐①、战、疾。

◎**注释** ①〔齐〕同"斋"。古人在祭祀前沐浴更衣，不吃荤，不饮酒，不与妻妾同寝，整洁身心，以示虔诚，叫作斋或斋戒。

◎**大意** 孔子所谨慎对待的是：斋戒、战争和疾病。

7·13 子在齐闻《韶》①，三月不知肉味，曰："不图为乐之至于斯也。"

◎**注释**　①〔韶〕舜时乐曲名。
◎**大意**　孔子在齐国听到了《韶》乐,有三个月尝不出肉味来,说:"想不到《韶》乐的美妙竟能达到这样的境界。"
◎**解读**　本章谈孔子闻《韶》乐后的感受,由此可见乐之感人至深。

7·14　冉有曰:"夫子为①卫君②乎?"子贡曰:"诺,吾将问之。"入,曰:"伯夷、叔齐何人也?"曰:"古之贤人也。"曰:"怨乎?"曰:"求仁而得仁,又何怨?"出,曰:"夫子不为也。"

◎**注释**　①〔为〕帮助的意思。②〔卫君〕指卫出公辄,是卫灵公的孙子。卫灵公驱逐了太子蒯聩,灵公死后蒯聩的儿子辄继位为国君。晋国又把蒯聩送回卫国,与蒯辄争夺君位,蒯辄拒不让位。父子争夺君位,与伯夷、叔齐兄弟互相推让的行为正好相反。所以子贡用伯夷、叔齐的事试探孔子对卫君的态度。
◎**大意**　冉有问:"老师会帮助卫君吗?"子贡说:"嗯,我将去问问他。"子贡进到孔子屋里,问孔子说:"伯夷、叔齐是什么样的人?"孔子说:"是古代的贤人呀。"子贡又问:"他们有没有怨恨后悔呢?"孔子说:"他们追求仁而得到了仁,又有什么好怨恨后悔的呢?"子贡出来说:"老师是不会帮助卫君的。"
◎**解读**　伯夷、叔齐虽然抛弃了君位,饿死在首阳山上,但他们所做的一切,都是为了坚守道义,不改其志,以求心安,最后他们做到了这一点。所以孔子说,他们求仁而得仁,有什么怨恨后悔呢?孔子之教,全在"守死善道"(8·13),以求心安,除此别无他求。"求仁而得仁,又何怨?"反映了这种精神。孔子既然赞扬伯夷、叔齐这样的精神,自然不会去帮助卫出公。

　　可与14·25,17·21章参读。

7·15　子曰:"饭疏食①饮水,曲肱而枕之②,乐亦在其中矣。

不义而富且贵，于我如浮云。"

◎**注释** ①〔饭疏食〕饭，作动词，吃的意思。疏食，粗粮。②〔曲肱（gōng）而枕之〕枕着胳膊睡觉。肱，胳膊。枕，作动词用。

◎**大意** 孔子说："吃粗粮，喝白水，弯起胳膊当枕头，乐趣也就在这中间了。用不正当的手段得来的富贵，在我看来就像浮云一样。"

◎**解读** 本章与6·9章谈孔子颜回的"乐"，合称"孔颜之乐"，可联系参读。

7·16 子曰："加①我数年，五十以学《易》②，可以无大过矣。"

◎**注释** ①〔加〕有不同解释：一、依本义，增加；二、同"假"，给予。本书取后者。②〔五十以学《易》〕《易》，指《周易》。过去认为孔子学《易》后作《易传》，不可信。《鲁论》这一章易字作"亦"，全文是：子曰："加我数年，五十以学，亦可以无大过矣。"孔子学《易》的时间，也有几种解释：一、依原文，孔子五十学《易》，此语是孔子四十多岁时说的；二、孔子学《易》在七十岁以后，加字同"假"，原文五十有误；三、孔子学《易》在五十六七到七十岁周游列国期间，加字同"假"，借用意。意思是"如果我年轻几岁，五十就学《易》"。

◎**大意** 孔子说："再给我几年，到五十岁时去学习《周易》，就可以没有大的过错了。"（也可翻译成：孔子说："如果我年轻几岁，五十就学易，那就也可以没有大的过错了。"）

◎**解读** 孔子晚年喜《易》，据古籍记载，"居则在席，行则在囊"（《帛书易传·要》），甚至"韦编三绝"（《孔子世家》）。在家时放在身边，外出时带在行囊中，随时阅读，以致连接竹简的皮带磨断了三次。《论语》中关于孔子谈《易》的记载很少，孔子关于《易》的思想，须要通过学习其他文献来了解。

7·17 子所雅言，《诗》《书》、执礼，皆雅言①也。

◎ **注释** ①〔雅言〕又称"正言",当时把周王朝京城地方人的语言叫雅言。相当于现在的普通话。

◎ **大意** 孔子用雅言的场合,诵读《诗》《书》,执行礼事,都是用雅言。

7·18 叶公①问孔子于子路,子路不对。子曰:"女奚不曰,其为人也,发愤忘食,乐以忘忧,不知老之将至云尔②。"

◎ **注释** ①〔叶公〕楚国大夫沈诸梁,字子高。曾任叶城的地方官,自称叶公。②〔云尔〕云,代词,如此。尔同"耳",而已,罢了。

◎ **大意** 叶公向子路问孔子是什么样的人,子路没有回答他。孔子说:"你为什么不说,他这个人,发愤用功,连吃饭也忘了;快乐得把一切忧虑都忘了,连自己快要老了都不知道,如此而已。"

◎ **解读** 这一章是孔子自述。对自己,孔子总只说好学。本章描述出他好学的心态。发愤而忘食,是在还没有学到时的状态;乐而忘忧,是学有了收获时的状态;不知老之将至,反映了他一生孜孜不倦,把学习看作生命主要内容的心态。关于孔子自述好学,可与2·4,5·27,7·2,7·19,7·33章参读。

7·19 子曰:"我非生而知之者,好古,敏以求之者也。"

◎ **大意** 孔子说:"我不是生来就知道的,我是爱好古代文化,并且勤快地追求的人。"

◎ **解读** 孔子否认自己是生而知之者,但他并没有根本否认生而知之。可与16·9章参读。"好古,敏以求之",一是好古,二是勤学,这是孔子自己总结他学习修养的主要精神。可与5·27,7·1,7·2章参读。

7·20 子不语怪、力、乱、神。

◎**大意** 孔子不讲怪异、强力、叛乱、神道。

◎**解读** 关于力，可参读3·16，14·6，14·35，15·1章；关于鬼神，可参读6·20，11·11章。

7·21 子曰："三人行，必有我师焉。择其善者①而从之，其不善者②而改之。"

◎**注释** ①②〔善者、不善者〕指同行人的善或不善的品德。有的解释为，同行二人，一人善，一人恶，二人都是我师。这样解释似太拘泥于"三人"的字义，反而离开了原意。

◎**大意** 孔子说："几个人同行，其中就一定有我的老师。我选择他善的品德向他学习，看到他不善的地方就作为借鉴，改掉自己的缺点。"

◎**解读** "三人行，必有我师焉"，与人交往，随时随地可以向他人学习，无论其人善与不善都可以为师，由此可见孔子好学的真精神。可与19·22章"夫子焉不学？而亦何常师之有"，4·17章"见贤思齐焉，见不贤而内自省也"参读。

7·22 子曰："天生德于予，桓魋①其如予何？"

◎**注释** ①〔桓魋（tuí）〕宋国司马向魋，是宋桓公后代，因此又称桓魋。《史记》上记载，一次桓魋要杀害孔子，孔子说了这句话。

◎**大意** 孔子说："上天把德赋予了我，桓魋能把我怎么样？"

◎**解读** 天生德于予的"德"，代表孔子的全部信仰、思想和行为。孔子的意思是说，天把德给了我，我所信、所想、所说、所为都是本于天命，符合天命的，桓魋能把我怎么样？9·1章说孔子与命与仁，知命是孔子思想的重要方面。本章是涉及孔子知命思想的重要的一章，可与2·4，6·8，9·5，11·8，14·37，14·38，16·8，20·3章参读。

7·23 子曰："二三子①以我为隐乎？吾无隐乎尔。吾无行而不与二三子者，是丘也。"

◎**注释** ①〔二三子〕这里指孔子的学生们。
◎**大意** 孔子说："你们以为我有什么隐瞒你们的吗？我是毫无隐瞒的。我所有的行为无不和你们在一起，这就是我孔丘呀。"
◎**解读** 弟子们以为孔子之道高深，怀疑孔子有所隐瞒，没有全部教给弟子。孔子回答，我日常行为无不和大家在一起，并特别提出一个"行"字，是告诉弟子，他所教是为人之道，此道就在其身，日常行为也是其教，并非另有一套高深理论。弟子们天天和孔子生活在一起，都了解孔子其人，也就可以了解孔子之道。所以说孔子没有对弟子们有所保留或隐瞒。这也告诉我们，学为人之道，不能只向书本、理论学，更要向人学；读《论语》不能只读文本，更要了解孔子其人，学孔子。

7·24 子以四教：文、行①、忠、信②。

◎**注释** ①〔行〕指德行。②〔忠、信〕见1·4章注。
◎**大意** 孔子以文、行、忠、信四项内容教育学生。
◎**解读** 旧注："教人以学文修行而存忠信也。"文，文献；行，德行。1·6章"行有余力，则以学文"和6·25章"博学于文，约之以礼"，都反映了这两个方面。忠信是做人的根本，正如1·8章所说，君子要"主忠信"，以忠信为主。

7·25 子曰："圣人吾不得而见之矣！得见君子者，斯可矣。"子曰："善人吾不得而见之矣！得见有恒者，斯可矣。亡而为有，虚而为盈，约而为泰①，难乎有恒矣。"

◎**注释** ①〔约而为泰〕有两种解释：一、泰，奢侈、豪华。实际很穷困，却要表现得奢侈富足；二、泰，安泰。内心困约而外表安泰。总之，与"亡而为有、虚而为盈"一样，都是虚伪矫饰的行为。

◎**大意** 孔子说："圣人我是看不到了，能见到君子就可以了。"又说："善人我是看不到了，能见到始终如一保持一定操守的人就可以了。没有却装作有，空虚却装作充实，穷困却装作奢侈富足，这样的人就难于保持一定操守了。"

◎**解读** 圣人、君子、善人、有恒者代表着人们不同的境界。孔子慨叹难以见到圣人、君子、善人，期望得见有恒者。有恒者不一定非要成为君子、圣人，但人如果不能有恒，绝不可能成君子。孔子又指出"无而为有，虚而为盈，约而为泰"等态度是不能有恒的重要原因，告诫人们进德修养要从诚实有恒开始。

可与2·17，7·27章参读。

7·26 子钓而不纲①，弋②不射宿③。

◎**注释** ①〔纲〕用大绳挂渔网，横拦在河道中捕鱼，叫作纲。②〔弋（yì）〕用系有生丝的箭来射，叫作弋。③〔宿〕歇宿的鸟。

◎**大意** 孔子用鱼竿钓鱼，但不用大绳拉网捕鱼；射鸟也不射归巢歇宿的鸟。

◎**解读** 旧注有说，用大网把鱼一网打尽，乘鸟儿夜宿出其不意把它射杀，孔子不做这样的事，"可见仁人之本心矣"。《论语新解》则以为，孔子钓、射，是为"娱心解劳"，而用大绳拉网捕鱼，射杀宿鸟，是专为捕杀猎物，是孔子所不为。此章说的是"游于艺"之事，不是"依于仁"的事。今则有人以为本章反映了孔子的生态伦理思想。生态伦理思想产生于现代，孔子的时代，应还没有生态伦理思想。以生态伦理释本章，有牵强附会之嫌。仔细比较，体会不同的注释，定可有所启发。

7·27 子曰："盖有不知而作之者，我无是也。多闻，择其善者而从之；多见而识之，知之次也。"

◎**大意**　孔子说："大概有自己不懂却在那里凭空造作的吧，我没有这种事。多听，选择其中好的，接受并听从它；多看，并且记在心里，这是次一等的智慧了。"

◎**解读**　孔子反对"不知而作之"，可与2·17章"知之为知之，不知为不知"参读。这一章进一步提出，对自己所不知的，应该多闻、多见，努力学习。这也就是16·9章所说的"学而知之"，因此孔子说这是"知之次也"。

7·28　互乡①难与言，童子见，门人惑。子曰："与②其进也，不与其退③也，唯何甚？人洁己④以进，与其洁也，不保其往⑤也。"

◎**注释**　①〔互乡〕地名。②〔与〕赞许。③〔进、退〕有两种解释：一、进步、退步；二、进，进见请教。退，退出以后的作为。④〔洁己〕洁身自好，努力修养，使自己成为有德的人。这里有改正错误的意思。⑤〔不保其往〕保有两种解释：一、担保；二、守，抓住不放的意思。往也有两种解释：一、指过去；二、指将来。因此"不保其往"也有两种解释：一、不担保其将来；二、不抓住过去的错误不放。本书认为第二种解释更准确一些。

◎**大意**　互乡这个地方的人难于交谈，一个童子却得到了孔子的接见，学生们都疑惑不解。孔子说："我们赞许他的进步，不赞许他的退步。何必太过分呢？人家改正了错误以求进步，我们就要赞许他改正错误，而不是死抓住他的过去不放。"

◎**解读**　孔子接见了互乡童子，弟子不解，孔子解释说，"与其洁也，不保其往也"，"与其进也，不与其退也"，这是肯定他"洁己以进"，改正错误来求教的态度。只要愿意改正错误，追求进步，就予以肯定、鼓励和教诲，而不问他过去的错误，也不预测他未来会进步还是退步。这体现出孔子"成人之美""诲人不倦"的精神。可与7·2，7·33，12·16章参读。

7·29　子曰："仁远乎哉？我欲仁，斯仁至矣。"

◎**大意** 孔子说:"仁离我们很远吗?我想要仁,仁就来了。"

◎**解读** 这一章可与4·6章"有能一日用其力于仁矣乎?我未见力不足者",12·1章"为仁由己,而由人乎哉",及17·2章"性相近也,习相远也"联系起来看。在孔子看来,仁道本于人心,因此为仁就全靠自己,不假外力。"我欲仁,斯仁至矣。"只要自己努力,就可以做到。自省的修养方法,也是在这一思想基础上提出的。它强调了人进行道德修养的自觉能动性,一方面指出道德修养必须依靠自觉,不能依靠外力;另一方面也指出只要自觉努力,人人都可以成为道德高尚的仁人。既给人以鞭策,也给人以信心。

7·30 陈司败①问:"昭公②知礼乎?"孔子曰:"知礼。"孔子退,揖巫马期③而进之,曰:"吾闻君子不党④。君子亦党乎?君取⑤于吴,为同姓⑥,谓之吴孟子⑦。君而知礼,孰不知礼?"巫马期以告。子曰:"丘也幸,苟有过,人必知之。"

◎**注释** ①〔陈司败〕陈,国名。司败,官名,即司寇。也有人说陈司败是人名。②〔昭公〕鲁国国君,名稠。③〔巫马期〕孔子的学生,姓巫马,名施,字子期。④〔党〕偏私,包庇。⑤〔取〕同"娶"。⑥〔为同姓〕鲁国和吴国的国君同姓姬。周礼规定同姓不婚,昭公娶同姓女,是违礼的行为。⑦〔谓之吴孟子〕当时称呼国君夫人一般是以她出生的国名加上她的本姓。鲁昭公娶于吴,因吴国国君姓姬,其夫人应称吴姬。为了掩盖同姓通婚的事实,所以称吴孟子。

◎**大意** 陈司败问:"鲁昭公懂礼吗?"孔子说:"懂礼。"孔子走后,陈司败作揖请巫马期来,对他说:"我听说君子是没有偏私的,难道君子还包庇别人的错误吗?鲁君在吴国娶了位夫人,是国君的同姓,称她为吴孟子。要是鲁君也算懂得礼,还有谁不懂礼呢?"巫马期把陈司败的话告诉孔子。孔子说:"我是幸运的。如果有错,人家一定会让我知道。"

◎**解读** 陈司败问孔子,只是泛问昭公是否知礼,没有特别提出昭公娶于吴一事,当时礼制又有"为尊者讳"的要求,所以孔子不必也不能就此指出昭公违礼。可是事后陈司败却提出昭公违礼之事,指责孔子。孔子既没有为昭公辩解,也不为自己做解释，而自承认有过。但孔子又没有正面接受陈司败的指责，只说自己有过，人必知之，是自己的幸事。如此回答，"委婉而严正"（钱穆《论语新解》），亦体现了"闻过则喜"的精神。

7·31 子与人歌而善，必使反之，而后和之。

◎ **大意** 孔子与别人一起唱歌，如果唱得好，一定要请对方再唱一遍，然后和他一起唱。

7·32 子曰："文莫吾犹人也①。躬行君子，则吾未之有得。"

◎ **注释** ①〔文莫吾犹人也〕有几种解释：一、讲到书本知识我不如别人。莫，无也。二、就书本知识说，大约我和别人差不多。莫，大约。三、文莫连读，是"忞慔"的假借。忞，自强。慔，勉力。忞慔，努力的意思。全句意思是：就书本知识来说，我是能和别人相比的。
◎ **大意** 孔子说："就书本知识来说，我能和别人相比。做一个身体力行的君子，那我还没有做到。"

7·33 子曰："若圣与仁，则吾岂敢？抑①为之②不厌，诲人不倦，则可谓云尔已矣。"公西华曰："正唯弟子不能学也。"

◎ **注释** ①〔抑〕助词。②〔为之〕指前文圣与仁。
◎ **大意** 孔子说："如果说圣与仁，那我怎么敢当？在这些方面不厌烦地去做，不知疲倦地教人，则可以这样说吧。"公西华说："这正是我们所学不到的。"
◎ **解读** 7·2章说"学而不厌，诲人不倦"，这一章讲"为之不厌，诲人不倦"，两者是一致的。为仁的基础在好学，学又要重在能行，不能停留在口头上。因此，"学而不厌"包含了"为之不厌"的意思，"为之不厌"也包含了

"学而不厌"的意思。

可与上章联系起来读。这一章说"若圣与仁，则吾岂敢"，上一章说"躬行君子，则吾未之有得"，孔子不仅否认自己是生而知之，也不以圣、仁和完美的君子自居。圣与仁本是需终身求之的，唯有学而不厌，才能逐步接近和达到。孔子不以圣、仁自居，不是简单的自谦，而是出于他对学道行道深刻的体悟。唯有真正懂得道的博大，才能"学而不厌，诲人不倦"。公西华说"正唯弟子不能学也"，真正难的，正是在这对道的体悟和自觉的学习践行上。

7·34　子疾病①，子路请祷。子曰："有诸②？"子路对曰："有之。《诔》③曰：'祷尔于上下神祇④。'"子曰："丘之祷久矣⑤。"

◎**注释**　①〔疾病〕生病，轻者叫疾，重者叫病。"疾病"二字连用，是病重的意思。②〔有诸〕诸，"之乎"的合音。有两种解释：一、有无祷之鬼神之事；二、有无祷之鬼神之理。③〔诔（lěi）〕应作"讄"。祈祷文，用于生者的称"讄"，用于死者的称"诔"。④〔祷尔于上下神祇（qí）〕这是子路引用的祈祷文。祇，古代称天神为"神"，地神为"祇"。⑤〔丘之祷久矣〕孔子认为自己的言行都合乎神明，所以说自己实际上已经祷告很久了，意思是不必再向神祇祷告。

◎**大意**　孔子病重，子路请求向鬼神祈祷。孔子说："有这样的事吗？"子路说："有的。祈祷文上说：'替你向天地神灵祈祷。'"孔子说："我已经祈祷很久了。"

◎**解读**　孔子认为自己平日言行都合乎天命，实际上等于一直在祈祷，所以不必再作祷告，反映了他对鬼神的态度。可与6·20，7·20，11·11章参读。

7·35　子曰："奢则不孙①，俭则固②。与其不孙也，宁固。"

◎**注释**　①〔孙〕同"逊"，恭顺。不孙有越礼的意思。②〔固〕鄙陋。这里有达不到礼的要求的意思。

◎**大意**　孔子说："奢侈了就显得不恭顺，节俭了就显得简陋。与其不恭顺，宁可简陋。"

◎**解读** 奢的弊病在败坏精神，俭的弊病则在物质上简陋，所以奢的危害大于俭，宁可失于俭，也不失于奢。这反映了孔子以精神生命为上的精神。

7·36 子曰："君子坦荡荡①，小人长戚戚②。"

◎**注释** ①〔坦荡荡〕坦，平坦；荡荡，宽广的样子。②〔戚戚〕忧愁的样子。
◎**大意** 孔子说："君子的心胸宽广，能够包容别人；小人经常局促忧愁。"
◎**解读** 可与12·4章"君子不忧不惧"参读。

7·37 子温而厉，威而不猛，恭而安。

◎**大意** 孔子温和而又严肃，有威仪但不凶猛，恭敬而又安详。
◎**解读** 这是记孔子日常的容貌，体现着中和不偏不倚的气象。外在的仪态容貌，是内心情感的表现。修身要内外兼修，对自己的仪态容貌，也要经常注意检视和改进。

泰伯篇第八

8·1 子曰："泰伯①其可谓至德也已矣。三以天下让，民无得而称焉②。"

◎**注释** ①〔泰伯〕周朝始祖古公亶父的长子。传说古公亶父认为三子季历的儿子姬昌有圣德，便想传位给季历，再由季历传位给姬昌。泰伯知道后便与二弟仲雍一起避居到吴。古公亶父死，泰伯不回来奔丧，后来又和仲雍依吴地习俗断发文身，表示终身不返，把君位让给了季历，季历后来将君位传给姬昌，即周文王。到文王子武王时，便灭了殷商，统一了天下。②〔民无得而称焉〕有两种解释：一、泰伯让君位的事迹不明白，"无迹可见"，因此百姓找不到什么事实来称赞他；二、泰伯的品德是极崇高的，百姓找不出合适的词句来称赞他。

◎**大意** 孔子说："泰伯可以说是道德最高尚的了。他三次让了天下，百姓却找不到什么事迹来赞扬他。"

◎**解读** 礼让是中华传统美德，《论语》中有多处讲到。可与1·10，4·13，11·25章参读；孔子赞泰伯，又说"民无得而称焉"，既让天下，又不求他人知道，百姓都找不到什么事迹称赞他。14·25章"古之学者为己，今之学者为人"，提倡"为己"之学，"为己"就是只求心安，别无他求。泰伯让国而百姓不知，是"为己"精神的体现。既让又不求人知，所以为至德。还可与5·25章参读。

8·2 子曰："恭而无礼则劳①，慎而无礼则葸②，勇而无礼则乱，直而无礼则绞③。君子④笃⑤于亲，则民兴于仁；故旧不遗，则民不偷⑥。"

◎ **注释**　①〔劳〕劳苦。②〔葸（xǐ）〕畏惧。③〔绞〕有两种解释：一、绞刺，尖刻刺人；二、急切。④〔君子〕这里是指在上位的人。⑤〔笃〕笃厚，真诚。⑥〔偷〕淡薄。

◎ **大意**　孔子说："恭敬而不以礼作指导，就会劳苦；谨慎而不以礼作指导，就会畏惧；勇敢而不以礼作指导，就会作乱；正直而不以礼作指导，就会尖刻刺人。在上位的人厚待他的亲属，百姓就会兴起仁的风气；不遗弃老朋友，百姓就不会对人冷漠无情。"

◎ **解读**　这一章谈恭、慎、勇、直等德行与礼的关系，指出这些道德都要以礼为准绳，由此可以体会礼的重要性。1·12章"和为贵……不以礼节之，亦不可行也"，1·13章"恭近于礼，远耻辱也"，可以参读。

8·3　曾子有疾，召门弟子曰："启①予足，启予手。诗云②：'战战兢兢，如临深渊，如履薄冰。'而今而后，吾知免③夫！小子！"

◎ **注释**　①〔启〕有两种解释：一、开启，曾子要学生掀开被子看自己的手脚；二、看。②〔诗云〕这三句诗见《诗经·小雅·小旻》。③〔免〕有两种解释：一说以《孝经》为依据，说身体发肤，受之父母，不敢毁伤，死时能全而归之，是孝的表现。免就是全而归之。一说以《论语》为依据，称南容"邦无道，免于刑戮"，认为免是指免于刑戮。本书采后说。

◎ **大意**　曾子有病，把学生们召集来说："看看我的脚，看看我的手，《诗经》上说：'警惕呀，小心呀，像面临着深渊，像行走在薄冰上。'从今以后，我知道可以免于刑戮毁伤了。"

8·4　曾子有疾，孟敬子①问之。曾子言曰："鸟之将死，其鸣也哀；人之将死，其言也善。君子所贵乎道者三：动容貌②，斯远暴慢③矣；正颜色④，斯近信矣；出辞气⑤，斯远鄙倍⑥矣。笾豆⑦之事，则有司⑧存。"

◎**注释** ①〔孟敬子〕鲁国大夫仲孙捷。敬是谥号。②〔动容貌〕把内心的感动表现于面容。这里可解释为真诚热情地待人。③〔暴慢〕粗暴，放肆。④〔正颜色〕使自己的脸色端庄严肃。⑤〔出辞气〕辞，言语。气，声气。注意说话的言语，声气。⑥〔鄙倍〕鄙，粗野。倍同"背"，背理，错误。"远暴慢""近信""远鄙倍"三句：有两种解释：一说三者都指自己；一说三者都指别人，即别人不会以暴慢、不信和鄙倍相待。⑦〔笾豆〕祭器。笾是竹制，豆是木制。⑧〔有司〕管事的小吏。

◎**大意** 曾子病了，孟敬子去探问他。曾子说："鸟将死的时候的叫声是悲哀的，人将死的时候说的话是善意的。君子所重视的道有三个方面：注意自己的容貌，就可以避免粗暴放肆；端正自己的脸色，就近于诚信；注意自己的言辞语气，就可以避免粗野和错误。至于祭祀和礼仪，自有主管这些事的官吏负责。"

◎**解读** 曾子说：容貌、颜色、辞气三项是君子所应重视的，而祭祀的具体事务则可以交给管事的小吏。人的一言一行、形体姿态、待人的脸色和说话的辞气，是内心情感的外在表现。对这些外在仪表的修养，正是为了培养和端正内心的情感，是修身的重要方面。可与6·16，7·37章参读。

8·5 曾子曰："以能问于不能，以多问于寡；有若无，实若虚；犯而不校①。昔者吾友②尝从事于斯矣。"

◎**注释** ①〔校（jiào）〕计较。②〔吾友〕旧注一般都认为是指颜渊。

◎**大意** 曾子说："自己有才能却向没有才能的人请教，自己知识多却向知识少的人请教；有学问却好像没有学问，知识很充实却好像很空虚；被人侵犯也不计较。从前我的朋友就曾这样做过了。"

◎**解读** "以能问于不能，以多问于寡"，不耻下问，是为学应有的态度。而"有若无，实若虚"，始终保持谦虚不自满的态度，则是做到这一点的条件。可以与5·14章参读。

8·6 曾子曰："可以托六尺之孤①，可以寄百里之命②，临大节而不可夺也，君子人与？君子人也。"

◎ **注释** ①〔托六尺之孤〕古人以七尺指成年，六尺指十五岁以下。托孤，受前君之命辅佐幼君。②〔寄百里之命〕指代为处理国政。百里，大国。

◎ **大意** 曾子说："可以把年幼的君主托付给他，可以委托他代为处理国家政事，面临生死存亡的紧急关头而不动摇屈服，这样的人是君子吗？是君子啊。"

◎ **解读** 本章提出了君子的另一个方面，就是要能出仕从政，承担国家重任。君子以修身为本，而修身不只是为了完善自己，也是为了承担起社会责任，为建立理想社会而奋斗。这两方面是统一的。下章说士要"仁以为己任"，也包含了这两个方面。还可与14·45，18·7章参读。这两方面的要求，也统一在孔子的教育思想里，可以与有关章参读。

8·7　曾子曰："士不可以不弘毅①，任重而道远。仁以为己任，不亦重乎？死而后已，不亦远乎？"

◎ **注释** ①〔弘毅〕弘大刚毅。

◎ **大意** 曾子说："士不能不弘大而刚强有毅力，因为他责任重大，路程遥远。以实现仁作为自己的责任，不也很重要吗？为此要奋斗终生，到死才停止，不也很遥远吗？"

◎ **解读** 这一章谈士的人生追求。曾子说，士要"仁以为己任"，"死而后已"。孔子所提倡的仁，不仅是个人道德修养的最高要求，也是一种社会理想。"仁以为己任"，就是以弘扬仁道，建立理想社会为自己的责任。一息尚存，自身对仁道的追求，不可少懈，理想社会的建立，亦需为之奋斗终生，所以士的一生是一个任重而道远的旅程。这反映了儒家对人生的理解。

可与4·9，13·20，13·28，14·3，19·1章参读。

8·8　子曰："兴①于《诗》，立于礼，成于乐。"

◎**注释** ①〔兴〕兴起、发动。这里是开始的意思。
◎**大意** 孔子说："(人的修养)开始于学《诗》,自立立于学礼,完成于学乐。"
◎**解读** 这一章孔子提出教育的三项重要内容:《诗》、礼和乐,分别指出了三者的不同作用。关于《诗》,还可与2·2,3·20,13·5,16·13,17·9,17·10章参读。

8·9 子曰:"民可使由之,不可使知之。"

◎**大意** 孔子说:"老百姓只能使他们照我们的意见去做,不必使他们懂得为什么要这样做。"

◎**解读** 孔子主张"为政以德",重视教化,要求做到民"有耻且格",这应该说是要使民"知之"。但这里又提出"民可使由之,不可使知之"。通观《论语》,在谈到"使民""使人"的时候,孔子反复强调的是在上位的人要"好礼""好义""好信""临之以庄",以及"宽""惠"等。这些主张的着眼点,都在"使民由之",而不是"使民知之"。可见,讲教化,孔子强调使民"有耻且格",但实际上真能做到这一点的只是少数;讲实际的行政,孔子又强调"可以使由之,不可使知之"。这是互相矛盾又互相补充的两个方面。把这两个方面统一起来才能全面把握孔子的为政思想。

对这一章的解释,有许多不同意见。古代的注释,一种意见以"可"与"不可"为"可以"与"不可以",认为治国不可以使民知其所以然,百姓知其所以然后就会不服统治;另一说以"可"与"不可"为"可能"与"不可能",认为百姓的特点是"日用而不知",不可能使其知而只能"使由之"。本书取后说。

近代以来,更是众说纷纭。一种意见认为,这一章反映了孔子的愚民思想。也有人以为这样解释有损于孔子的形象,认为应读为"民可,使由之;不可,使知之"。意思是百姓认可,就让他们照着去做;百姓不认可,就给他们说明道理。这样断句,于古汉语语法不合。照此解释,古汉语应作"民可,则使民由之;不可,则使之知之"才通。还有人认为,"这可说是孔子倡行的民主政治,甚至是施政的群众路线"。其实,"民可使由之,不可使知之"只是对百姓"日用而不知"这一实际情形的描述和反映,说不上愚民的问题。

即使用前一解释，说不可以让百姓知道，有愚民的思想，也并不奇怪。对于一个生活在古代等级制社会里，维护等级秩序的人来说，这是极其自然的。古代早期对这句话的解释，对这一点是共同的，并不回避、掩饰。今天我们即使承认孔子思想中有诸如愚民思想之类的糟粕，也无损于孔子作为伟大思想家的光辉形象。而把这一章解释为民主政治、群众路线，则是把近代的政治观念加给孔子，拔高孔子。我们应该充分认识和肯定优秀的传统文化，却不应该把今天的思想加之于古人，拔高古人，不应该把古人和古代经典看作完美无缺、不能批评的。

8·10 子曰："好勇疾①贫，乱也。人而不仁，疾之已甚，乱也。"

◎**注释** ①〔疾〕憎恨。
◎**大意** 孔子说："喜好勇力而又恨自己穷困，就会作乱。对于不仁的人痛恨太过分，也会出乱子。"
◎**解读** 勇是美德，运用不当可以为乱。可与8·2，17·23章参读。对不仁，应痛恨，痛恨过度亦可以为乱。可与4·3，11·15章参读。

8·11 子曰："如有周公之才之美，使骄且吝，其余不足观也已。"

◎**大意** 孔子说："即使有周公那样美好的才能，如果他骄傲而又吝啬，那其他方面就不值得一看了。"
◎**解读** 这一章反映孔子重德甚于重才的态度，也反映孔子对骄、吝的厌恶。

8·12 子曰："三年学，不至于榖①，不易得也。"

◎**注释** ①〔榖〕有两种解释：一、善，全章意思是人学习三年而不至于善的是很少的。二、指俸禄，至字与"志"同，全章意思是说学习三年而不求做官的人是难得的。本书取后说。

◎**大意** 孔子说："学了三年而不求做官的人，是难得的。"

8·13 子曰："笃信好学，守死善道。危邦不入，乱邦不居。天下有道则见①，无道则隐。邦有道，贫且贱焉，耻也；邦无道，富且贵焉，耻也。"

◎**注释** ①〔见〕同"现"。

◎**大意** 孔子说："坚定地相信，努力地学习，坚持固守直到死去，完善为人的大道。不进入危险的国家，不在动乱的国家居住。天下有道就出来做官，天下无道就隐居不出。国家有道，还是贫贱，是耻辱；国家无道，却能富贵，也是耻辱。"

◎**解读** "笃信好学，守死善道"是对道应持的根本态度。"守死善道"，对道的坚持，也就是对人生理想信念的坚持。全章所说，都是为了坚持和卫护道。"有道则见，无道则隐"，"危邦不入，乱邦不居"，不同情况下作不同处置，都是为了善道。而要能"守死善道"，必须"笃信好学"；不好学不能笃信，不笃信不能坚守。

"邦有道，贫且贱焉，耻也；邦无道，富且贵焉，耻也"，是从另一角度讲。天下有道要出仕行道，此时却不求进取，安于贫贱，则是耻辱，这就是"有道则见"；天下无道要坚守气节，此时却贪图富贵同流合污，也是耻辱，这就是"无道则隐"。"见"和"隐"都是为了善道。可与14·1章参读。

追求并坚守崇高的人生理想信念，是中华文化的优秀传统。它培育了无数英雄人物，支撑了中华民族的数千年历史。《论语》多处谈到这个问题；如"志于道""朝闻道，夕死可矣""笃信好学，守死善道""志士仁人，无求生以害仁，有杀身以成仁"等。可综合参读，仔细认真体会。

8·14 子曰："不在其位，不谋其政。"

◎ **大意** 孔子说:"不在那个职位上,就不考虑那职位上的政事。"
◎ **解读** "不在其位,不谋其政",14·27章重出,与14·28章"君子思不出其位"意思相同,可以参读。人处于各种社会关系中,有其确定的身份和位置,一言一行都须合乎身份位置的要求。这就是"不在其位,不谋其政","思不出其位",也就是要"安分守己"。这是"正名"的具体要求,社会达到各得其所的和谐状态的前提和基础。可与12·1章"非礼勿视,非礼勿听,非礼勿言,非礼勿动"参读。

"不想当将军的士兵不是好士兵"说的是另一方面。人不应安于现状,不求上进;应有远大理想抱负,在身心修养、知识积累等各方面努力完善自己,准备迎接和担负重任,也只有胸有全局才能更好地完成局部的工作。但这绝不是说可以好高骛远,不安于职守,或越俎代庖,四处插手。一日当士兵,就应履行士兵的职责,遵守士兵的纪律。安分守己也不是只能唯唯诺诺,安于现状,没有理想,没有追求。8·7章说"士不可以不弘毅,任重而道远",即要求人们志存高远。远大的理想抱负不能成为不安于职守的理由,安分守己也不妨碍有远大的理想抱负,二者是相辅相成的两个方面。

8·15 子曰:"师挚之始①,《关雎》之乱②,洋洋乎盈耳哉!"

◎ **注释** ①〔师挚之始〕师挚,鲁国乐师,名挚。始,乐曲的开始,一般由太师演奏,挚是太师,所以说"师挚之始"。②〔《关雎》之乱〕《关雎》,《诗经·国风》的第一篇,也是《诗经》全书的第一篇。乱,乐曲的结尾。《关雎》的乐曲作为全部乐曲的结尾,所以说"《关雎》之乱"。
◎ **大意** 孔子说:"从太师挚演奏的序曲,到最后《关雎》的结尾,丰富而美妙的音乐一直充满了我的耳朵啊!"

8·16 子曰:"狂①而不直,侗②而不愿③,悾悾④而不信,吾不知之矣。"

◎**注释** ①〔狂〕急躁、激进。即13·21章"狂者进取"的意思。②〔侗（tóng）〕儿童，引申为幼稚无知。③〔愿〕谨慎、朴实。④〔悾悾（kōng）〕无能貌。

◎**大意** 孔子说："激进而又不直爽，幼稚而又不朴实，无能而又不守信用，这样的人，我真不知道他是怎么回事了。"

◎**解读** 人的优点常与缺点相伴，有缺点者往往同时有优点，如急躁者往往直率，幼稚者往往谨慎，无能者往往可信。发挥他的优点，有助于克服他的缺点。如果一个人像本章所说的那样，只有缺点而没有优点，就难办了。孔子说"吾不知之矣"，是对这样的人不抱希望的意思。

8·17 子曰："学如不及，犹恐失之。"

◎**大意** 孔子说："学习即使很急切像追赶不上那样，也还怕会有所丢失。"

◎**解读** "学如不及，犹恐失之"，生动地表现出孔子学而不厌的精神和求知的迫切心情，告诫人们不可有片刻懈怠。可与5·27，7·2，7·18，7·19章参读。

8·18 子曰："巍巍①乎，舜禹②之有天下也而不与③焉！"

◎**注释** ①〔巍巍〕高大貌。②〔舜禹〕舜是传说中的圣君，尧禅让帝位给舜，舜又禅让帝位给禹。③〔与〕参与。不与：不相关的意思。有三说：一、舜禹有天下，选贤任能，无为而治；二、舜禹以禅让得天下，非求而得之；三、舜禹有天下，而处之泰然，似与己无关，不以君位为乐。本书取第三说。

◎**大意** 孔子说："多么崇高啊！舜和禹为天下君主，就像与自己无关一样。"

◎**解读** 尧舜禅让是古代传说。孔子赞扬舜禹通过禅让而得君主之位，他关注的重点不在禅让的制度，而在舜禹接受禅让不是自己去追求，而是因自己的德和能。1·10章说孔子到每一处都能了解到当地政事，是"夫子温、良、恭、俭、让以得之"，与本章意思相近，都是说能否在位或参与政事，不是靠求，而是要立足于自身的德和能。可参读。

8·19 子曰："大哉尧之为君也！巍巍乎，唯天为大，唯尧则之①。荡荡②乎，民无能名③焉。巍巍乎其有成功也，焕④乎其有文章！"

◎**注释** ①〔唯尧则之〕则，有两种解释：一、效法；二、准也。意为只有尧可以与天相平。本书取前说。②〔荡荡〕广大的样子。③〔名〕称说、形容。④〔焕〕光辉，美好。

◎**大意** 孔子说："伟大啊，尧这样的君主！多么崇高啊，只有天最高大，只有尧能效法于天。多么广大啊，百姓都无法用言语来形容他。他的功绩是多么崇高呀，他制定的礼仪制度是多么美好啊！"

8·20 舜有臣五人而天下治。武王曰："予有乱臣①十人。"孔子曰："才难，不其然乎？唐虞之际，于斯为盛②。有妇人焉③，九人而已。三分天下有其二，以服事殷。周之德，其可谓至德也已矣。"

◎**注释** ①〔乱臣〕治国之臣。②〔唐虞之际，于斯为盛〕唐虞，尧称唐尧，舜称虞舜，唐虞即尧舜。这句话有多种解释：一、唐虞之际比周初更兴盛；二、唐虞之际不如周初；三、于解释为"与"，唐虞之际与周初两个时期都很兴盛；四、际解释为"边际"，唐虞之际即唐虞以后，意为唐虞之后，周初最兴盛。③〔有妇人焉〕武王的"乱臣十人"中有武王的妻子邑姜。

◎**大意** 舜有五位贤臣，就天下太平。周武王说："我有治国之臣十人。"孔子说："人才难得，不正是这样吗？尧舜之际和周初时候，人才算是最鼎盛了，其中还有一个妇女，实际只有九人而已。周文王得了天下的三分之二，还服事殷朝，周朝的道德可以说是最高的了。"

◎**解读** 本章前半讲人才的重要和难得，后半赞扬周德的崇高。

8·21　子曰："禹，吾无间^①然矣。菲^②饮食而致孝乎鬼神，恶衣服而致美乎黻冕^③，卑宫室而尽力乎沟洫。禹，吾无间然矣。"

◎**注释**　①〔间〕空隙。这里指就其空隙而进行非难、批评。②〔菲〕菲薄。③〔黻冕（fú miǎn）〕黻，祭祀时穿的礼服。冕，祭祀时戴的帽子。

◎**大意**　孔子说："对于禹，我没有什么批评的了。他自己饮食菲薄而尽心孝敬鬼神，自己衣服破旧而尽量把祭服做得华美，自己宫室很低矮而尽力修治农田水利。对于禹，我是没有什么批评的了。"

◎**解读**　孔子赞扬禹自奉俭薄而尽心于国事民事。

以上四章都是对尧、舜、禹的赞扬，其中寄托了孔子的政治理想。

子罕篇第九

9·1 子罕言利，与命与仁。

◎**注释** 这一章有两种解释：一、与，赞许义。孔子很少谈利，但赞成命、赞成仁；二、孔子罕言利、命、仁三者，因为谈利会害义，而命与仁则难以理解和达到。《论语集注》引程子曰："计利则害义，命之理微，仁之道大，皆夫子所罕言也。"但从《论语》看，孔子讲仁是最多的，讲命的也不少，说他罕言仁和命，与《论语》的实际情况不符。所以本书取第一种解释。

◎**大意** 孔子很少谈利，但赞成命和仁。

◎**解读** 这一章只有八个字，但对理解、把握孔子的思想十分重要。这里强调命和仁两点是孔子所赞成的，可见"命"和"仁"是孔子思想中的两个重要的方面，"命"在孔子思想中有重要地位。这一点还可参看2·4，16·8，20·3章。孔子讲命常与天连言，即天命，有时又单独讲天。关于孔子所说天和命的含义，不同解释很多，但许多是脱离孔子当时的背景和《论语》的实际语境，按自己的想法臆测。要真正了解孔子知命的思想，最好的办法是根据《论语》本身，对《论语》中谈到命和天的部分，逐章研读，从当时背景和孔子的原话，体会其"知命"的含义。可参读6·8，7·22，9·5，11·8，14·37，14·38各章。

"子罕言利"，可与谈到义利关系的有关各章参读。

9·2 达巷党人①曰："大哉孔子！博学而无所成名②。"子闻之，谓门弟子曰："吾何执？执御乎？执射乎？吾执御矣。"

◎**注释** ①〔达巷党人〕古时五百家为党。达巷，党名。②〔博学而无所成名〕有两种解释：一、学问广博，可惜没有一技之长以成名；二、学问广博，因此不能以某一方面来称道他。联系上下文，本书认为第一种说法较准确。

◎**大意** 达巷地方有人说："孔子真伟大啊！他学问广博，可惜不能以某一方面的专长成名于世。"孔子听说了，对他的学生说："我要专于哪一方面呢？赶车呢，还是射箭呢？还是赶车吧！"

9·3　子曰："麻冕①，礼也；今也纯②，俭③，吾从众。拜下④，礼也；今拜乎上，泰⑤也。虽违众，吾从下。"

◎**注释**　①〔麻冕〕麻织的帽子。②〔纯〕黑色的丝。③〔俭〕用麻织帽子，比较费工，所以说改用丝织是节俭的做法。④〔拜下〕指臣子见君主，要先在堂下跪拜，然后升堂再拜。到孔子时，许多人不再在堂下拜，而直接到堂上拜了。⑤〔泰〕骄纵。

◎**大意**　孔子说："用麻织帽子，这是礼的规定；现在改用黑丝，这比过去节省了，我也照大家的做法去做。见国君要先在堂下跪拜，这也是礼的规定；但现在都到堂上拜，这是骄纵的表现，虽然和大家的做法不一样，我还是主张先在堂下拜。"

◎**解读**　礼不是一成不变的，随着时世的发展，礼也发生变化。对于礼的变化，孔子不是一味守旧。麻改为丝，更为节省，又不影响礼的实质，孔子从众；拜下改为拜上，反映出人们的骄纵，影响了对国君的敬，孔子违众而从下。从这里可以窥见孔子在礼的损益上的态度。

9·4　子绝四：毋意，毋必，毋固，毋我。①

◎**注释**　①〔毋意，毋必，毋固，毋我〕意，主观猜测。必，期必，对于事物的发展，期望其必定这样或那样。无期必，也就是知命。固，固执己见。我，私心。无私心，是志于道的表现。今人常把必解释为"绝对肯定"，把我解释为"自以为是"，恐非《论语》本意。

◎**大意**　孔子杜绝了四种毛病：没有主观的臆测，没有定要怎样的想法，没有固执己见，没有自私之心。

◎**解读** 可与2·17，17·14章参读。

9·5 子畏于匡①，曰："文王既没，文不在兹②乎？天之将丧斯文也，后死者③不得与于斯文也；天之未丧斯文也，匡人其如予何？"

◎**注释** ①〔畏于匡〕匡，地名。孔子自卫去陈时经过匡。匡人曾受到鲁国阳虎的掠夺、残杀，孔子相貌与阳虎相像，匡人误以为孔子是阳虎，将他围困起来。畏有几种解释：一、有戒心；二、拘囚的意思；三、古人称私斗叫畏，匡人拘孔子是私斗，所以说畏于匡。②〔文不在兹〕文指礼乐制度，或说文化。兹，这里，孔子指自己。③〔后死者〕孔子自称。

◎**大意** 孔子在匡地被拘，他说："周文王死后，周代的礼乐制度文化遗产不都保存在我这里吗？天如果要消灭这种文化，那我也不能掌握这种文化了；天如果不想消灭这种文化，那匡人又能把我怎么样呢？"

◎**解读** 可与11·8章讲"天"、6·8和14·38章讲"命"参读。孔子在遇到危难或不可抗拒的灾害时，常把人力所不能及的因素归之于天、命。孔子讲仁，说"为仁由己"（12·1），"未见力不足者"（4·6），为政为人立足于人的主观努力，不信鬼神。他一生周游各国，聚徒讲学，都表现了这种精神。但他总不见用，屡遭困厄，又使他感到许多事非人力所能决定。他把这归之于天命，反映出一种无可奈何的心情。然而他又不是消极地听天由命。他相信自己所行是天所赋予自己的使命，在危难面前他说，"匡人其如予何？""公伯寮其如命乎？""桓魋其如予何？"在这一点上建立起坚强的信心。知命又是他的精神支柱。他强调人的主观努力，但又不得不承认天命；他强调知命，但又不是消极地听天由命。以知命为精神支柱，不放弃为仁的主观努力，尽管意识到"道之不行"，也不能放弃天赋予的使命，甚至被人称为"知其不可而为之者"（14·41）。这是孔子思想中矛盾而又统一的两面，"与命与仁"是这种状况的反映。

9·6 太宰①问于子贡曰:"夫子圣者与?何其多能也?"子贡曰:"固天纵之将圣②,又多能也。"子闻之曰:"太宰知我乎!吾少也贱,故多能鄙事。君子多乎哉?不多也。"牢③曰:"子云,'吾不试④,故艺。'"

◎**注释** ①〔太宰〕官名。这个太宰是谁,没有明确记载。②〔天纵之将圣〕纵,不加限量的意思。将,大的意思。③〔牢〕孔子的学生子牢。④〔试〕用,指被任用。

◎**大意** 太宰问子贡说:"你们先生是个圣人吗?为什么这样多才多艺呢?"子贡说:"这本是天让他成为圣人,又使他多才多艺的。"孔子听说之后说:"太宰了解我呀!我因为小时贫贱,所以会许多卑贱的技艺。真正的君子是这样多能的吗?不是的。"子牢说:"老师说过,'我没有被任用,所以学到了许多技艺。'"

◎**解读** 孔子说圣人未必多能,自己多能是因为早年贫贱,否定了自己因是圣人而多能的看法。可与7·19章参读。

9·7 子曰:"吾有知乎哉?无知也。有鄙夫问于我,空空如也①。我叩其两端而竭焉②。"

◎**注释** ①〔空空如也〕有两种解释:一、指孔子自己心中空空无知;二、指来问的鄙夫心中空空。②〔叩其两端而竭焉〕对这句的意思有两种解释:一、从孔子教人的态度方面解释,即使鄙夫来问,也竭尽所知教给他;二、从孔子教人的方法方面解释,通过叩问两端,竭尽两端而使问题得到解决。两种解释都通。叩,叩问。两端,两头,指事物都有终始、本末、上下、精粗等正反两个方面。竭,尽量。

◎**大意** 孔子说:"我是有知识的吗?其实是无知的。有农民来问我,我对他问的内容一无所知。我只是从问题的两端去把握,这样来穷尽问题的全部。"

◎**解读** 事物都有多个方面,两端是概括而言。"叩其两端而竭焉",把事物的正反两个方面都探究清楚,这样来把握事物,求得问题的解决。这体现了中庸思想的要求。所谓中,就是无过不及,不偏不倚。不偏不倚不是在两端之间取中间点，不是各打五十大板，而是要在把握全面的基础上，恰如其分地对待每一端。"叩其两端而竭焉"是做到这一点的唯一正确方法。可与11·15及有关各章参读。

9·8 子曰："凤鸟不至，河不出图①，吾已矣夫！"

◎**注释** ①〔凤鸟不至，河不出图〕凤鸟是传说中的神鸟。河出图，传说伏羲时有龙马从黄河中出，背上有八卦图文。凤鸟至，河出图，是古代传说中圣王将要出世时的祥瑞征兆。
◎**大意** 孔子说："凤鸟不来了，黄河里也不出现八卦图了。我这一生也就完了吧！"
◎**解读** 孔子哀叹"吾已矣夫"，反映出他在晚年感到其道不行后的心情，可与5·6，14·37章参读。

9·9 子见齐衰①者、冕衣裳者②与瞽③者，见之，虽少必作④；过之必趋⑤。

◎**注释** ①〔齐衰（zī cuī）〕古代麻布做的丧服。②〔冕衣裳者〕冕，贵族戴的帽子。衣，上衣。裳，下衣。冕衣裳者指贵族。③〔瞽（gǔ）〕眼瞎。④〔作〕站起来。⑤〔趋〕快步走。
◎**大意** 孔子遇见穿丧服的人、穿贵族服装的人和盲人，与他们相见的时候，他们即使年轻，孔子也一定要站起来；走过他们身旁的时候，一定要快步走。
◎**解读** 本章记孔子日常生活中对尊者、服丧者和残疾人的态度。所记的这些做法，应是当时礼的规定。他这样做，反映了他平日一丝不苟、依礼而行的态度，也是他对尊者敬，对服丧者、残疾人哀悯同情的内心情感的自然流露。读者须注意从这样一些细微处，体会孔子思想。15·41章记师冕见孔子时的情景，与此章相类，可参读。

9·10　颜渊喟①然叹曰:"仰之弥②高,钻之弥坚。瞻之在前,忽焉在后。夫子循循然善诱人③,博我以文,约我以礼,欲罢不能。既竭吾才,如有所立卓尔④。虽欲从之,末由也已⑤。"

◎**注释**　①〔喟(kuì)〕感慨。②〔弥〕更加。③〔循循然善诱人〕循循,有次序貌。诱,劝导。④〔卓尔〕高大,超群。⑤〔末由也已〕末,没有。由,路径。没有路径,没有办法的意思。

◎**大意**　颜渊感叹地说:"我抬头仰望老师的学问道德,越看越觉得高;我努力钻研,越钻研越觉得不可穷尽。看着它在前面,忽而又到了后面。老师一步步地诱导我,用文献丰富我的知识,用礼来约束我的言行,使我想停止学习都不可能。我用尽了我的才力,仍然像有十分高大的东西矗立在前。我虽然想要追随上去,却没有前进的路径了。"

◎**解读**　本章是颜渊对孔子的学问道德高深不可穷尽的赞叹,同时也反映出颜渊的好学。孔子之道,确有高深而难以达到之处,所以颜渊会有这样的感叹。但孔子的思想也不是什么玄虚而不可测、叫人无法了解的东西。孔子之道,就在《论语》所记的那些具体可见的内容中。颜渊说夫子"博我以文,约我以礼",准确反映了孔子的教育理念。从12·15章"博学于文,约之以礼",7·24章"子以四教:文、行、忠、信",1·6章"行有余力,则以学文"章可以看出,学文和德行是孔子教育的两端。德行之教的具体落实,就是"约之以礼"(6·25),2·3章说"齐之以礼",也是相同的意思。

《论语》中孔子弟子谈孔子的记述,还有19·23,19·24,19·25章,可参读。

9·11　子疾病,子路使门人为臣。病间①,曰:"久矣哉,由之行诈也。无臣而为有臣。吾谁欺?欺天乎?且予与其死于臣之手也,无宁②死于二三子之手乎?且予纵不得大葬③,予死于道路乎?"

◎**注释**　①〔间〕病情减轻。②〔无宁〕宁可。③〔大葬〕指大夫的葬礼。旧注:

谓以君臣礼葬。

◎**大意**　孔子病重，子路派了孔子的学生做家臣，为孔子准备后事。孔子病情减轻一些的时候说："仲由做这种弄虚作假的事已经很久了。没有家臣而要装作有家臣，我骗谁呢？骗天吗？而且我与其在家臣的侍候下死去，不如在你们这些学生的侍候下死去，那样不是更好些吗？即使我不能以大夫的葬礼安葬，难道就会被丢在路边没人埋吗？"

◎**解读**　当时大夫去世，丧事由家臣治理。孔子当时不在位，没有家臣。子路想让孔子的弟子作家臣为孔子治丧，没有家臣却装作有家臣。孔子批评子路"诈"。子路的本意，是表示对老师的尊敬，却违背了礼的规定，因而受到孔子批评。由此可见孔子自觉守礼的态度。

9·12　子贡曰："有美玉于斯，韫椟①而藏诸？求善贾②而沽诸？"子曰："沽③之哉，沽之哉！我待贾者也。"

◎**注释**　①〔韫椟（yùn dú）〕韫，收藏。椟，柜子。②〔贾〕有两种解释：一、同"价"；二、读gǔ，商人。③〔沽〕卖。

◎**大意**　子贡说："这里有一块美玉，是把它放在柜子里收藏起来呢，还是求一个好价钱把它卖掉呢？"孔子说："卖掉！卖掉！我就是等着人家出价钱的。"

◎**解读**　子贡以为孔子有道而不想出仕，所以向孔子提出这个问题。孔子自喻"待贾者"，又说"吾岂匏瓜也哉？焉能系而不食"（17·7），说明孔子并不是不想出仕。孔子以天下为己任，希望能行道于天下，变天下无道为天下有道；也希望有人用他，给他机会行他的道。他周游列国，没有得到诸侯的任用，所以有"待贾"之说。可与13·10，17·5章参读。子贡问的是要不要"求善贾而沽"，孔子回答则是"我待贾者也"。求和待的区别，表现了子贡与孔子的不同态度。"用之则行，舍之则藏"（7·10），一味求之，难免牺牲原则，背离道义。

9·13　子欲居九夷①。或曰："陋②，如之何？"子曰："君子

139

居之，何陋之有？"

◎ **注释** ①〔九夷〕古代对东方少数民族的通称。②〔陋〕鄙野，文化闭塞。
◎ **大意** 孔子想搬到东方去住。有人说："那地方偏僻闭塞，怎么好住呢？"孔子说："君子到那里去，还有什么闭塞的呢？"
◎ **解读** 孔子想去东夷之地，亦"乘桴浮于海"（5·6）之意。可参读。

9·14 子曰："吾自卫反鲁①，然后乐正②，《雅》《颂》各得其所③。"

◎ **注释** ①〔自卫反鲁〕孔子从卫国返回鲁国是在鲁哀公十一年冬。②〔乐正〕有的解释为正其乐章，调整乐曲的篇章；有的解释是正其乐音，整理了乐曲的音律。③〔《雅》《颂》各得其所〕《雅》和《颂》是《诗经》中两类不同的诗的名称，同时也是两类不同的乐曲的名称。
◎ **大意** 孔子说："我从卫国回到鲁国，乐才得到整理，《雅》乐和《颂》乐各自有了它们应有的位置。"
◎ **解读** 12·17章说"政者，正也"。乐正，是其中的一个方面；本章用"各得其所"说明乐正。可以联系起来理解。正，就是各得其所。《雅》《颂》各得其所，就是"乐正"。正名，君君、臣臣、父父、子子，就是使君臣父子各得其所。各得其所是传统治理思想的根本理念。宋儒说："圣人所以能使天下顺治，非能为物作则也，唯止于各于其所而已。"

9·15 子曰："出则事公卿，入则事父兄，丧事不敢不勉，不为酒困，何有于我哉？"

◎ **大意** 孔子说："出外便奉事公卿，在家便奉事父兄，有丧事不敢不尽心去办，不被酒所困扰，这些对我来说有什么困难呀？"

9·16 子在川上曰:"逝者如斯夫,不舍昼夜。"

◎**大意** 孔子在河边说:"消逝的时光就像这河水一样啊,不分昼夜地流去。"
◎**解读** 孔子慨叹时光像河水一样不停地流逝,有人认为这反映了孔子老年的心境,也有人认为主要在勉励弟子进学不已。触景生情,离不开当事人当时当地的环境背景和心情,后人的解释,也离不开解释者的处境和心情。对本章的理解,不必拘泥于前人所说,要联系孔子一生遭遇来体会,也可从自身的生活经历来体会。

9·17 子曰:"吾未见好德如好色者也。"

◎**大意** 孔子说:"我没有见过能像爱好女色那样爱好德的人。"
◎**解读** 德,精神的人文的追求;色,物质的自然本能的追求。好德和好色,是不同的人生追求的反映。孔子所叹世人重色轻德的现象,今天同样存在,或更甚于古时,值得引起思考。

9·18 子曰:"譬如为山,未成一篑①,止,吾止也;譬如平地,虽覆一篑,进,吾往也。"

◎**注释** ①〔篑(kuì)〕土筐。
◎**大意** 孔子说:"譬如用土堆山,只差一筐土就完成了,这时停下来,是我自己要停的;又譬如在平地上,虽然是只倒了一筐土,这时继续前进,也是我自己要前进的。"
◎**解读** 孔子强调"功亏一篑而止"和"虽覆一篑犹进"都是取决于自己,用此来说明学习、修养都要依靠个人的自觉,不在外部条件和他人。可与4·6,6·10,7·29章参读。

9·19　子曰："语之而不惰者，其回也与！"

◎**大意**　孔子说："我讲给他听，而能毫不懈怠的，大概就是颜回吧！"

9·20　子谓颜渊，曰："惜乎！吾见其进也，未见其止也。"

◎**大意**　孔子评论颜渊说："可惜呀！我只见他不断前进，没有见他停止过呀。"
◎**解读**　此章是颜渊死后孔子叹息颜渊的话。"进""止"二字与前面9·18章的"进""止"同义，可参读。

9·21　子曰："苗而不秀①者有矣夫；秀而不实者有矣夫！"

◎**注释**　①〔秀〕稻麦等吐穗扬花。
◎**大意**　孔子说："庄稼出了苗而不能吐穗扬花的情形是有的；吐穗扬花而不灌浆结实的情形也是有的。"
◎**解读**　对本章，有的认为是慨叹颜渊的短命，有的以为是激励弟子，或以为二者都有。从人世常情说，好苗不一定能开花结实，人的成长也是如此。历来多有"天才""神童"夭折等"苗而不秀"的事例，对此应有所警惕。

9·22　子曰："后生可畏，焉知来者之不如今也？四十、五十而无闻焉，斯亦不足畏也已。"

◎**大意**　孔子说："年轻人是值得敬畏的，怎么知道后一辈就一定不如现在这一代呢？如果到了四五十岁还默默无闻，那就没有什么可敬畏的了。"
◎**解读**　孔子说后生可畏，相信年轻人能够超过前辈，又说人到四五十岁还没有成就就不足敬畏了，对青年既是期望，又是鼓励。7·19章孔子说自己是"好古，敏以求之者也"，本章说"后生可畏"，结合这两个方面，可以体会到孔子的人生态度。

9·23 子曰:"法语之言①,能无从乎? 改之为贵。巽与之言②,能无说乎? 绎③之为贵。说而不绎,从而不改,吾末如之何也已矣。"

◎**注释** ①〔法语之言〕以礼法规则正言规劝。②〔巽与之言〕巽,恭顺。与,赞许。恭顺赞许的话。③〔绎〕推究,寻求。

◎**大意** 孔子说:"合于礼法的正言规劝,能不听从吗? 但要改正错误才是可贵的。恭顺赞许的话,听了能不高兴吗? 但要认真推究它的真意才是可贵的。只是高兴而不去推究其真意,只是表示听从而不改正错误,那我对他就没有办法了。"

◎**解读** 对正言规劝要照着去改正错误,对恭维赞扬要探究其真意,这两点,对于我们正确听取各种意见,可以有所启发。

9·24 子曰:"主忠信,毋友不如己者,过则勿惮改。"

◎**解读** 这段话重出,见1·8章。

9·25 子曰:"三军①可夺帅也,匹夫②不可夺志也。"

◎**注释** ①〔三军〕春秋时一万二千五百人为一军,三军是说其多。②〔匹夫〕平民,普通百姓。

◎**大意** 孔子说:"三军之众,可以夺去他们的主帅;匹夫立志,却是谁也夺不去的。"

◎**解读** 志,志向,指理想、信念。"匹夫不可夺志",反映了孔子对坚定的理想信念,或说个人独立人格的重视。对人,要懂得志不可夺,尊重个人志向,不强求改变；对己，要坚守己志，保持人格尊严，不受威胁利诱之所动。这也就是要坚守气节。可与8·13，15·6，15·8，18·8章参读。

9·26 子曰："衣①敝缊袍②，与衣狐貉③者立而不耻者，其由也与？'不忮不求，何用不臧④？'"子路终身诵之。子曰："是道也，何足以臧？"

◎**注释** ①〔衣〕动词，当"穿"字讲。②〔敝缊（yùn）袍〕敝，坏。缊，旧絮。③〔狐貉〕用狐和貉的皮做的裘皮衣服，是裘皮中的贵重者。④〔不忮（zhì）不求，何用不臧〕这两句引自《诗经·邶风·雄雉》。忮，害。臧，善、好。

◎**大意** 孔子说："穿着破旧的丝棉袍，与穿着狐貉皮袍的人站在一起而不以为耻的，大概只有仲由吧。'不害人，不贪求，还会有什么不好呢'？"从此子路就反复背诵这些话。孔子说："只做到这样，怎么能算够好了呢？"

◎**解读** 子路不以贫穷为耻，不贪求富贵，孔子给以赞扬。子路听后反复背诵，表现出沾沾自喜、不求进取的情绪。所以孔子又提醒他仅仅这样还是很不够的。可见孔子对弟子的循循善诱。可与4·9章参读。

9·27 子曰："岁寒，然后知松柏之后彫①也。"

◎**注释** ①〔彫〕同"凋"，凋零。
◎**大意** 孔子说："天气冷了，然后才知道松柏是最后凋零的。"
◎**解读** 孔子提出，对人要"听其言而观其行"，"视其所以，观其所由，察其所安"，又强调君子为仁，要"造次必于是，颠沛必于是"。愈是在艰难困苦的恶劣环境下，愈能考验人的品质、意志，也愈须要自觉磨炼，坚定意志。这一章以自然现象喻人，说明要在艰难困苦的环境中锻炼自己和考验一个人的品格。

9·28 子曰:"知者不惑,仁者不忧,勇者不惧。"

◎ **大意**　孔子说:"智者不迷惑,仁人不忧虑,勇士不畏惧。"
◎ **解读**　知、仁、勇,是孔子提倡的三项美德。14·30章说,这三者是君子之道。《礼记·中庸》说:"知、仁、勇,三者,天下之达德也。"

9·29 子曰:"可与共学,未可与适道①;可与适道,未可与立②;可与立,未可与权③。"

◎ **注释**　①〔适道〕志于道,追求道的意思。适,往。②〔立〕坚持道而不变。③〔权〕秤锤。这里引申为权衡轻重,按照不同情况灵活处理。
◎ **大意**　孔子说:"可以在一起学习,但未必能一起走向道;可以一起走向道,未必能一起坚持道而不变;可以一起坚持不变,未必能一起权衡轻重、灵活处事。"
◎ **解读**　这一章提出"共学""适道""立""权"这样四个层次,可以对我们为学和交友有所启发。而孔子把"权"作为最高的要求,更值得注意。由此可见孔子对于权衡轻重、灵活应用的重视。14·17,14·18,18·1,18·8章对管仲等人的评价,具体地体现了"权"的思想,可注意参读。各章都体现了"权"的思想,是其相同处;各章所说的"权"又有不同的含义,又是其不同处,也应注意。

9·30 "唐棣之华,偏其反而①。岂不尔思,室是远而②。"子曰:"未之思也,夫何远之有?"

◎ **注释**　①〔唐棣之华,偏其反而〕唐棣,花名。华,即"花"字。偏,同"翩"。反,同"翻"。都是形容花摇动的样子。②〔岂不尔思,室是远而〕诗人从前两句引出,抒发情思:不是不想念你啊,只是住得太远了。这四句是逸诗,不知出处。两个"而"字都是语助词,无意义。

◎**大意**　有一首诗说:"唐棣的花啊,翩翩地摇摆。我岂是不想念你啊,只是住得太遥远。"孔子说:"他还是没有想念呀,如果真的想念,还有什么遥远的呢?"

◎**解读**　此章没有明说所指何事,是说学习、修养、求道,还是思念亲人、情人?读者可自己设想、体会。孔子评论说:"如果真的思念,何远之有?"这句话颇有深意,值得玩味。

乡党篇第十

本篇原不分章,现依朱熹《论语集注》分为18节。(其中一节重出,所以朱熹称17节)本篇记述孔子在各种场合的容色举止,通过这些记载,可以从一个方面看到当时礼的一些具体规定和孔子生活的一些情况,感受到孔子的精神风貌。

10·1 孔子于乡党,恂恂①如也,似不能言者。其在宗庙、朝廷,便便②言,唯谨尔。

◎**注释** ①〔恂恂〕恭顺貌。②〔便便〕辩,善于辞令。
◎**大意** 孔子在乡里间显得很温顺,像是不会说话的样子。他在宗庙里、朝堂上却很善于言辞,只是很谨慎罢了。

10·2 朝,与下大夫言,侃侃①如也;与上大夫言,訚訚②如也。君在,踧踖③如也,与与④如也。

◎**注释** ①〔侃侃〕温和快乐的样子。②〔訚訚(yín)〕訚,正直、和颜悦色而又能直言诤辩。③〔踧踖(cù jí)〕恭敬而不安的样子。④〔与与〕威仪适中的样子。
◎**大意** 上朝的时候,同下大夫说话,温和而快乐的样子;同上大夫说话,和颜悦色而又直言诤辩。君主在的时候,恭敬而不安,但又仪态适中。

10·3 君召使摈①,色勃如②也,足躩③如也。揖所与立,左右手,衣前后④,襜⑤如也。趋⑥进,翼如也。宾退,必复命曰:

"宾不顾矣。"

◎**注释** ①〔摈〕同"傧",接待宾客。②〔色勃如〕脸色庄重。③〔躩(jué)〕盘旋的样子。形容古时一种回旋周转、曲折进退的礼节。④〔衣前后〕衣服随着作揖时身体的俯仰而前后摆动。⑤〔襜(chān)〕整齐。⑥〔趋〕快步走。

◎**大意** 国君召孔子去接待宾客,孔子总是脸色庄重,脚步盘旋。向和他一起站立迎宾的人作揖,向左向右地拱手,衣服前后摆动,却整齐不乱。快步向前的时候,像鸟儿展开两翅一般。宾客走后,一定向国君回报说:"客人已经不回头了。"

10·4 入公门,鞠躬如①也,如不容。立不中门,行不履阈②。过位,色勃如也,足躩如也,其言似不足者。摄齐③升堂,鞠躬如也,屏气似不息者。出,降一等④,逞⑤颜色,怡怡如也。没阶⑥,趋进,翼如也。复其位,踧踖如也。

◎**注释** ①〔鞠躬如〕鞠躬有两种解释:一、作曲身讲;二、谨慎恭敬的样子。如解释为曲身,依语法不应加"如"字,所以本书认为第二种解释较好。②〔阈(yù)〕门槛。③〔摄齐(zī)〕摄,提起。齐,衣服的下摆。④〔降一等〕走下一级台阶。⑤〔逞〕舒展。⑥〔没阶〕走完台阶。

◎**大意** 孔子进朝廷的门,谨慎而恭敬,好像没有他的容身之地。不站在门中间,走路也不踩门槛。经过国君的座位,就面色庄重,脚步盘旋,说话好像中气不足一样。提起衣服下摆上堂的时候,恭敬谨慎,憋住气像不呼吸一样。退出来,走下一级台阶,脸色便舒展了,怡然自得的样子。下完台阶快步向前的时候,像鸟儿展开翅膀一样。回到自己的位置上,恭敬而不安。

10·5 执圭①,鞠躬如也,如不胜。上如揖,下如授。勃如战色②,足蹜蹜如有循③。享礼④,有容色⑤。私觌⑥,愉愉如也。

◎**注释** ①〔圭〕一种玉器。出使别国,大夫拿着圭作为代表君主的凭信。②〔战色〕战战兢兢的样子。③〔蹜(sù)蹜如有循〕脚步密而小,像是沿着脚下的东西行走。④〔享礼〕使臣向别国君主献礼的仪式。⑤〔有容色〕满脸和气。⑥〔私觌(dí)〕会见。私觌,以私礼会见。

◎**大意** 孔子出使别国,拿着圭,恭敬谨慎,像是举不起来的样子。举在上面时像是作揖,放在下面时像是递东西给人。面色战战兢兢,脚步细密紧凑。到献礼物的时候,满脸和气。和国君进行私人会见的时候,就更轻松愉快了。

10·6 君子不以绀緅饰①,红紫不以为亵服②。当暑,袗绤绤③,必表而出之④。缁衣,羔裘⑤;素衣,麑⑥裘;黄衣,狐裘。亵裘长,短右袂⑦。必有寝衣⑧,长一身有半。狐貉之厚以居⑨。去丧,无所不佩。非帷裳⑩,必杀⑪之。羔裘玄冠不以吊⑫。吉月⑬,必朝服而朝。

◎**注释** ①〔绀緅(gàn zōu)饰〕绀,深青色中透红的颜色。緅,黑中透红的颜色。饰是衣服的镶边。绀緅是斋戒和祭祀时礼服用的颜色,所以不用来镶边。②〔红紫不以为亵(xiè)服〕亵服,平常家居穿的衣服,即便服。红紫古时认为不是正色,便服不用红紫,可见更不用于正服。③〔袗绤绤(zhěn chī xì)〕袗,单衣。绤,细葛布。绤,粗葛布。④〔表而出之〕先穿内衣,把葛衣穿在外面。⑤〔缁(zī)衣,羔裘〕缁,黑色。羔裘,羔皮衣。古代羔裘都是用黑羊皮,毛皮向外。"缁衣,羔裘"及下面两句,是说罩衣的颜色要与裘皮衣服的颜色相称。⑥〔麑(ní)〕小鹿,白色。⑦〔短右袂(mèi)〕袂,袖子。右袖短一点,是为了便于做事。⑧〔寝衣〕睡衣。一说是小被。⑨〔居〕坐。⑩〔帷裳〕上朝和祭祀时穿的礼服,用整幅布制作,不加裁剪,腰间缝成褶子。⑪〔杀〕裁去。⑫〔羔裘玄冠不以吊〕古代丧事用白色,黑色用于吉服。羔裘玄冠是黑色,因此不用于丧事。⑬〔吉月〕有几种解释:一、每月初一;二、应该做"告月",每月月底负责历法的官员把下月初一报告给国君;三、正月初一。本书取第三种解释。

◎**大意** 君子不用深青透红或黑中透红的布做衣服的镶边,不用红色紫色的布做日常穿的便服。夏天穿葛布单衣，但一定套在内衣外面。黑色的罩衣配紫羔皮衣，白色的罩衣配麑裘衣，黄色的罩衣配狐裘衣。在家穿的皮衣做得长一些，右边的袖子短一些。睡觉一定要有睡衣，有一身半长。用狐貉的厚毛皮做坐垫。除了服丧期间以外，衣带上佩带各种装饰品。不是上朝和祭祀用的帷裳，一定要剪裁。紫羔衣和黑色帽子都不在吊丧时穿戴。大年初一，一定要穿着上朝的礼服去朝见君主。

10·7 齐①，必有明衣②，布。齐必变食③，居必迁坐④。

◎**注释** ①〔齐〕同"斋"。②〔明衣〕斋前沐浴后穿的浴衣。③〔变食〕改变平常的饮食，如不饮酒，不吃葱蒜等。④〔迁坐〕改换卧室。古时斋戒一定要迁到"外寝"，不与妻同房。

◎**大意** 斋戒沐浴的时候，一定有浴衣，用布做。斋戒时一定改变平常饮食，迁移卧室。

10·8 食不厌精，脍①不厌细。食饐而餲②，鱼馁而肉败③，不食。色恶不食，臭恶不食，失饪不食，不时④不食，割不正⑤不食，不得其酱⑥不食。肉虽多，不使胜食气⑦。唯酒无量，不及乱⑧。沽酒市脯不食。不撤姜食，不多食。祭于公，不宿肉⑨，祭肉⑩不出三日。出三日，不食之矣。食不语，寝不言。虽疏食菜羹，瓜祭⑪，必齐⑫如也。

◎**注释** ①〔脍（kuài）〕细切的鱼、肉。②〔饐（yì）而餲（ài）〕食物经久而腐败变味。③〔馁、败〕鱼腐烂叫馁，肉腐烂叫败。④〔不时〕有两种解释：一、不合时令的食物，五谷不成，果实未熟之类；二、不是吃饭的时候。⑤〔割不正〕有两种解释：一、指宰杀牛羊时没有按规定的方法割截分解；二、肉切得不方正。本书取前者。⑥〔不得其酱〕吃不同的肉用不同的酱，用酱不适合就叫"不得其酱"。⑦〔食气〕指饭食。⑧〔乱〕指酒醉。⑨〔不宿肉〕古时大夫助国君祭祀，祭祀完毕后可以得到国君赐的祭肉。但天子诸侯的祭礼要进行两天。这样在得到赐肉时，肉已经放了两三天，不能再过夜了。⑩〔祭肉〕这是指家中祭祀用的肉。⑪〔瓜祭〕有的本子作"必祭"。古人临吃前把席上各种食品拿出少许，放在食具之间，以祭祀最早发明饮食的人，表示不忘本。⑫〔齐〕严肃恭敬的样子。

◎**大意** 粮食不嫌舂得精，鱼和肉不嫌切得细。食物腐败变味了，鱼和肉腐烂了，都不吃。食物颜色变了不吃，气味变了不吃，烹调不当不吃。不合时令的东西不吃，没照正规方法割的肉不吃，没有适当的调味品不吃。肉虽然多，但吃的量不超过主食。只有酒没有限量，但不喝醉。从市上买的酒和肉干不吃。吃完饭后，不撤掉姜碟，但也不多吃。参加国君祭祀得到的肉，不留到第二天。自己家里的祭肉，存放不超过三天。超过三天，就不吃了。吃饭的时候不交谈，睡觉的时候不说话。即使吃的是粗米饭、菜汤，吃饭之前也要祭一祭，而且表情要严肃恭敬。

10·9 席不正，不坐。

◎**大意** 席子放得不合礼制，不坐。

10·10 乡人饮酒①，杖者②出，斯出矣。乡人傩③，朝服而立于阼阶④。

◎**注释** ①〔乡人饮酒〕指当时的乡饮酒礼。②〔杖者〕指老人。③〔傩（nuó）〕古代一种迎神以驱逐疫鬼的风俗。④〔阼（zuò）阶〕阼，东面的台阶，是主人迎送宾客时站立的地方。
◎**大意** 行乡饮酒礼之后，等老年人都出去之后，自己这才出去。乡里人迎神驱鬼，就穿上朝服站在东边的台阶上。

10·11　问①人于他邦，再拜而送之②。康子馈药，拜而受之。曰："丘未达，不敢尝。"

◎**注释**　①〔问〕问候，古代问候都致送礼物。②〔再拜而送之〕拜送使者。
◎**大意**　托人向别国友人问候，向受托者拜两次给他送行。季康子送药给孔子，孔子拜谢之后接受了，说："我还不了解这药的药性，不敢尝。"

10·12　厩焚。子退朝，曰："伤人乎？"不问马。

◎**大意**　马棚失火了。孔子退朝回来，说："伤人了吗？"不问马的情况。
◎**解读**　从这一章可见孔子仁者爱人的胸怀。

10·13　君赐食，必正席先尝之。君赐腥①，必熟而荐②之。君赐生，必畜之。侍食于君，君祭，先饭③。疾，君视之，东首④，加朝服，拖绅⑤。君命召，不俟驾行矣。

◎**注释**　①〔腥〕生肉。②〔荐〕供奉先祖。③〔先饭〕古时君主吃饭要有人先尝一尝，君主才吃。先饭就是先吃，表示自己不敢以客人自居，而是像给君主尝食一样。④〔东首〕这是说卧病在床时的情形，东首就是头朝东。⑤〔加朝服，拖绅〕在身上加盖朝服和大带。绅是束在腰间的大带。
◎**大意**　国君赐给吃的，一定要摆正席子先尝一尝。国君赐给生肉，一定要烧熟了供奉祖先。国君赐给活物，一定要饲养起来。侍奉君主一起吃饭，在国君举行饭前祭礼的时候，自己先吃饭，替君主尝一尝。孔子病了，国君来探视，他头朝东躺着，身上盖着朝服，拖着大带。国君召唤，不等驾好车就先步行走去。

10·14　入太庙，每事问。

◎**解读** 此一条重出，见3·15章。

10·15 朋友死，无所归，曰："于我殡^①。"朋友之馈，虽车马，非祭肉，不拜。

◎**注释** ①〔殡〕停放灵柩和埋葬都可以叫殡。这里泛指丧葬事务。
◎**大意** 朋友死了，没有亲属负责敛埋，孔子说："丧事由我来办吧。"朋友馈赠物品，即使送的是车马，只要不是祭肉，孔子接受的时候都不拜。

10·16 寝不尸，居不容^①。见齐衰^②者，虽狎，必变。见冕者与瞽者，虽亵，必以貌。凶服者式^③之。式负版者^④。有盛馔，必变色而作。迅雷风烈必变。

◎**注释** ①〔居不容〕有两种解释：一、居家不必像祭祀或会见宾客时那样注重仪容；二、"容"字应为"客"，居家可以不像会客或做客时那样庄敬。②〔齐衰（zī cuī）〕丧服。③〔式〕同"轼"，古代车辆前部的横木。这里作动词用，俯身伏在轼上的意思，是表示敬意的礼节。④〔负版者〕有两种解释：一、指背负国家图籍的人；二、负版应作"负贩"，即做买卖的人，虽然低贱，也要伏轼以表示敬意。本书取第一种意思。
◎**大意** 睡觉时不像死尸那样直挺挺地躺着，平时在家不像接待宾客或做客时那样严肃庄重。见到穿丧服的人，即使是很亲近的，也一定改变表情，表示哀悼。见到戴礼帽的人和盲人，即使是很熟悉的，也一定有礼貌。在车上遇到穿丧服的人，便俯身伏在车前横木上。遇见背负国家图籍的人，也这样做。有丰盛的菜肴，一定改变神色，站起来致谢。遇见迅雷大风，一定改变神色。

10·17 升车，必正立，执绥^①。车中不内顾^②，不疾言^③，不亲指。

◎**注释** ①〔绥〕拉着它上车的带子。②〔内顾〕回头看。③〔疾言〕有两种解释：一、很快地讲话；二、高声说话。本书取前解。

◎**大意** 上车时，一定先端正地站好，拉着扶手带上车。在车里不回头看，不很快地说话，不用手指指点点。

10·18 色斯举矣①，翔而后集。曰："山梁雌雉，时哉时哉！"子路共②之，三嗅③而作。

◎**注释** ①〔色斯举矣〕这句话是说鸟看见人颜色不善就飞起来。举，起的意思。②〔共〕同"拱"。③〔嗅〕当是"狊"字。狊（jú），鸟张开两翅。唐代石经《论语》中作"戛"字，鸟长叫声。

◎**大意** 雉见到人们面色不善就起身飞了，盘旋飞翔了一阵，又都停在了一处。孔子说："这些山梁上的雌雉，也懂得时宜呀！懂得时宜呀！"子路听了向它们拱拱手，那雉振振翅膀飞走了。

◎**解读** 此章难解，不同解释很多，却没有大家满意的。这里的"大意"是依据《论语新解》的译文。

先进篇第十一

11·1 子曰:"先进①于礼乐,野人也;后进②于礼乐,君子也。如用之,则吾从先进。"

◎**注释** ①②〔先进、后进〕有多种解释。这里介绍两种:一、指孔子学生中的前辈、后辈。前辈如颜渊、闵子骞、仲弓、子路等人,后辈如子游、子夏等。全章大意是说,先进的一辈在礼乐方面比较质朴,像是朴野之人;后进的一辈则于礼乐的规定上讲得较为细密,"文胜其质",像是君子。在这两种人中孔子宁要质朴的先进一辈。二、指先学习礼乐然后做官的人与先当了官然后学习礼乐的人。前者是平民,所以称野人;后者是贵族世家,所以是君子。在用人时孔子主张用前一种人。野人:乡野平民或朴野粗鲁的人。本书采纳后一种说法。

◎**大意** 孔子说:"先学习礼乐而后做官的,是原来没有爵禄的平民;先当了官再学习礼乐的,是原来就有爵禄的君子。如果要选用人才,那我主张任用先学习礼乐然后做事的人。"

◎**解读** 本章体现了孔子对礼乐的重视,这是儒家思想及孔子教育理念的重要组成部分。

11·2 子曰:"从我于陈、蔡①者,皆不及门②也。"德行:颜渊、闵子骞、冉伯牛、仲弓。言语:宰我、子贡。政事:冉有、季路。文学③:子游、子夏。

◎**注释** ①〔从我于陈、蔡〕陈、蔡,国名。孔子曾在从陈去蔡的途中,被陈、蔡人围困,以至绝粮。当时有不少学生跟着他。②〔不及门〕有两种解释:一、及门指及仕进之门，即当官；二、不在门，即不在孔子身边。③〔文学〕与前面所说的"德行""言语""政事"并称"孔门四科"。德行指道德修养高尚，言语指善于辞令和外交应对，文学指通晓《诗》《书》《礼》《乐》等古代文献，政事指擅长处理政事。这段话从这四个方面分别说明了十位学生的特长。

◎**大意** 孔子说："在陈、蔡之间遭难时跟随我的人，现在都不在我这里了。"德行好的有颜渊、闵子骞、冉伯牛、仲弓。善于辞令的有宰我、子贡。擅长政事的有冉有、季路。通晓文献知识的有子游、子夏。

◎**解读** 孔子将十名弟子分列四科，指出其各自所长，由此可见孔子因材施教的教育理念。孔子的教育是全面的成人的教育，以培养君子、成人为目标。四科的分类，并不是像现代学科分类那样，是四项分别的专业，"四科"其实是四项普遍的要求。德行贯穿于一切，言语、政事、文学的能力也是所有弟子必需具备的。十名弟子分列四科，只是指出他们各自的特长。孔子的教育，既以全面发展为目标，又能发挥弟子的个性、特长；孔子的弟子，既能成为普遍意义上的有德君子，又能各有专长。这种教育理念值得认真研究、继承和发扬。

可与2·12"君子不器"，14·13"子路问成人"章参读。

11·3 子曰："回也非助我者也，于吾言无所不说。"

◎**大意** 孔子说："颜回不是对我有所帮助的人，他对我说的话没有不心悦诚服的。"

◎**解读** "助我"，可以联系3·8章来理解。子夏问诗，孔子答后子夏又说"礼后乎？"孔子受到启发，说"起予者商也"。孔子认为，弟子能在老师面前提出自己的问题和体会，可以达到教学相长的效果。

11·4 子曰："孝哉闵子骞！人不间①于其父母昆②弟之言。"

◎**注释** ①〔间〕非难、批评的意思。见8·21章注释①。②〔昆〕兄。
◎**大意** 孔子说："闵子骞真是孝啊！别人对于他父母兄弟称赞他的话从来没有

什么异议。"

◎**解读** 对本章的内容有两种解释。一说，闵子的父母兄弟都称赞闵子孝，外人都没有不同意见；一说，做到他人对父母兄弟都没有非难和批评，是孝的要求。闵子做到了这一点，是大孝。

11·5 南容三复白圭①，孔子以其兄之子妻之。

◎**注释** ①〔南容三复白圭〕白圭，指《诗经·大雅·抑》的诗句："白圭之玷，尚可磨也；斯言之玷，不可为也。"意思是白玉上的污点还可以磨掉，言论中有毛病就没法挽回了，告诫人们言语要谨慎。南容读到这里，再三诵读这几句话，说明他也慎于言语。
◎**大意** 南容反复诵读"白圭之玷，尚可磨也；斯言之玷，不可为也"的诗句，孔子把侄女嫁给了他。
◎**解读** 这一章反映了孔子对"慎言"的重视。

11·6 季康子问："弟子孰为好学？"孔子对曰："有颜回者好学，不幸短命死矣。今也则亡。"

◎**大意** 季康子问："您的学生中谁最好学？"孔子回答说："有个叫颜回的好学，不幸短命死了。现在没有了。"
◎**解读** 鲁哀公也问过同样的问题，孔子的回答较为详细。见6·2章。

11·7 颜渊死，颜路①请子之车以为之椁②。子曰："才不才，亦各言其子③也。鲤④也死，有棺而无椁。吾不徒行以为之椁。以吾从大夫之后，不可徒行也。"

◎**注释** ①〔颜路〕颜渊的父亲，名无繇（yóu），亦孔子的学生。②〔椁（guǒ）〕外棺。③〔才不才，亦各言其子〕才，有才华。不才，无才华。分指颜渊和孔鲤。这句话的意思是，不管颜渊、孔鲤有才无才，总还各是你我的儿子。④〔鲤〕孔子的儿子，字伯鱼。

◎**大意** 颜渊死了，颜路请求孔子把车子卖掉给颜渊做一个椁。孔子说："不管有才能还是没才能，总还是自己的儿子。孔鲤死的时候，也是有棺无椁。我之所以没有卖了车来给他买椁，以后依靠步行，是因为我还要跟随在大夫之后，是不可以步行的。"

◎**解读** 孔子因身为大夫不可步行，而不给儿子孔鲤和弟子颜渊办椁，反映了孔子守礼的态度。

11·8 颜渊死，子曰："噫！天丧予！天丧予！"

◎**大意** 颜渊死了，孔子说："唉！是天要我的命呀！是天要我的命呀！"

11·9 颜渊死，子哭之恸①。从者曰："子恸矣。"曰："有恸乎？非夫人②之为恸而谁为？"

◎**注释** ①〔恸（tòng）〕哀伤过度。②〔夫（fú）人〕夫，指示代词，这。夫人，指颜渊。

◎**大意** 颜渊死了，孔子哭得极其悲痛。跟随的人说："您悲痛过度了。"孔子说："我是悲痛过度了吗？我不为他而悲痛欲绝，还能为了谁呢？"

11·10 颜渊死，门人欲厚葬之。子曰："不可。"门人厚葬之。子曰："回也视予犹父也，予不得视犹子也。非我也，夫①二三子也。"

◎**注释** ①〔夫（fú）〕语助词。

◎**大意** 颜渊死了，孔子的学生们想要厚葬他。孔子说："不可以。"学生们还是厚葬了颜渊。孔子说："颜回看待我就像父亲一样，而我却不能像对儿子那样看待他。不是我要这样做的，是那些学生们这样做的呀。"

◎**解读** 以上四章都讲颜渊之死，从中可见孔子和弟子们对颜渊的深厚情意。而孔子不同意卖车置椁和厚葬，则反映了孔子严守礼制的态度。

11·11 季路问事鬼神。子曰："未能事人，焉能事鬼？"曰："敢问死。"曰："未知生，焉知死。"

◎**大意** 子路问怎样奉事鬼神。孔子说："还没有能奉事人，怎么能奉事鬼呢？"子路说："请问死是怎么一回事？"孔子说："对生的道理还不知道，怎么能知道死呢？"

◎**解读** 生死、鬼神是人生面对的重要问题。本章孔子说，不懂得怎样对待人，就不能懂得怎样对待鬼神；不懂得生，就不懂得死；懂得了生的道理，也就能懂得死。立足现实，面对人生，探求人生之道，回答现实人生的各种问题，建设理想的社会，实现理想人生，是儒家的基本追求。在这个问题上，中西文化间存在着较大差异，值得注意。

旧注对此章也有不同理解和解释，要注意认真领会。可与6·20，7·20章参读。

11·12 闵子侍侧，訚訚①如也；子路，行行②如也；冉有、子贡，侃侃③如也。子乐。"若由也，不得其死然。"

◎**注释** ①③〔訚（yín）訚、侃（kǎn）侃〕参见10·2章注释。②〔行（hàng）行〕刚强的样子。

◎**大意** 闵子骞侍立在孔子身旁，一派恭敬正直的样子；子路是一派刚强的样子；冉有、子贡是一派温和快乐的样子。孔子高兴了。但孔子又说："像仲由这样，怕是会不得好死的。"

11·13 鲁人为长府①。闵子骞曰:"仍旧贯②,如之何?何必改作?"子曰:"夫人不言,言必有中。"

◎**注释** ①〔长府〕国家储藏财物或文书的地方叫府。长府是府名。②〔仍旧贯〕贯,事,例。仍旧贯,依照旧制的意思。

◎**大意** 鲁国要改建长府。闵子骞说:"还照老样子怎么样?何必改建呢?"孔子说:"这个人不说话则已,一说话必然是中肯的。"

◎**解读** 孔子赞许闵子骞"仍旧贯"的看法,体现了他对周礼的坚守。

11·14 子曰:"由之瑟①,奚为于丘之门?"门人不敬子路。子曰:"由也升堂②矣,未入于室③也。"

◎**注释** ①〔瑟〕古代乐器。这里是指子路弹瑟的音调。②③〔升堂、入室〕比喻学习程度的深浅。堂是正厅,室是内室。已升堂而未入室,比喻学问已经做得不错,但还不精深。

◎**大意** 孔子说:"仲由弹瑟的音调,哪里是出自我的门下?"孔子的学生听了因此就不敬子路。孔子说:"仲由在学习上是已经升堂了,只是还没有入室罢了。"

◎**解读** 孔子批评子路弹瑟的音调,门人因而不敬子路,孔子又作解释。孔子和门人的态度,都值得玩味。

11·15 子贡问:"师与商①也孰贤?"子曰:"师也过,商也不及。"曰:"然则师愈与?"子曰:"过犹不及。"

◎**注释** ①〔师与商〕师,颛孙师,指子张。商,卜商,指子夏。两人都是孔子的弟子。

◎**大意** 子贡问:"颛孙师与卜商二人谁更好一些?"孔子说:"颛孙师常有些过头,卜商常有些不够。"子贡说:"那么是颛孙师好一些了?"孔子说:"过头和不够都是一样的。"

◎**解读** 6·27章说："中庸之为德也，其至矣乎！""过犹不及"是对中庸的具体说明。朱熹注《中庸》说，中就是"不偏不倚，无过不及"，是对这一思想的正面表述。"无过不及"，就是适度。只有保持适度，既不过度也不不及，才能达到和谐，促进事物的正常发展。从这一点上看，过与不及都不利于事物的和谐、发展。这是极重要的思想。常见的片面性，走极端，左右摇摆，从一个极端跳向另一个极端，就是不懂得"过犹不及""无过无不及"的道理的结果。做任何事，最重要的就是要学会把握中道，即把握事物的度，做到无过无不及。可与有关章节参读。上章门人因孔子的批评而不敬子路，就是对孔子的批评作了过度的理解，孔子的解释正是帮助门人把握正确的度。3·20章讲"乐而不淫，哀而不伤"，也是说哀乐不要过分，而要适度。

11·16 季氏富于周公，而求也为之聚敛^①而附益之。子曰："非吾徒也，小子鸣鼓而攻之^②可也。"

◎**注释** ①〔聚敛（liǎn）〕收集。这里指冉有增加赋税为季氏搜刮财富。②〔鸣鼓而攻之〕公开宣布其罪行并指责批评的意思。

◎**大意** 季氏的富有超过了周公，而冉求还帮他搜刮赋税来增加他的钱财。孔子说："他不是我的学生了，你们可以打着鼓去声讨他呀。"

◎**解读** 本章可与7·15章参读，了解孔子对不义之财的态度。对己而言，"不义而富且贵，于我如浮云"；对敛不义之财者，深恶痛绝，甚至认为弟子们"鸣鼓而攻之可也"。

11·17 柴^①也愚^②，参也鲁^③，师也辟^④，由也喭^⑤。

◎**注释** ①〔柴〕高柴，字子羔，孔子的学生。②〔愚〕《论语集解》注："愚直之愚"。指愚而耿直。③〔鲁〕迟钝。④〔辟〕有两种解释：一、指偏、邪；二、指只注意外表形式而内心不诚实。本书取前一种解释。⑤〔喭（yàn）〕鲁莽，粗鲁。也有的解释为刚猛。

◎**大意** 高柴愚直，曾参迟钝，颛孙师偏激，仲由鲁莽。

11·18 子曰："回也其庶①乎，屡空②。赐不受命，而货殖焉③，亿④则屡中。"

◎**注释** ①〔庶〕庶几，相近。这里是指颜渊的学问和道德接近完善。②〔空〕匮乏、穷困。③〔赐不受命，而货殖焉〕对"命"字有不同解释：一、天命；二、禄命，不受命就是不做官；三、古代经商都要受命于官，子贡则是没有受命于官而自己去做买卖，所以叫不受命而货殖。本书取第三种解释。货殖，做买卖。④〔亿〕同"臆"，猜度。

◎**大意** 孔子说："颜回已经差不多接近于道了吧，但他常在穷困中。端木赐不安于命而去做买卖，然而货财不断增加，他猜测行情则常能猜中。"

◎**解读** 这一章讲孔子对弟子的评价，可与11·2章参读。

11·19 子张问善人①之道。子曰："不践迹②，亦不入于室③。"

◎**注释** ①〔善人〕指本性善而没有学习的人。②〔践迹〕照着别人的脚印走。践，依循。③〔入于室〕比喻学问、修养达到了精深的境界，参看11·14章注释。

◎**大意** 子张问善人的准则。孔子说："善人不踩着别人的脚印走，但学问、修养也不能到家。"

◎**解读** 善人不学，不能登堂入室；本质虽善，也不能不学。

11·20 子曰："论笃是与①，君子者乎？色庄者乎？"

◎**注释** ①〔论笃是与〕论，言论。笃，笃实。与，赞许。对说话笃实表示赞许。

◎**大意** 孔子说："听到人议论笃实就表示赞许，哪知道他真是君子，还是只是外表庄严呢？"

◎**解读** 可与5·9章"听其言而观其行"参读。

11·21 子路问："闻斯行诸？"子曰："有父兄在，如之何其闻斯行之？"冉有问："闻斯行诸？"子曰："闻斯行之。"公西华曰："由也问：'闻斯行诸'，子曰：'有父兄在'；求也问闻斯行诸，子曰：'闻斯行之'。赤也惑，敢问。"子曰："求也退①，故进之；由也兼人②，故退之。"

◎**注释** ①〔求也退〕冉有性懦弱，遇事退缩不前。②〔由也兼人〕子路好勇过人。
◎**大意** 子路问："听到了就去做吗？"孔子说："父兄还在，怎么能听到就做呢？"冉有问："听到了就去做吗？"孔子说："听到了就要去做。"公西华说："仲由问听到了就去做吗，您回答'有父兄健在'；冉求问听到了就去做吗，您回答'听到了就要去做'。我很困惑了，想大胆地问个明白。"孔子说："冉求总是退缩，所以我鼓励他；仲由好勇过人，所以我约束他。"
◎**解读** 对子路和冉求所问的同一个问题，孔子针对他们的不同情况作了不同的回答，生动地反映出孔子教育方法的一个特点——因材施教。怎样真正做到这一点，今人"其犹病诸"，至今也还是教师们不断探索又深感困惑的问题，应当在实践中不断总结。

11·22 子畏于匡，颜渊后。子曰："吾以女为死矣。"曰："子在，回何敢死？"

◎**大意** 孔子在匡地被围困，颜渊与孔子失散了。后来见到孔子，孔子说："我以为你已经死了呢。"颜渊说："夫子还在，我哪敢轻易去死呢？"
◎**解读** 古时弟子对老师就像儿子对父亲，父在，子不敢轻易去死；曾子说士应"仁以为己任，死而后已"。明道传道的责任在，也不敢轻易去死。

11·23 季子然①问："仲由、冉求可谓大臣与？"子曰："吾以子为异之问，曾②由与求之问。所谓大臣者，以道事君，不可则止。今由与求也，可谓具臣③矣。"曰："然则从之者与？"子曰："弑父与君，亦不从也。"

◎**注释** ①〔季子然〕鲁国大夫季氏的子弟。当时仲由、冉求都是季氏的家臣，季子然自以为得人，所以有后边的问题。②〔曾〕乃。③〔具臣〕只是备位充数的臣子。

◎**大意** 季子然问："仲由和冉求可以称得上大臣吗？"孔子说："我以为你会问别的什么问题，原来你只是问仲由和冉求呀。所谓大臣，应该按照道的要求来奉事君主，如果行不通就辞职不干。现在仲由和冉求，只能算是充数的臣子罢了。"季子然说："那么他们是一切顺从君主的人吗？"孔子说："如果要杀父弑君，他们也不会听从的。"

◎**解读** 孔子提出臣事君的原则是"以道事君，不可则止"。即使是"具臣"，对君也有所不从。14·23章还说要"勿欺也，而犯之"。联系到孔子对君提出了"帅以正""使臣以礼"的要求，又批评了以无人违抗自己为乐的思想（13·15），可见，在君臣关系上，孔子也是以道和礼作为准绳，要求君和臣都遵守道和礼的规范，而不主张臣对君无条件地绝对服从。3·19章说"臣事君以忠"，也应从这一基本思想来理解，"事君以忠"是"以道事君"的一个方面，与后世提倡的对君绝对服从的"愚忠"是不同的。关于事君，《论语》里还谈到"事君尽礼"（3·18），"事君，敬其事而后其食"（15·37），可以参读。

11·24 子路使子羔为费宰。子曰："贼夫人之子①。"子路曰："有民人焉，有社稷②焉，何必读书，然后为学？"子曰："是故恶夫佞者。"

◎**注释** ①〔贼夫人之子〕贼，害。夫人之子指子羔。孔子认为，子羔没有经过很好的学习就去从政，这样会害了他自己。②〔社稷〕社，土神。稷，谷神。两神共祀于社稷坛。

◎ **大意**　子路让子羔去做费邑的地方官。孔子说："这是害了这个年轻人了。"子路说："那里有老百姓，有社稷，治理百姓和祭祀神灵都是学习，为什么一定要读书才算学习呢？"孔子说："所以我厌恶那种用花言巧语狡辩的人。"

◎ **解读**　本章也是讲读书的重要性。力行实践也是学，但不可代替读书。

11·25　子路、曾皙①、冉有、公西华侍坐。子曰："以吾一日长乎尔，毋吾以也②！居③则曰：'不吾知也！'如或知尔，则何以哉④？"子路率尔⑤而对曰："千乘之国，摄乎大国之间⑥，加之以师旅，因之以饥馑，由也为之，比及⑦三年，可使有勇，且知方也⑧。"夫子哂⑨之。"求，尔何如？"对曰："方六七十⑩，如⑪五六十，求也为之，比及三年，可使足民。如其礼乐，以俟君子。""赤，尔何如？"对曰："非曰能之，愿学焉。宗庙之事⑫，如会同⑬，端章甫⑭，愿为小相⑮焉。""点，尔何如？"鼓瑟希⑯，铿尔，舍瑟而作⑰，对曰："异乎三子者之撰。"子曰："何伤乎？亦各言其志也。"曰："莫⑱春者，春服既成，冠者⑲五六人，童子六七人，浴乎沂⑳，风乎舞雩㉑，咏而归。"夫子喟然叹曰："吾与点也！"三子者出，曾皙后。曾皙曰："夫三子者之言何如？"子曰："亦各言其志也已矣。"曰："夫子何哂由也？"曰："为国以礼。其言不让，是故哂之。""唯㉒求则非邦也与？""安见方六七十如五六十而非邦也者？""唯赤则非邦也与？""宗庙会同，非诸侯而何？赤也为之小，孰能为之大？"

◎ **注释**　①〔曾皙（xī）〕名点，曾参的父亲，也是孔子的学生。②〔以吾一日长乎尔，毋吾以也〕虽然我年龄比你们稍长一些，不要因为我年长而不敢说话。③〔居〕平日。④〔则何以哉〕何以，即何以为用的意思。⑤〔率尔〕轻率，急忙。⑥〔摄乎大国之间〕夹在大国之间。摄，迫。⑦〔比（bì）及〕等到。⑧〔且知方也〕方，方向。这里指礼义。⑨〔哂（shěn）〕微笑。⑩〔方六七十〕纵横各六七十里，指小国。⑪〔如〕或者。⑫〔宗庙之事〕指祭祀。⑬〔会同〕诸侯会盟。⑭〔端章甫〕端，玄端，衣名。章甫，帽名。两者都是古代的礼服。⑮〔相〕赞礼的人。⑯〔希〕同"稀"。⑰〔作〕站起来。⑱〔莫〕同"暮"。⑲〔冠者〕成年人。古人年二十岁行冠礼，表示已成年。⑳〔浴乎沂〕浴，盥濯，就水边洗头面手足。沂，水名。㉑〔舞雩（yú）〕地名，祭天求雨的地方。㉒〔唯〕语气词，无意义。

◎**大意** 子路、曾晳、冉有、公西华陪孔子坐着。孔子说："我年龄比你们大一点，不要因为我年长而不敢说。你们平时常说别人不了解自己，如果有人了解了你们，你们怎么去做呢？"子路轻率地答道："一个有一千辆兵车的国家，夹在大国之间，大国军队常来侵犯，加上国内又闹饥荒，让我去治理，三年以后，就可以使百姓勇敢，并且懂得礼义。"孔子微微一笑。问："冉求，你怎么样？"冉求答道："国土纵横六七十里或五六十里的小国，让我去治理，三年以后，就可以使百姓丰衣足食，至于礼乐教化，就要等君子来施行了。"孔子又问："公西赤，你怎么样？"公西华答道："我不敢说一定能够做到，只是愿意学习罢了。宗庙祭祀或者诸侯会盟，我愿意穿着礼服，戴着礼帽，做一个赞礼的小相。"孔子又问："曾点，你怎么样？"曾晳正在弹瑟，他逐渐放慢声调，接着铿的一声，放下瑟站起来，回答道："我想的和他们三人讲的不同。"孔子说："那有什么关系呢？也就是各人讲自己的志向而已。"曾晳说："暮春三月，已经穿上春装的时节，约上五六个成年人，六七个童子，一起到沂水边洗洗澡，到舞雩台吹吹风，一路唱着歌走回来。"孔子长叹一声说："我赞成曾点的想法呀！"子路、冉有、公西华出去了，曾晳留在后面，问孔子道："他们三人的话怎么样呢？"孔子说："也就是各人讲自己的志向罢了。"曾晳说："夫子为什么要笑仲由呢？"孔子说："治国要讲礼让，他讲话不谦让，所以我笑他。"曾晳说："那么是不是冉求讲的不是治理国家呢？"孔子说："哪里有纵横六七十里或五六十里的土地还不是一个国家的呢？"曾晳又说："那么是不是公西赤讲的不是治国呢？"孔子说："宗庙祭祀和诸侯会盟，这不是诸侯的事又是什么？像赤这样的人如果只能做一个小相，那谁又能做大相呢？"

◎**解读** 孔子与四位弟子谈志向，对于子路、冉求、公西华所说，孔子未作评论，唯独表示了对曾皙的赞许。对曾皙所说的一段话，历来有不同的理解和解释：一说曾点"知时而不求为政"，因此得到了孔子的赞许；一说曾点志向只在"即其所居之位，乐其日用之常"，无志于社会民生，等等。

对于上述观点，要全面理解，孔子讲知命，也就是知时。但不是"不求为政"。孔子周游列国，未尝放弃过为政行道的努力，以至于被人称为"知其不可而为之"。

清代张履祥《备忘录》说，四人志向反映着为政的先后次序，曾皙所说反映了尧舜禹三代治世"化行俗美，民生和乐"的景象，这和孔子向往三代的志向相契合，所以引起孔子感叹。张履祥排列的为政次序颇为牵强，而对曾皙所说的评论则有一定道理。子路、冉有、公西华三人所言，都属具体政事，而曾皙所言，则不是具体政事而是为政所追求的一种理想境界。孔子唯独赞许曾皙，反映了孔子之志重在天下归仁、百姓得安的终极目标，而不在一时一事上之成就。

颜渊篇第十二

12·1　颜渊问仁。子曰："克己复礼①为仁。一日克己复礼，天下归仁焉②。为仁由己，而由人乎哉？"颜渊曰："请问其目③。"子曰："非礼勿视，非礼勿听，非礼勿言，非礼勿动。"颜渊曰："回虽不敏，请事④斯语矣。"

◎**注释**　①〔克己复礼〕有不同的解释：一、克，克制、约束。复，践行。指克制和约束自己来践行礼。二、克，胜。复，返回。指克服自己不符合礼的言行，回归到礼的要求上来。两种解释意思相近。②〔天下归仁焉〕有几种解释：一、归是赞许的意思，一旦做到了克己复礼，便会得到天下人的赞许。二、专指君主如果能克己复礼，天下人都会归顺这位仁德之君。三、指一旦做到克己复礼，天下的一切就都归于仁了。程子注："克己复礼，则事事皆仁，故曰天下归仁。"本书认为第三种解释较为合理。这里"克己复礼"的主语似不是指个人，而泛指众人。即如果大家都能做到克己复礼，天下就都归于仁了。另外，《论语新解》认为，本文说"归仁焉"，焉是在这里的意思，原文的意思应是如果能一日克己复礼，即在此处，便见天下尽归入我之人心中。这种理解也是很有道理的。③〔目〕条目。④〔事〕从事，实行。

◎**大意**　颜渊问怎样才是仁。孔子说："约束自己，一切都照着礼的要求去做，就是仁。一旦做到了这一点，天下就都归于仁了。实行仁德全在于自己，还能靠别人吗？"颜渊说："请问实行仁德的条目。"孔子说："不合于礼的不要看，不合于礼的不要听，不合于礼的不要说，不合于礼的不要做。"颜渊说："我虽然愚钝，但还是让我照这些话去做吧！"

◎**解读**　"克己复礼"包括了两个方面，克己是个人修养的功夫，复礼是修养的标准和要达到的目标；克己是对内心道德情感的修养，复礼是对视听言动等外在行为的规范。孔子希望人们通过自己的道德修养来自觉遵守礼的规定。这也就是

"道之以德，齐之以礼"（2·3）。从当政者为政的方针说，是"道之以德，齐之以礼"；从个人的修养方面说，就是要"克己复礼"。这是孔子的基本思想，贯穿于《论语》全书，可注意联系起来研究、把握。

"克己复礼为仁"，说明仁的要求体现在礼上，仁的精神要由礼的规定来体现和落实，离开礼，仁就无所依托。所以，仁依赖于礼，依礼而行是仁的根本要求。3·3章说："人而不仁，如礼何？"这是说明仁是礼的基础和灵魂，礼要靠仁来维护；离开仁，礼就徒具形式，失去了意义。仁是内在的，礼是外在的。一内一外，互为表里，紧密结合不可分。只有把《论语》不同章节的相关论述联系起来理解，才能得到全面的认识。看到一面，忽略了另一面，就会陷入片面性。这一点很值得注意。

克己，有人解释为克制私欲。其实，不仅是私欲需要克制，人的喜怒哀乐都需要有所克制。喜怒哀乐之情是一切行为的原始基础，人与外界相接触，内心的情感就表现为行为。喜怒哀乐是人之常情，本身没有是非善恶。感情的表现则会受到外在因素的影响，有是非善恶的区别，因此需要有所克制。后文说"非礼勿视，非礼勿听，非礼勿言，非礼勿动"，说明对己的约束、克制要体现在日常言行的一切方面。

复礼，曾经有人解释为恢复旧礼，是复辟。这是对孔子思想的有意曲解。复是践行的意思，复礼就是按礼的要求去做。礼的具体内容是随着社会的发展而不断变化的，今天说克己复礼，不是要恢复古代的礼，而是要求我们遵守当代社会的行为规范。

本章特别提出"为仁由己"，是修养的根本原则。仁道的修养，克己复礼，全在于自己，而不由他人。可与4·6，6·10，7·29章参读。

12·2　仲弓问仁。子曰："出门如见大宾，使民如承大祭[①]；己所不欲，勿施于人。在邦无怨，在家无怨[②]。"仲弓曰："雍虽不敏，请事斯语矣。"

◎**注释**　[①]〔出门如见大宾，使民如承大祭〕接见贵宾和举行重大的祭祀，都要求谨慎恭敬。这句话是说出门办事和役使百姓，都要像接见贵宾和举行大祭时那样恭敬谨慎，也就是说要敬。②〔在邦无怨，在家无怨〕在邦指在诸侯国做官，在家指在卿大夫家做事。无怨有两种解释：一、指仁的效果。做到了前面所说的敬和恕，别人对自己便没有怨恨。二、指自己而言。前文所说敬、恕都是发自内心的要求，在任何情况下都应无怨无悔，不怨天尤人。

◎**大意**　仲弓问怎样才是仁？孔子说："出门办事像会见贵宾一样，役使百姓像进行重大祭祀一样；自己不愿意要的，不要加于别人；在诸侯的邦国里不怨恨，在大夫的家中也不怨恨。"仲弓说："我虽然愚钝，还是让我按照这些话去做吧。"

◎**解读**　"出门如见大宾，使民如承大祭"，是敬；"己所不欲，勿施于人"，是恕。此二者是修养仁道的两个要点。无怨，是"为己"精神的体现，是修养仁道应持的基本态度。

12·3　司马牛问仁。子曰："仁者其言也讱[①]。"曰："其言也讱，斯谓之仁已乎？"子曰："为之难，言之得无讱乎？"

◎**注释**　①〔讱〕难、迟钝。《史记》记载，司马牛多言而躁。孔子的话是针对他的这一缺点而说的。

◎**大意**　司马牛问怎样才是仁？孔子说："仁人说话迟钝。"司马牛说："说话迟钝，这就叫作仁了吗？"孔子说："做起来很难，说起来能不迟钝吗？"

◎**解读**　《论语》几处讲到"讷"是仁的要求。这一章讲的"讱"与"讷"是一个意思。孔子用"为之难"解释了为什么"讷"和"讱"是仁的要求。这说明孔子并不是赞赏形式上的说话迟钝，而是考虑到言行一致，为了避免说了做不到，说得多做得少，才要求说话谨慎。可与2·13，4·22章参读。

12·4　司马牛[①]问君子。子曰："君子不忧不惧。"曰："不忧不惧，斯谓之君子已乎？"子曰："内省不疚，夫何忧何惧？"

◎**注释**　①〔司马牛〕旧注说这个司马牛是宋国桓魋的兄弟。桓魋和他的几个兄弟一起谋反，失败后有的死了，有的逃亡在外。只有司马牛不赞成兄弟们的谋反行动,但也流亡在外。杨伯峻《论语译注》也认为,桓魋的弟弟司马牛和孔子的学生司马牛是两个人,不能混为一谈。

◎**大意**　司马牛问怎样才是君子。孔子说:"君子不忧愁,不畏惧。"司马牛说:"不忧愁,不畏惧,这就可以称为君子了吗?"孔子说:"内心自省而问心无愧,还有什么忧愁和畏惧呢?"

◎**解读**　孔子回答司马牛的问话说"君子不忧不惧",是针对司马牛的具体情况而说的,但同时又有着普遍的意义。为什么"君子能不忧不惧"呢?孔子说是因为"内省不疚",自己的思想行为端正,问心无愧,自然也就心地坦荡,不忧不惧。7·36章说"君子坦荡荡",14·30章说"仁者不忧,知者不惑,勇者不惧",都可联系起来理解。要做到这些,基础就是"内省不疚"。

12·5　司马牛忧曰:"人皆有兄弟,我独亡①。"子夏曰:"商闻之矣:死生有命,富贵在天。君子敬而无失,与人恭而有礼,四海之内,皆兄弟也。君子何患乎无兄弟也?"

◎**注释**　①〔人皆有兄弟,我独亡〕司马牛的兄弟都参与谋反,逃亡在外,而司马牛反对谋反,与兄弟们分道扬镳,因此有独无兄弟的感叹。亡,同"无"。

◎**大意**　司马牛忧愁地说:"别人都有兄弟,唯独我没有。"子夏说:"我听说过:死生都由命决定,富贵都在天的安排。君子严肃谨慎而没有过失,对人恭敬而有礼,那么天下人就都是兄弟。君子还担忧什么没有兄弟呢?"

12·6　子张问明。子曰:"浸润之谮①,肤受之愬②,不行焉,可谓明也已矣。浸润之谮,肤受之愬,不行焉,可谓远③也已矣。"

◎**注释**　①〔浸润之谮(zèn)〕像水浸润物件那样不易觉察的谗言,即暗地里的中伤。谮,谗言。②〔肤受之愬(sù)〕像感受到切肤之痛那样的诬告,即直接的诽谤。愬,诬告。③〔远〕明之至也。明智的最高境界。

171

◎**大意**　子张问怎样才算明智。孔子说:"像水浸润物体那样的谗言和像切肤之痛那样的诽谤,在他面前都行不通,那就可以说是明智了。像水浸润物体那样的谗言和像有切肤之痛那样的诽谤,在他面前都行不通,那就可以说是很有远见了。"

◎**解读**　"浸润之谮",像温水煮青蛙,不易察觉;"肤受之愬",易于被激怒,难以冷静处置。难在能不受其影响,所以是明智。

12·7　子贡问政。子曰:"足食,足兵,民信之矣。"子贡曰:"必不得已而去,于斯三者何先?"曰:"去兵。"子贡曰:"必不得已而去,于斯二者何先?"曰:"去食。自古皆有死,民无信不立。"

◎**大意**　子贡问怎样处理政事。孔子说:"要使粮食充足,军备充足,百姓信任官府。"子贡说:"如果不得不去掉一项,那么在这三项中先去哪一项呢?"孔子说:"去掉军备。"子贡说:"如果不得不再去掉一项,那么在剩下的两项中先去哪一项呢?"孔子说:"去掉粮食。自古以来人总是要死的,没有了百姓的信任,国家就不能存在。"

◎**解读**　孔子谈为政,提出"足食""足兵""民信"三项,把"足食"(粮食充足)作为一项基本要求,反映了他对民生的重视。1·5章说"节用而爱人,使民以时",12·9章说"百姓足,君孰与不足?百姓不足,君孰与足",13·9章提出"庶、富、教"的三步骤,20·2章又主张对百姓"惠而不费""因民之所利而利之",可以联系起来参读。

"足食""足兵""民信"三项是为政的基本要求,而民生是基础;三个方面不能兼顾的时候,先去兵、去食,是特殊情况下的特殊处置。"民无信不立",说明孔子认为百姓的信任是政权存在的根本基础。民生与百姓的信任是统一的,联系起来看,才能全面把握孔子的思想。

12·8　棘子成[①]曰:"君子质而已矣,何以文为?"子贡曰:"惜乎,夫子之说君子也。驷不及舌[②]。文犹质也,质犹文也,虎豹之鞟③犹犬羊之鞟。"

◎**注释**　①〔棘子成〕卫国大夫。②〔驷不及舌〕话一出口，四匹马也追不回来，即"一言既出，驷马难追"。③〔鞟（kuò）〕去掉毛的皮，即革。

◎**大意**　棘子成说："君子只要有好的本质就够了，还要那些礼节仪式上的文采有什么用呢？"子贡说："遗憾啊，你是这样谈论君子。一言既出，驷马难追。本质就像文采，文采就像本质，两者同样重要。虎豹的皮革，失去了毛的文采，就和犬羊的皮革一样了。"

◎**解读**　这一章也是说文与质、仁与礼必须很好地配合。可与12·1章"克己复礼"，6·16章"文质彬彬"参读。

12·9　哀公问于有若曰："年饥，用不足，如之何？"有若对曰："盍彻乎①？"曰："二②，吾犹不足，如之何其彻也？"对曰："百姓足，君孰与不足？百姓不足，君孰与足？"

◎**注释**　①〔盍彻乎〕盍，何不。彻，西周的田税制度，从收获中抽取十分之一为田税。"什一而税谓之彻"。②〔二〕指抽取十分之二的赋税。

◎**大意**　鲁哀公问有若说："遭遇饥荒的时候，国家用度不足，怎么办呢？"有若回答说："何不实行彻法，只抽十分之一的田租呢？"哀公说："现在抽十分之二，我还不够，怎么能实行彻法呢？"有若回答说："百姓富足了，国君怎么会不够？百姓贫困，用度不够，国君又怎么会充足呢？"

◎**解读**　"百姓足，君孰与不足？百姓不足，君孰与足？"藏富于民，是很有价值的思想。

12·10　子张问崇德①、辨惑。子曰："主忠信，徙义②，崇德也。爱之欲其生，恶之欲其死。既欲其生，又欲其死，是惑也。'诚不以富，亦祗以异③。'"

◎**注释** ①〔崇德〕提高道德修养。②〔徙义〕徙，迁移。改变自己的思想使之合于义。③〔诚不以富，亦祇以异〕《诗经·小雅·我行其野》诗句。引在这里很费解。有人认为是错简，应在16·12"齐景公有马千驷"一章。《论语译注》译作"这样，的确对自己毫无好处，只是使人奇怪罢了"。

◎**大意** 子张问怎样提高道德修养，辨别迷惑。孔子说："以忠信为主，使自己的思想合于义，这就是提高道德修养。对一个人，爱他的时候就希望他活，厌恶他的时候就巴不得他死。既要他活，又要他死，这就是迷惑。《诗经》里说'真的不是富足，只是因为不同。'"

◎**解读** 讲崇德，孔子特别提出"主忠信"；谈辨惑，孔子特别提出"爱之欲其生，恶之欲其死"。这两点都值得认真领会。《论语》1·8，9·24章都说到"主忠信"，还有多处说到"忠信"，可见孔子对忠信的重视。《论语》又说中庸是"至德"，"爱之欲其生，恶之欲其死"则是不知节制爱恶，走极端，违背中庸的表现。孔子将其作为迷惑的表现，实际也是教人以中庸之道。

12·21章也谈崇德辨惑，可参读。

12·11 齐景公①问政于孔子。孔子对曰："君君、臣臣、父父、子子。"公曰："善哉！信如君不君，臣不臣，父不父，子不子，虽有粟，吾得而食诸？"

◎**注释** ①〔齐景公〕齐国国君，名杵臼。

◎**大意** 齐景公向孔子问治国之道。孔子答道："君要行君道，臣要行臣道，父要行父道，子要行子道。"景公说："说得好呀！如果君不行君道，臣不行臣道，父不行父道，子不行子道，尽管有粮食，我能吃得上吗？"

◎**解读** 孔子"君君、臣臣、父父、子子"的主张，是针对春秋时期社会变动、君臣父子的等级名分遭到破坏的局面而提出的。可与13·3章参读。人的生活是社会性的。每一个人都生活在种种社会关系中，在这些关系中处于一定的地位，充当一定的角色，有他相应的权利、义务和责任，要遵守一定的规范。每一个人都能处在他应处的地位，遵守他应守的规范，尽他应尽的义务和责任，同时也享有他应有的权利，也就是"各得其所"，这是保证社会秩序稳定的必要条件。使万物都能各得其所，是中国古代管理思想的根本理念。孔子所说"君君、臣臣、父父、子子"，就是体现了这个要求。不同时代、不同社会下人们的社会关系是不同的。孔子当时所要求的"君君、臣臣、父父、子子"的具体内容，今天已不再适用了，但其各得其所的原则仍然是有价值的。

9·14章说"各得其所"，可以参读。

12·12 子曰："片言可以折狱①者，其由也与②？"子路无宿诺③。

◎**注释** ①〔片言可以折狱〕片言，诉讼双方中一方的言辞，古时也叫"单辞"。"片言可以折狱"该如何理解呢？有几种解释：一，子路明决，凭单辞就可做出判断；二，子路为人忠信，人们信服他，在他面前不讲假话，因此他可以只听一面之词来断案；三，子路忠信，所说的话决无虚假，所以只听子路的一面之词，就可断案。本书认为第一种解释较为合理。②〔其由也与〕意思是"大概只有仲由吧？"从来断案都要有原告和被告双方的陈述和供词。③〔宿诺〕有两种解释：一、宿解释为"预"，预先的许诺；二、宿解释为"留"，拖延诺言的实现。本书认为第二种解释较好。

◎**大意** 孔子说："只听一方的话就可以断狱的，大概只有仲由吧？"子路履行自己的诺言从不拖延。

◎**解读** 断狱应该听取双方的陈述，不可只凭一方之言。本章只是对子路的评价，而不是对断狱的主张，应正确理解。

12·13 子曰："听讼①，吾犹人也。必也使无讼②乎！"

◎**注释** ①〔听讼〕审理诉讼案件。②〔使无讼〕通过道德教化来消除诉讼案件。
◎**大意** 孔子说："审理诉讼案件，我同别人也是一样的。一定要做到没有诉讼案件才好。"

◎**解读** 无讼,是孔子的理想。但是在现实社会中这是不可能实现的,对此要有清醒的认识。

12·14 子张问政。子曰:"居之无倦,行之以忠。"

◎**大意** 子张问怎样处理政事。孔子说:"身居官位不要懈怠,执行政令要有忠心。"

12·15 子曰:"博学于文,约之以礼,亦可以弗畔矣夫!"

◎**解读** 这一章重出,见6·25章。

12·16 子曰:"君子成人之美①,不成人之恶。小人反是。"

◎**注释** ①〔成人之美〕助人为善。成,帮助促成。
◎**大意** 孔子说:"君子成就别人善的方面,而不促成别人的恶处。小人则正相反。"
◎**解读** 成人之美或成人之恶,反映君子、小人存心的不同。自身存心向善,自然成人之美;自身存心向恶,自然助人为恶。

12·17 季康子问政于孔子。孔子对曰:"政者,正也。子帅①以正,孰敢不正?"

◎**注释** ①〔帅〕同"率",带头。
◎**大意** 季康子问孔子怎样处理政事。孔子答道:"政就是正的意思。你自己带头走正道,谁敢不走正道呢?"

◎**解读**　"政者，正也"是孔子为政治国的根本理念，他把为政治国的实质概括为一个"正"字。本章中，这个"正"说的是"正人"，而正人的关键是在位者"帅以正"，正人先正己。13·3章又提出"正名"，12·11章提出"君君、臣臣、父父、子子"，说的是社会秩序的正。所以，"政者，正也"包含正名和正人两个方面。正名的根本在正人，正人的关键在正己。9·14章说："乐正，《雅》《颂》各得其所。"说明正就是各得其所。

2·1章"为政以德"，2·3章"道之以德，齐之以礼"，则是实现"正"的目标的方法、途径。

12·18　季康子患盗，问于孔子。孔子对曰："苟子之不欲，虽赏之不窃。"

◎**大意**　季康子苦于盗贼太多，向孔子求教。孔子答道："如果你自己不贪求财货，即使你奖励偷盗，他们也不会去偷。"

12·19　季康子问政于孔子曰："如杀无道以就①有道，何如？"孔子对曰："子为政，焉用杀？子欲善而民善矣。君子之德风，小人之德草，草上②之风必偃③。"

◎**注释**　①〔就〕成就，成全。②〔上〕一作"尚"，加。草上之风就是风加之于草。③〔偃〕仆，倒。

◎**大意**　季康子向孔子问怎样处理政事，说："如果杀掉无道的人来成全有道的人，怎么样？"孔子答道："你处理政事，哪里用得着杀戮的手段呢？只要你想善，百姓也就会善。在上位的人的品德好比风，在下位的人的品德好比草。风吹到草上，草一定会顺风倒下的。"

◎**解读**　以上二章都是说正人先正己的道理。13·6，13·13章也是讲同一道理，可参读。本章说"君子之德风，小人之德草，草上之风必偃"，指出民风不好，责任在上不在下；社会风气之正，关键在于"官风"之正。这一点有深刻意义，尤其应引起在位者的重视。而这在教育活动中也是很重要的，教师只有以身作则，才能更好地教育学生。

12·20 子张问："士何如斯可谓之达①矣？"子曰："何哉，尔所谓达者？"子张对曰："在邦必闻，在家必闻。"子曰："是闻也，非达也。夫达也者，质直而好义，察言而观色，虑以下人②。在邦必达，在家必达。夫闻也者，色取仁而行违，居之不疑。在邦必闻，在家必闻。"

◎**注释** ①〔达〕通达，显达。②〔下人〕居于人下，指对人谦恭。
◎**大意** 子张问："士要怎样才可以算是通达了呢？"孔子说："你所说的通达是什么意思？"子张答道："无论在国内还是在卿大夫的家中，都必定有名声。"孔子说："这是闻，不是达呀。所谓达，那是要品质正直，爱好礼义，能分析别人的言论，观察别人的脸色，总是存着谦让之心，居于人下。因此，无论在国内还是在卿大夫家中都能显达。所谓闻，只是外表上装出仁的样子而行动上却违背仁，自己还心安理得，不怀疑自己。但他无论在国内还是在卿大夫家中都能骗取名望。"
◎**解读** 子张把"达"理解为在家里和社会上都有好名声。孔子答子张问，特别说明"闻"和"达"的区别，强调"达"是自身修养良好所自然带来的结果，要注重自身的修养，而不是自我吹捧，言行不一，单纯追求在人们心目中的好名声。可以与14·25"为己""为人"章参读。1·10章说孔子所以每到一处都能与闻政事，是"温、良、恭、俭、让以得之"，也可参读。

12·21 樊迟从游于舞雩之下，曰："敢问崇德，修慝①，辨惑。"子曰："善哉问。先事后得②，非崇德与？攻其恶，无攻人之恶，非修慝与？一朝之忿，忘其身，以及其亲，非惑与？"

◎**注释**　①〔修慝（tè）〕修，治，改正的意思。慝，恶。朱熹《论语集注》引胡注："恶之匿于心者。"即邪恶的念头。②〔先事后得〕指先付出劳动然后收获。15·37章"事君，敬其事而后其食"，6·20章"仁者先难而后获"，都是说要先致力于事，而把利禄放在后面。先事后得也是这个意思。

◎**大意**　樊迟跟随孔子在舞雩台下闲游，说道："请问怎样提高品德修养，改掉邪念，辨别迷惑？"孔子说："问得好。以做事为先，得利为后，不就是提高品德修养吗？检讨自己的过失，而不指责别人的过失，不就是改掉自己的邪念吗？因为一时的愤怒，就忘了自身的安危，以致牵连自己的亲人，不就是迷惑吗？"

◎**解读**　12·10章也谈到崇德辨惑，可参读。

12·22　樊迟问仁。子曰："爱人。"问知。子曰："知人。"樊迟未达。子曰："举直错诸枉，能使枉者直。"樊迟退，见子夏曰："乡①也吾见于夫子而问知，子曰，'举直错诸枉，能使枉者直'，何谓也？"子夏曰："富哉言乎！舜有天下，选于众，举皋陶②，不仁者远③矣。汤有天下，选于众，举伊尹，不仁者远矣。"

◎**注释**　①〔乡（xiàng）〕同"向"，过去。②〔皋陶（gāo yáo）〕舜的臣子。③〔远〕远去。这里有"能使枉者直"、不仁者化而为仁的意思。

◎**大意**　樊迟问什么是仁。孔子说："爱人。"樊迟问什么是智。孔子说："了解人。"樊迟没有理解。孔子说："选拔正直的人，放到邪恶的人的地位之上，能够使邪恶的人归于正直。"樊迟退出来，见到子夏说："我去见老师，问他什么叫智，他说'选拔正直的人，放到邪恶的人的地位之上，能使邪恶的人归于正直'，这是什么意思？"子夏说："这是含义多么丰富的话呀！舜有了天下，在众人中挑选，把皋陶选拔出来，不仁的人就远去了；汤有了天下，在众人中挑选，把伊尹选拔出来，不仁的人就远去了。"

◎**解读**　樊迟问"仁"，孔子答"爱人"，这是对仁的根本精神的说明。爱人有着丰富的内涵，要联系《论语》的全部内容来理解和把握。对于"知"，可以从不同的角度来理解，《论语》中有多处谈到。本章是从为政治国的角度说。知人善任是为政的重要方面，也是重要的政治智慧。可与1·16，2·19章参读。

12·23 子贡问友。子曰："忠告而善道之，不可则止，毋自辱焉。"

◎ **大意** 子贡问交友之道。孔子说："要忠言直告又要恰当地引导，如果不听也就罢了，不要自取侮辱。"

◎ **解读** 孔子认为对待朋友要适可而止，不要过于烦琐。4·26章"朋友数，斯疏矣"也谈到这个问题。孔子谈交友之道，还有1·8，4·1，5·16，12·24，15·9，16·4章，可以参读。

12·24 曾子曰："君子以文会友，以友辅仁。"

◎ **大意** 曾子说："君子用文章学问来结交朋友，靠朋友来帮助培养仁德。"

子路篇第十三

13·1 子路问政。子曰："先之，劳之①。"请益。曰："无倦②。"

◎**注释** ①〔先之，劳之〕之，指百姓。先之，做在百姓之先，身先百姓。劳之，使百姓勤劳工作。《国语·鲁语》中公父文伯之母敬姜说："民劳则思，思则善心生；逸则淫，淫则忘善，忘善则恶心生。"②〔无倦〕不要倦息。按照上面所说的去做，不要倦息。

◎**大意** 子路问怎样管理政事。孔子说："做在百姓之先，然后让百姓勤劳地工作。"子路请求再讲一点。孔子说："不要倦怠。"

13·2 仲弓为季氏宰，问政。子曰："先有司①，赦小过，举贤才。"曰："焉知贤才而举之？"曰："举尔所知。尔所不知，人其舍诸？"

◎**注释** ①〔先有司〕先让有司各负其责。有司，负责管理各种具体事务的官吏。

◎**大意** 仲弓做了季氏的家臣，问孔子怎样管理政事。孔子说："先责成有司各负其责，赦免他们的小过错，选拔贤才来任职。"仲弓说："怎样才能知道谁是贤才而选拔他呢？"孔子说："选拔你所知道的。那些你所不知道的，别人难道会丢弃他们吗？"

13·3 子路曰："卫君①待子而为政，子将奚先？"子曰："必也正名②乎！"子路曰："有是哉，子之迂③也！奚其正？"子曰："野哉由也！君子于其所不知，盖阙④如也。名不正则言不顺，言不顺则事不成，事不成则礼乐不兴，礼乐不兴则刑罚不中，刑罚不中则民无所措手足。故君子名之必可言也，言之必可行也。君子于其言，无所苟而已矣。"

◎**注释** ①〔卫君〕指卫出公辄，卫灵公孙。其父蒯聩被卫灵公驱逐出国，卫灵公死后，辄继位。蒯聩要回国争夺君位，遭到蒯辄拒绝。②〔正名〕名，事物的称号。孔子认为卫君与父亲争位，破坏了"君君、臣臣、父父、子子"的等级名分，使君、臣、父、子的名与实不相符，所以提出首先要正名。③〔迂〕迂阔，不切实情。④〔阙〕同"缺"，存疑。

◎**大意** 子路对孔子说："卫君等着您去治理政事，您打算从哪里做起？"孔子说："首先必须正名吧！"子路说："您真是迂阔到这等地步呀！这名怎么正呀？"孔子说："仲由，真粗野啊！君子对于他所不知道的事，总是采取存疑的态度。如果名不正，说话就不顺当合理。说话不顺当合理，事情就办不成。事情办不成，礼乐也就不能兴盛。礼乐不兴盛，刑罚就不会得当。刑罚不得当，老百姓就会手足无措，不知怎样做才好。所以君子定下一个名，一定要说得出来，说出来一定要可以实行。君子对于自己的言论，要没有一点马虎的地方才可以。"

◎**解读** 正名，是孔子的基本政治主张，是孔子"政者，正也"理念中"正"的核心内容。"君子名之必可言也，言之必可行也"，定下的名（名词、概念），一定要能体现在实际生活中。当时礼崩乐坏，周王室衰微，诸侯国争相扩张，卿大夫篡位专权，政局动荡，形成"君不君，臣不臣"，社会秩序混乱的局面。孔子提出正名，是要恢复正常的社会秩序，其具体内容，就是12·11章孔子答齐景公问时提出的"君君、臣臣、父父、子子"，使君臣父子各得其所。在当时，孔子正名的实际内容是要恢复西周的礼乐制度，这是它的时代性；而任何社会要能稳定发展，都必须做到名实相符，使各部分人各得其所，这是正名主张的普遍意义。

13·4 樊迟请学稼①。子曰："吾不如老农。"请学为圃②。曰：

"吾不如老圃。"樊迟出。子曰:"小人哉,樊须也!上好礼,则民莫敢不敬;上好义,则民莫敢不服;上好信,则民莫敢不用情③。夫如是,则四方之民襁负其子而至矣,焉用稼?"

◎**注释**　①②〔稼、圃〕种五谷叫稼,种蔬菜的地叫圃。为圃,种菜。③〔用情〕以真心实意来对待。情,真情。

◎**大意**　樊迟请求学种庄稼。孔子说:"我不如老农。"又请求学种菜。孔子说:"我不如老菜农。"樊迟退出之后,孔子说:"樊迟真是小人!在上位的人重视礼,百姓就不敢不敬;在上位的人重视义,百姓就不敢不服;在上位的人重视信,百姓就不敢不用真心实意来对待你。如果做到这样,四方的百姓都会背负着自己的小孩来投奔,哪里用得着自己去种庄稼呢?"

◎**解读**　这一章反映了孔子的教育思想。孔子的教育,在教人学道,培育君子。如本章所说,君子只需学习礼、义、仁、信等就够了,种田种菜等生产知识不在其教育内容之中。这曾被批评为轻视生产知识。其实孔子这样的教育思想反映了教育的本质和古代社会对教育的要求。孔子说"性相近也,习相远也"(17·2),指出人性相近,而现实中人们之间的差别都来自后天。这就从根本上说明了学习和教育的重要性和必要性。人需要通过后天的学习和教育提升自己,使自己从自然的人上升为社会的人,以适应社会生活的需要。培养和提高人的人文素质,这就是教育的本质要求和根本使命。所以孔子之教,以"成人"(14·13)为目标。在孔子思想里,教育又是和为政紧密联系在一起的。他把教育看作实现"政者,正也"理念的手段,他的教育是要培养治国的贤才,由他们来治国,使"四方之民襁负其子而至",是要使百姓"有耻且格"。对教育本质和目标的这种认识,决定了他的教学内容,不需要教耕稼、园圃的知识,而只需要礼、义、信等政治、道德的知识和修养。这一思想在《论语》其他章也有反映。

至于生产知识,在机器用于生产,科学与直接生产相分离之前,生产知识是和生产劳动直接联系在一起的,它只是生产者的经验积累,依靠劳动者一代代地积累和传授,并不需要特别的教育。生产知识引进教育是近代以来机器用于生产,机器工业发展以后的事。社会的发展不断提高着对人的素质的要求。对人素质的要求提高了，教育的功能、内容也要随着发展。科学在生产中的应用，愈来愈要求通过教育培养有文化的劳动者（包括科学技术专家和具有科学知识的生产劳动者），智育在教育中也就有了愈来愈重要的地位。这是现代教育与古代教育的重要区别。可是，智育重要性的提高并不改变教育培养提高人的人文素质的根本特质，孔子的教育思想在当今社会仍有着重要意义。因为科学技术的发展和智育的重要性日益提高而忽视德育，模糊对教人做人的根本本质的认识，是一种片面性的做法，应该纠正；因强调教人做人的根本本质而忽视智育，也是一种片面性的做法，应该避免。对于孔子的教育思想，既要充分肯定和继承他关于教育本质的基本思想，又要适应时代需要，赋予它新的内容，有所发展。

可与2·21，6·25，13·5，19·4，19·7，19·13章参读。

13·5 子曰："诵《诗》① 三百，授之以政，不达；使于四方，不能专对②。虽多，亦奚以③ 为？"

◎**注释** ①〔《诗》〕指《诗经》。②〔专对〕独立对答的意思。③〔以〕用。

◎**大意** 孔子说："熟读了《诗经》三百篇，让他处理政务，却办不通；让他出使外国，又不能独立应答。即使学了很多，有什么用呢？"

◎**解读** 孔子说熟读《诗经》而不能处理政事，是没有用的，体现了学以致用的要求，也反映了对学诗意义的理解。

13·6 子曰："其身正①，不令而行；其身不正，虽令不从。"

◎**注释** ①〔其身正〕12·17章孔子说："政者，正也。子帅以正，孰敢不正。"可见这里的"其"是指在上位的执政者。

◎**大意** 孔子说："（统治者）自身正了，不用发号施令百姓就会去做；自身不正，即使发布命令百姓也不会听从。"

◎**解读** 孔子提出的为政必先正己，自身不正，虽令不从，不能正人。孔子谈为政，首先对在上位者提出要求。在位者要做表率，正人先正己；要求百姓做到的，首先在位者自己先要做到。上梁不正下梁歪，自身不正，无以正人。这是古今中外普遍适用的道理。可与12·17，12·19，13·13章参读。

13·7 子曰："鲁卫①之政，兄弟也。"

◎**注释** ①〔鲁卫〕鲁指鲁国，卫指卫国。鲁国是周公旦的封地，卫国是康叔的封地，周公旦和康叔是兄弟，而当时两国政治状况也比较相似，故有"兄弟"之说。
◎**大意** 孔子说："鲁和卫两国的政事，像兄弟一样亲近。"

13·8 子谓卫公子荆①，"善居室②。始有，曰：'苟③合④矣。'少有，曰：'苟完矣。'富有，曰：'苟美矣。'"

◎**注释** ①〔卫公子荆〕卫国大夫。②〔善居室〕善于居家理财过日子。③〔苟〕苟且，将就。④〔合〕足。
◎**大意** 孔子谈到卫国的公子荆说："他善于居家理财。刚开始有一点，他说：'凑合着也就够了。'稍微多一点时，他说：'差不多算是完备了。'富有了以后，他说：'几乎是完美了。'"
◎**解读** 卫公子治家，不急于求富求尽美，不为更高的欲求烦恼和操心，又能不断有所改善，所以孔子称赞他善于理财。

13·9 子适卫，冉有仆①。子曰："庶矣哉。"冉有曰："既庶②矣，又何加焉？"曰："富之。"曰："既富矣，又何加焉？"曰："教之。"

◎**注释** ①〔仆〕驾车。②〔庶〕众多。这里指卫国人口多。
◎**大意** 孔子去卫国，冉有给他驾车。孔子说："人口真多呀！"冉有说："人口已经够多了,还要再做什么呢?"孔子说:"使他们富起来。"冉有说:"使他们富了以后,还要做些什么呢?"孔子说:"对他们进行教化。"

◎**解读** 这一章可与12·7章联系起来读。这一章说"富之""教之","富之"在先;12·7章说"足食""足兵""民信","足食"在先。两章都是把解决民生问题放在首位。"为政以德"并不是单纯讲道德教化,"足食""富之"是教化的基础,是"为政以德"的首要内容。12·7章又说自古谁无死,"民无信不立",主张在必不得已而去的情况下,"去兵""去食"而存信。在正常情况下,先富后教,以"足食"为先;在不可得兼的特殊情况下,又以信为重,宁可"去食"而存信。孔子思想的这两个方面,要注意全面地把握、理解。

13·10 子曰:"苟①有用我者,朞月②而已可③也,三年有成。"

◎**注释** ①〔苟〕如果。②〔朞(jī)月〕一周年。朞,同"期"。③〔可〕仅仅可以,还不足的意思。

◎**大意** 孔子说:"如果有人用我,不到一年就可以搞出个样子来,三年就一定会有成效。"

◎**解读** 这是孔子在得不到任用的情况下说的,《史记》认为是孔子因卫灵公不用自己而说的。

13·11 子曰:"善人为邦百年,亦可以胜残①去杀②矣。诚哉是言也。"

◎**注释** ①〔胜残〕使残暴的人不再作恶。②〔去杀〕废除刑罚杀戮。

◎**大意** 孔子说:"善人治理国政一百年,就可以消除残暴,废除刑罚杀戮了。这话真对呀。"

◎**解读** 通过善人的德治,最后达到"胜残去杀"的境界,这是孔子的理想。他认为善人为政百年就能实现这一理想目标,带有空想的成分。从为政的实际情形来说，孔子并没有完全否定刑罚的必要性，这是现实的一面；而他主张的刑罚也是为实现废除刑罚的理想的一种手段。可与12·13章"必也使无讼乎"参读。也可参读13·3章"刑罚不中则民无所措手足"。

13·12 子曰："如有王者，必世^①而后仁。"

◎**注释** ①〔世〕古代三十年为一世。
◎**大意** 孔子说："如果有王者兴起，也一定要三十年才能使仁道行于天下。"

13·13 子曰："苟正其身矣，于从政乎何有？不能正其身，如正人何？"

◎**大意** 孔子说："如果能使自身行为端正了，对于治理政事还有什么困难呢？不能端正自身，怎么去端正别人呢？"
◎**解读** "不能正其身，如正人何？"也是说明"正人先正己"的思想，足以为一切当政者戒，可与13·6章参读。"苟正其身矣，于从政乎何有？"把正身看作了从政的唯一的充足的条件，夸大了正身的意义和作用，这也导致对法制的忽视和人治思想的形成。

13·14 冉子退朝^①。子曰："何晏也？"对曰："有政。"子曰："其事也？如有政，虽不吾以，吾其与闻之。"

◎**注释** ①〔朝〕朝廷。或指鲁君的朝廷，或指季氏议事的场所。解释不一。
◎**大意** 冉求退朝回来，孔子说："怎么这样晚呀？"冉求回答说："有政务。"孔子说："只是一般事务吧。如果有政务，即使不任用我了，我也该知道的。"
◎**解读** 本章体现了孔子对礼的态度，可与14·22章参读。

13·15　定公问:"一言而可以兴邦,有诸?"孔子对曰:"言不可以若是其几也①。人之言曰:'为君难,为臣不易。'如知为君之难也,不几乎一言而兴邦乎?"曰:"一言而丧邦,有诸?"孔子对曰:"言不可以若是其几也。人之言曰:'予无乐乎为君,唯其言而莫予违也。'如其善而莫之违也,不亦善乎?如不善而莫之违也,不几乎一言而丧邦乎?"

◎**注释**　①〔言不可以若是其几也〕几有两种解释:一、期望。整句话的意思是不能期望言语必然有这样的效果,即说话不能这样绝对的意思。二、近。整句话断作"言不可以若是,其几也",意思是说话不可能有这样的作用,只能是近似这样罢了。本书认为第一种解释较好。

◎**大意**　鲁定公问:"一句话可以振兴国家,有这样的事吗?"孔子说:"话不可以说得这样绝对。有句话说:'做君难,做臣不易。'如果知道了做君的难,那不接近于一句话可以使国家兴盛吗?"定公说:"一句话可以亡国,有这样的事吗?"孔子回答说:"话不可以说得这样绝对。有句话说:'我对做国君不觉得有什么可快乐的,唯一感到快乐的是我说话没有人敢违抗。'如果说得对而没有人违抗,不也好吗?如果说得不对而没有人违抗,那不接近于一句话可以亡国吗?"

◎**解读**　一言兴邦,一言丧邦,虽不可说得那么绝对,然而国君居心之正或邪,确实对国家兴亡有重要的影响。这点很值得重视。尤其孔子批评国君以无人敢于违抗自己意志为乐的态度,认为这样就近乎是一言可以丧邦了,更应引为鉴戒。可与11·23,14·23章参读。

13·16　叶公问政。子曰:"近者说①,远者来。"

◎**注释**　①〔说〕同"悦"。
◎**大意**　叶公问怎样管理政事。孔子说:"使近处的人高兴,远方的人来归附。"

◎**解读** "近者说，远者来"，不是靠强权、征战扩展疆土，胁迫百姓归服，而是靠德政取得百姓信任和拥护，吸引远方百姓主动归服。这是孔子的政治理想。可与13·4章的"四方之民襁负其子而至矣"及16·1章参读。

13·17 子夏为莒父①宰，问政。子曰："无欲速，无见小利。欲速则不达，见小利则大事不成。"

◎**注释** ①〔莒（jǔ）父〕鲁国邑名。
◎**大意** 子夏做莒父的地方官，问怎样治理政事。孔子说："不要急于求成，不要贪图小利。急于求成反而达不到目的，贪图小利就做不成大事。"
◎**解读** "欲速则不达，见小利则大事不成"，急功近利者应牢记，引为鉴戒。

13·18 叶公语孔子曰："吾党①有直躬者②，其父攘③羊，而子证④之。"孔子曰："吾党之直者异于是：父为子隐，子为父隐，直在其中矣。"

◎**注释** ①〔党〕乡党，古代五百户为党。②〔直躬者〕正直的人。③〔攘〕偷窃。④〔证〕告发。
◎**大意** 叶公告诉孔子说："我们乡党有一个正直的人，他父亲偷了羊，他告发了父亲。"孔子说："我们乡党的真正正直的人不是这样。父亲为儿子隐瞒，儿子为父亲隐瞒，正直就在这中间了。"
◎**解读** 孔子与叶公的讨论反映了一个重要的问题：法制与人情的关系问题。父子相隐，是人之常情。孔子说父子相隐，直在其中，是从人情的角度，肯定这样做是人间真情的表现，没有矫饰；叶公则是从法制的角度，强调对于违法的人和事，知情人应该举报。这两个方面之间存在着冲突，如何协调、兼顾法和情两个方面，是值得研究的重要问题。

13·19 樊迟问仁。子曰:"居处恭①,执事敬②,与人忠。虽之③夷狄,不可弃也。"

◎**注释** ①②〔恭、敬〕严肃、谨慎而有礼貌,表现在外叫恭,含于内心叫敬。③〔之〕动词,到。
◎**大意** 樊迟问怎样做才是仁。孔子说:"平常在家要恭敬有礼,办事要严肃谨慎,待人要忠心诚意。即使到了夷狄地区,也是不可废弃的。"
◎**解读** 15·5章子张问行,孔子的回答与本章类似,可以参读。

13·20 子贡问曰:"何如斯可谓之士矣?"子曰:"行己有耻,使于四方,不辱君命,可谓士矣。"曰:"敢问其次。"曰:"宗族称孝焉,乡党称弟焉。"曰:"敢问其次。"曰:"言必信,行必果①,硁硁②然小人哉!抑亦可以为次矣。"曰:"今之从政者何如?"子曰:"噫!斗筲之人③,何足算也!"

◎**注释** ①〔果〕果断,坚决。②〔硁(kēng)硁〕硁,敲击石头的声音,引申为像小石块那样坚硬,这里有固执的意思。③〔斗筲(shāo)之人〕一斗十升。筲,竹器,容一斗二升(一说容五升)。
◎**大意** 子贡问道:"怎样才可以叫作士?"孔子说:"对自己的行为有羞耻之心,出使外国能完成君主交代的使命,可以叫作士了。"子贡说:"请问次一等的呢?"孔子说:"宗族中人称赞他孝,乡党之人称赞他悌。"子贡又说:"请问再次一等的呢?"孔子说:"说到一定做到,干事一定干到底,不问是非地固执己见,那是小人啊。但也可以说是再次一等的士了。"子贡说:"现在执政的那些人怎么样呢?"孔子说:"唉!这些器量狭小的人,怎么能算得上呢!"
◎**解读** 本章谈到士的三个不同的层次和境界。立身行事有知耻之心,能自觉修身;对国事,能担负重任,不辱君命;德才兼备,是对士的要求。能做到孝悌,得到家族、乡党的称道,是次一等的。能谨守"言必信,行必果"的原则,说到做到,做事做到底,可以算是士的最低一等。三个层次的差别,要仔细体会。旧说,次一等的是"本立而材不足者",其不足只在材上。这种说法是不准确的:虽说孝悌是为仁之本,但孝悌只是德行的一项,不能代表德的全部;仅能孝悌,德行方面也仍是不足的。而"言必信,行必果"只是"小行",必须以义为依据。合于义的,言必信,行必果;不合于义的,言不必信,行不必果。只知"言必信,行必果",不懂得辨别是非对错,虽然有向善的要求,也只能算是其次的;而如果对不义的言行也"言必信,行必果",那就是小人了。

关于士,可与4·9,8·7,13·28,14·3,19·1章参读。

关于"言必信,行必果",可与1·13,15·36章参读。

13·21 子曰:"不得中行①而与之,必也狂狷②乎!狂者进取,狷者有所不为也。"

◎**注释** ①〔中行〕指行为合乎中庸之道的人。②〔狂狷(juàn)〕狂,志大激进而不能完全做到的人;狷,拘谨,有所不为,不与不良现象同流合污。《孟子·尽心下》解释"狂狷"说:"狂者其志嘐嘐然,曰:'古之人!古之人!'夷考其行而不掩焉者也。狂者又不可得,欲得不屑不洁之士而与之,是狷也。"

◎**大意** 孔子说:"找不到行为合乎中庸之道的人相交往,也一定要找狂或狷的人相交往。因为狂者勇于进取,狷者不与不良现象同流合污。"

◎**解读** 这一章可以与7·10章"用之则行,舍之则藏"联系起来参读。孔子要求进能行道,退能有所不为,在不同的情况下能取不同的态度。兼有这两方面,才是合乎中道,即本章所说"中行"。狂者勇于进取,狷者有所不为,虽各有可取之处,却都偏于一面,而于另一面则又不足,因此都不合中庸的要求。

"狂"和"狷",不是"过"和"不及"的关系,"中行"也不是在"狂"和"狷"之间。从这里我们也可以体会到中庸的另一层含义。可与2·16章"攻乎异端,斯害也已"参读。

13·22 子曰:"南人有言曰:'人而无恒,不可以作巫医①。'善夫!""不恒其德,或承之羞②。"子曰:"不占而已矣。"

◎**注释** ①〔巫医〕用卜筮给人治病的人。②〔不恒其德，或承之羞〕《周易·恒卦》的爻辞。

◎**大意** 孔子说："南方人有句话说：'人如果不能始终如一，不可以当巫医。'这话说得好啊！"《周易》说："不能始终如一地保持自己的道德操守，随之而来的常常是羞辱。"孔子说："这样的人不要去占卦就罢了。"

◎**解读** 本章的主旨讲"恒"，人的修身行事都要有恒心。

13·23 子曰："君子和而不同①，小人同而不和。"

◎**注释** ①〔和、同〕不同的东西有条理地配合叫作和。比如做汤，要使水、火、酱、醋、盐与鱼、肉等调配得当，才能做出好的滋味；比如奏乐，要有清浊、大小、短长、快慢、哀乐、刚柔、高低等互相补充，完美地配合，才能奏出悦耳的声音。这就叫和。同样的东西简单相加叫作同。比如把水加到水里面，奏乐只有一种乐器、一个声调，这就叫同。用在人事上，晏婴说："君所谓可，而有否焉，臣献其否，以成其可；君所谓否，而有可焉，臣献其可，以去其否"，这是和。"君所谓可，臣亦曰可；君所谓否，臣亦曰否"，这就是同。

◎**大意** 孔子说："君子能取长补短，协调各种不同的意见，但不盲从附和；小人只求完全一致（或盲从附和），不讲不同意见的协调。"

◎**解读** "和"是中华文化重要的核心理念。《论语》直接讲到"和"的，有这一章和1·12"礼之用，和为贵"章。春秋时期，史伯就提出"和实生物，同则不继"。和是指多种成分或因素共处，组成一个统一体。同是指同一成分或因素的存在或叠加。是和衍生了万物；如果只是同一事物相加，以同裨同，乃尽弃矣，就不能继续发展。和，才有世界，才有万物，才有发展；破坏了和，宇宙和万物就失去了存在的基础。这是中华文化的宇宙观。《周易》讲"大和"，《中庸》说"中和"，都是对这个宇宙观的说明。

所以，"和为贵"不单纯是一种善良的愿望，它是以和实生物的宇宙观为基础的。认识到"和实生物"，认识到和是客观的要求，才能以和为贵。"和实生物"是天之道，以和为贵则是人之道。

"和而不同"是从"和实生物"和"和为贵"的认识中引申出的待人处事的

基本态度。所谓"和而不同",就是承认不同的存在,不要求消除不同,更不强求完全一致;在承认不同的基础上求不同事物、不同意见和利益之间的协调、平衡与和谐。这是处理人际关系,及至一切经济、政治、文化、思想关系,以及人与自然的关系的一个基本原则。

所谓"同而不和",就是不承认不同的存在,一味求同。只顾自身,不顾他人,要求各方面利益都服从自己的个人利益;容不得不同意见,排斥持不同意见者,经营"一言堂";盲从附和,唯唯诺诺,没有独立主见,唯上唯书;赞同我者是友,反对我者是敌,拉帮结派等等,都是"同而不和"的表现。可与2·14章参读。

13·24 子贡问曰:"乡人皆好之,何如?"子曰:"未可也。""乡人皆恶之,何如?"子曰:"未可也。不如乡人之善者好之,其不善者恶之。"

◎**大意** 子贡问道:"一乡的人都喜欢他,这个人怎样?"孔子说:"还不能肯定!"子贡又问:"一乡的人都厌恶他,这个人怎样?"孔子说:"还不能肯定。不如乡里的善人都喜欢他,乡里的坏人都厌恶他。"

◎**解读** 本章谈对人的考察及评价,提出众人的好恶不足以为依据,"不如乡人之善者好之,其不善者恶之"。15·27章中说"众恶之,必察焉;众好之,必察焉"。听取众人的意见固然重要,但人的好恶标准各有不同:善人赞扬善人贬斥恶人,恶人赞扬恶人贬斥善人,所以也不能一语定论。如果人人说好,可能是八方讨好,没有原则的人;人人厌恶,则可能是性格怪诞、不善于与人相处,或一无是处的人。所以单纯从众,不足以辨人善恶,还要看是什么人赞扬他,什么人贬斥他。我们所认可的,应是善人赞扬、恶人贬斥的人。

可与4·3,4·7章参读。

13·25 子曰:"君子易事①而难说②也。说之不以道,不说也;及其使人也,器之③。小人难事而易说也。说之虽不以道,说也；及其使人也，求备焉。"

◎**注释** ①〔易事〕容易与他共事，或说易于服侍。②〔说〕同"悦"。③〔器之〕按其器材来用他，即量才使用。

◎**大意** 孔子说："在君子手下工作容易，讨他喜欢却难。不按着正道去讨他喜欢，他是不会喜欢的；但他用人的时候，却能量才使用。在小人手下工作难，讨他喜欢却容易。你只要讨好他，尽管是搞歪门邪道，他也喜欢；但他用人时，却是求全责备。"

◎**解读** 本章讲君子与小人在行动上的区别，值得用心领悟。

13·26　子曰："君子泰而不骄，小人骄而不泰。"

◎**大意** 孔子说："君子安详舒泰而不骄横，小人骄横而不安详舒泰。"

13·27　子曰："刚、毅、木、讷，近仁。"

◎**大意** 孔子说："刚强、果敢、质朴、言语谨慎，这四种品德近于仁。"

13·28　子路问曰："何如斯可谓之士矣？"子曰："切切偲偲①，怡怡②如也，可谓士矣。朋友切切偲偲，兄弟怡怡。"

◎**注释** ①〔切切偲（sī）偲〕互相恳切批评、勉励的样子。②〔怡怡〕和顺貌，和气顺从的样子。

◎**大意** 子路问道："怎样才可叫作士呢？"孔子说："互相切磋勉励，又能和顺相处，可算是士了。朋友之间相互切磋勉励，兄弟之间和睦相处。"

◎**解读** 本章也是说士，可与13·20章参读。

13·29 子曰:"善人教民七年,亦可以即戎①矣。"

◎**注释** ①〔即戎〕参军作战。即,就,开始从事。戎,兵戎。
◎**大意** 孔子说:"善人教导、训练百姓七年时间,就可以让他们去作战了。"

13·30 子曰:"以不教民战,是谓弃之。"

◎**大意** 孔子说:"让没有经过教导训练的老百姓去打仗,这就叫抛弃了他们。"
◎**解读** 本章和上一章都是说教和战的关系。孔子并不完全否定用兵,但强调必须先经教导训练才可。

宪问篇第十四

14·1 宪①问耻。子曰:"邦有道,穀;邦无道,穀,耻也。"

◎**注释** ①〔宪〕孔子的学生原宪。
◎**大意** 原宪问什么是可耻的。孔子说:"国家有道,做官拿俸禄;国家无道,还做官拿俸禄,就是可耻的。"
◎**解读** 与8·13章参读。

14·2 "克、伐、怨、欲不行焉,可以为仁矣①?"子曰:"可以为难矣,仁则吾不知也。"

◎**注释** ①〔克、伐、怨、欲不行焉,可以为仁矣〕这句话也是原宪的问话。克,好胜。伐,自夸。怨,怨恨。欲,贪欲。
◎**大意** "好胜、自夸、怨恨、贪欲这四样毛病都没有,可以说是仁了吧?"孔子说:"这可说是难能可贵了,至于是不是仁,那我就不知道了。"
◎**解读** 能做到没有好胜、自夸、怨恨、贪欲四种毛病,是不容易的,所以说"可以为难矣"。但仁是全德,是贯穿于一切德行之中的根本精神。只具备了某些方面的德行,没有仁心,不能说就是仁。如果只是克制自己,不犯好胜、自夸、怨恨、贪欲的毛病,而没有修养仁心,祛除病根,则四种毛病随时可能复发。所以孔子说"仁则吾不知也"。

14·3 子曰:"士而怀居①,不足以为士矣。"

◎**注释** ①〔怀居〕指留恋家庭的安逸生活。居，家居。
◎**大意** 孔子说："士如果留恋家庭的安逸生活，就不配做士了。"
◎**解读** 关于士，可与 4·9，8·7，13·20，13·28，19·1 章参读。

14·4 子曰："邦有道，危①言危行；邦无道，危行言孙②。"

◎**注释** ①〔危〕有两种解释：一、高峻；二、正，正直。本书取第二种解释。②〔孙〕同"逊"。
◎**大意** 孔子说："国家有道，要正言正行；国家无道，还是要正行，但说话要谨慎。"
◎**解读** 本章探讨不同环境下的处世之道，可与 7·10，8·13，15·6 章参读。

14·5 子曰："有德者必有言①，有言者不必有德。仁者必有勇，勇者不必有仁。"

◎**注释** ①〔言〕言论。"有言"是说出来，在言论上有所表现的意思。
◎**大意** 孔子说："有德行的人一定有言论上的表现，能说的人却不一定有德行。仁人一定勇敢，勇敢的人却不一定有仁德。"
◎**解读** 德和言，德是根本，言是表现；仁和勇，仁是根本，勇是表现。所以有德一定有言，有言不一定有德；有仁一定有勇，有勇不一定有仁。这是本和末、体和用的关系，可以和 14·2 章参读。

14·6 南宫适①问于孔子曰："羿②善射，奡③荡舟④，俱不得其死然。禹、稷⑤躬稼，而有天下。"夫子不答。南宫适出。子曰："君子哉若人！尚德哉若人！"

◎**注释** ①〔南宫适（kuò）〕即南容。适字亦作"括"。②〔羿（yì）〕传说中夏代有穷国的国君，善射箭。他夺了夏太康的王位，后来被他的臣子寒浞（zhuó）所杀。③〔奡（ào）〕传说中寒浞的儿子，后来为夏少康所杀。④〔荡舟〕用手推船。传说中奡力大，能陆地行舟。另一说解释为水战。⑤〔稷〕传说中周朝国君的祖先，教民种植庄稼。

◎**大意** 南宫适问孔子说："羿善于射箭，奡能陆地行舟，都不得好死。禹和稷亲自种植庄稼，却得到了天下。"孔子没有回答。等南宫适出去后，孔子说："这个人真是君子呀！这个人真是尊崇道德呀！"

◎**解读** 羿和奡依仗强力，篡夺了王位，最后却不得善终；禹和稷亲身治水事稼穑，有功德于民，终有天下。南宫适所说已经很明白。他说这些，是以羿、奡比喻当时的当权者，以禹、稷比喻孔子，所以孔子没有回答。尽管如此，南宫适所说的意思是非常正确的，所以孔子在南宫适离去后赞誉了他。

还可与7·20，13·29，13·30，14·35，15·1章参读。

14·7 子曰："君子而不仁者①有矣夫，未有小人而仁者也。"

◎**注释** ①〔君子而不仁者〕有两种解释：一、君子中不仁的人；二、君子有时不仁。本书取第二种解释。

◎**大意** 孔子说："君子有时不仁，这种情形是有的吧，但没有小人能仁的。"

◎**解读** 本章讲知人的重要思想。用人者尤其应认真领会。

14·8 子曰："爱之，能勿劳乎？忠焉，能勿诲乎？"

◎**大意** 孔子说："爱他，能不叫他操劳吗？忠于他，能不规劝他吗？"

◎**解读** 道理简单，却有着非常丰富的内涵，值得深思。

14·9 子曰："为命①，裨谌②草创之，世叔讨论之，行人③

子羽修饰之，东里④子产润色之。"

◎**注释**　①〔命〕外交文书。②〔裨谌（bì chén）〕与后文之世叔、子羽、子产都是人名。四人都是郑国大夫。③〔行人〕官名，掌管朝觐聘问，即外交事务。④〔东里〕地名，子产住的地方。

◎**大意**　孔子说："郑国拟定一项外交文书，由裨谌起草，世叔提意见，行人子羽修改，东里子产加以润色。"

◎**解读**　此章反映了当时郑国起草外交文书的程序。正因为郑国如此慎重、严密，所以《左传·襄公三十一年》记："应对诸侯，鲜有败事"。

14·10　或问子产，子曰："惠人也。"问子西①，曰："彼哉！彼哉！"问管仲，曰："人也②。夺伯氏③骈邑④三百，饭疏食，没齿⑤无怨言。"

◎**注释**　①〔子西〕春秋时有三个子西。一是郑国子产的同宗兄弟，另外两个都是楚国大夫。这里的子西有人认为是郑国子西，有人认为指楚公子申。②〔人也〕即此人也。有人认为人字上脱一"仁"字，应为"仁人"也。有人译作有才干的人。两种解释都通。③〔伯氏〕齐国大夫。④〔骈（pián）邑〕地名，伯氏的采邑。⑤〔没齿〕死。齿，指年龄。

◎**大意**　有人问子产这个人怎样，孔子说："是对人有恩惠的人。"又问子西，孔子说："他呀！他呀！"又问管仲，孔子说："这个人呀，剥夺了伯氏骈邑的三百家，伯氏只能吃粗粮，至死没有怨言。"

◎**解读**　可与14·18章参读。

14·11　子曰："贫而无怨难，富而无骄易。"

◎**大意**　孔子说："贫穷不怨恨是难以做到的，富有而不骄傲倒容易做到。"

◎**解读** 可与1·15章参读。

14·12 子曰："孟公绰①为赵、魏老②则优③，不可以为滕、薛大夫。"

◎**注释** ①〔孟公绰〕鲁国大夫。②〔老〕大夫的家臣。③〔优〕才力有余。
◎**大意** 孔子说："孟公绰做晋国赵氏、魏氏的家臣，是才力有余的，但不能当滕、薛这样小国的大夫。"
◎**解读** 本章主旨是说用人要因材善用。做大夫的管家，地位尊贵而事务不繁；做大夫治政，则政事繁杂。孟公绰是一个"廉静寡欲"的人，所以做家臣有余力，但不能做大夫。

14·13 子路问成人①。子曰："若臧武仲②之知，公绰之不欲，卞庄子③之勇，冉求之艺，文之以礼乐，亦可以为成人矣。"曰："今之成人者何必然？见利思义，见危授命，久要④不忘平生⑤之言，亦可以为成人矣。"

◎**注释** ①〔成人〕人格完备的人。②〔臧武仲〕鲁国大夫臧孙纥。③〔卞庄子〕鲁国卞邑大夫。④〔久要〕指长久处于穷困中。有两种解释：一、旧约，过去的诺言；二、要，通"约"，穷困。本书取第二种解释。⑤〔平生〕平日的意思。
◎**大意** 子路问怎样才是完人。孔子说："（一个人如果）像臧武仲那样的智慧，孟公绰那样的没有贪欲，卞庄子那样的勇敢，冉求那样的多艺，再加上礼乐修养使他有文采，也就可以算是一个完人了。"孔子又说："现在的完人何必一定要这样呢。见到财利能想到义的要求，遇到危险能献出生命，长久处于穷困还不忘平日的诺言，也就可以说是完人了。"
◎**解读** 成人，人格完备之人，是孔子教育的培养目标。本章谈成人，体现了孔子对做人的要求。孔子提出要有如臧武仲等四人的知、廉、勇、艺四方面的品行，再加之以礼乐的文饰，才能成为"成人"。这是全面的要求，一般人不易做到。孔子又提出退一步的要求："见利思义，见危授命，久要不忘平生之言。""见利思义"，对富贵利得"不以其道得之不处也"，体现了义的要求；"见危授命"，在生死危急关头，可以"杀身以成仁"，体现了忠的要求；"久要不忘平生之言"，久处困穷而不忘诺言，体现了信的要求。义、忠、信这三项，是"成人"的基本要求。

《论语》一书，中心是讲做人。关于成人的思想，贯穿全书。要会通《论语》全书的有关论述，以求深切的理解。

14·14 子问公叔文子①于公明贾②曰："信乎，夫子不言、不笑、不取乎？"公明贾对曰："以③告者过也。夫子时然后言，人不厌其言；乐然后笑，人不厌其笑；义然后取，人不厌其取。"子曰："其然，岂其然乎？"

◎**注释** ①〔公叔文子〕卫国大夫公孙拔。②〔公明贾〕姓公明，名贾，卫国人。③〔以〕这里是"此"的意思。
◎**大意** 孔子向公明贾问到公叔文子，说："先生他不说、不笑、不取钱财，是真的吗？"公明贾回答道："这是告诉你的人言过其实了。先生他到该说话的时候才说，所以别人不讨厌他说话；快乐的时候才笑，所以别人不讨厌他笑；合于义的才取，所以别人不讨厌他取。"孔子说："是这样吗？难道真是这样的吗？"
◎**解读** "时然后言，人不厌其言；乐然后笑，人不厌其笑；义然后取，人不厌其取"，凡事适度就不会招人厌。

14·15 子曰："臧武仲以防求为后于鲁①，虽曰不要②君，吾不信也。"

◎**注释** ①〔臧武仲以防求为后于鲁〕防，臧武仲的封地。臧武仲因得罪孟孙氏而逃离鲁国，后回到防邑，向鲁君要求，以立臧氏之后为卿大夫为条件，自己离开防邑。为后，立后的意思。②〔要（yāo）〕要挟。

◎**大意** 孔子说："臧武仲凭借防邑做交换条件，请求鲁君立他的后代为卿大夫，虽然有人说他不是要挟国君，我可不相信。"

14·16 子曰："晋文公^①谲^②而不正，齐桓公正而不谲。"

◎**注释** ①〔晋文公〕与后文之齐桓公是春秋时期五霸中最有名的两个霸主。晋文公名重耳，齐桓公名小白。②〔谲（jué）〕欺诈，玩弄权术阴谋。
◎**大意** 孔子说："晋文公诡诈而不正派，齐桓公正派而不诡诈。"

14·17 子路曰："桓公杀公子纠，召忽死之，管仲不死^①。"曰："未仁乎？"子曰："桓公九合诸侯^②，不以兵车^③，管仲之力也。如其仁^④，如其仁。"

◎**注释** ①〔桓公杀公子纠，召忽死之，管仲不死〕齐桓公和公子纠都是齐襄公的弟弟。齐襄公无道，二人都逃离齐国。召忽、管仲侍奉公子纠逃到鲁国。襄公被杀以后，桓公先回到齐国被立为君主，兴兵伐鲁，逼鲁国杀了公子纠。召忽自杀，管仲归服齐桓公，做了齐国的相。②〔九合诸侯〕指齐桓公多次召集诸侯盟会。③〔不以兵车〕不靠武力的意思。④〔如其仁〕有两种解释：一、谁有他这样的仁？二、这就是他的仁，如，作"乃""就是"讲。本书取第二种解释。
◎**大意** 子路说："齐桓公杀了公子纠，召忽自杀了，管仲却没有自杀。管仲还没有做到仁吧？"孔子说："桓公多次主持诸侯的盟会，没有依靠武力，都是管仲的功劳呀。这就是他的仁，这就是他的仁。"

14·18 子贡曰："管仲非仁者与？桓公杀公子纠，不能死，又相之。"子曰："管仲相桓公，霸诸侯，一匡天下，民到于今受其赐。

微①管仲，吾其被发左衽②矣。岂若匹夫匹妇之为谅③也，自经④于沟渎⑤而莫之知也？"

◎**注释** ①〔微〕无。②〔被发左衽（rèn）〕是当时所谓的"夷狄之俗"，这里指落后，不开化。被，同"披"。衽，衣襟。③〔谅〕小信。不问是非地死守信用。④〔自经〕自缢。⑤〔渎〕小沟渠。

◎**大意** 子贡说："管仲不是仁人吧？桓公杀了公子纠，他不能为公子纠殉死，还去做桓公的相。"孔子说："管仲辅佐桓公，称霸诸侯，匡正了天下，百姓直到今天还感受到他的好处。如果没有管仲，我们恐怕也要披散头发，衣襟向左开了。哪里能像普通男女那样讲小节小信，自杀死在山沟里，最后却谁也不知道呢？"

◎**解读** 这一章和上章，孔子赞扬管仲辅佐齐桓公九合诸侯、匡正天下的功绩，而避免出现中原被夷狄统治、文化衰落、百姓"被发左衽"的局面，肯定管仲是位仁人。而3·22章孔子曾批评管仲为不知礼。两处评价不同，值得注意。人生在世，难免会兼有功过是非两个方面，孔子不因管仲卫护中原文化之功而掩盖他违礼的过，也不因管仲有违礼的过而抹杀他卫护文化的大功，分别给以恰当的评价，反映了他全面把握事物两端、不偏不倚的中道思想和着眼于大节而不拘泥于小节小信的思想。可与9·7, 19·11章参读。

14·19 公叔文子之臣大夫僎①与文子同升诸公②。子闻之曰："可以为'文'矣。"

◎**注释** ①〔僎（zhuàn）〕人名。公叔文子的家臣。②〔升诸公〕诸，于。公，公朝。"升诸公"就是升为公朝的大夫。

◎**大意** 公叔文子的家臣大夫僎和文子一起进到公朝，孔子听说了，说："可以给他'文'的谥号了。"

◎**解读** 公叔文子引荐家臣僎与自己同立于公朝，孔子说"可以为'文'矣"，是赞许他善于识人，又无私地荐于国君。有此美德，可以无愧于"文"的谥号。

14·20 子言卫灵公之无道也，康子曰："夫如是，奚而不丧？"孔子曰："仲叔圉①治宾客，祝鮀治宗庙，王孙贾治军旅，夫如是，奚其丧？"

◎**注释** ①〔仲叔圉（yǔ）〕即孔文子。他与祝鮀、王孙贾都是卫国的大夫。

◎**大意** 孔子讲到卫灵公的无道，季康子说："既然如此，为什么他没有败亡呢？"孔子说："他有仲叔圉接待宾客，祝鮀管理宗庙祭祀，王孙贾统率军队，像这样，怎么会败亡呢？"

◎**解读** 卫灵公无道而卫国不亡，孔子说，这是因为他有赖于仲叔圉等三位良臣辅佐，说明举贤才、知人善任的重要性。

14·21 子曰："其言之不怍①，则为之也难。"

◎**注释** ①〔怍（zuò）〕惭愧。

◎**大意** 孔子说："说话大言不惭，那么要实行这些话就很难。"

◎**解读** 也就是说要慎言。可与4·22，12·3章参读。

14·22 陈成子①弑简公②。孔子沐浴而朝，告于哀公曰："陈恒弑其君，请讨之。"公曰："告夫三子③。"孔子曰："以吾从大夫之后④，不敢不告也。君曰'告夫三子'者。"之三子告，不可。孔子曰："以吾从大夫之后，不敢不告也。"

◎**注释** ①〔陈成子〕即陈恒。②〔简公〕齐简公，名壬。③〔三子〕指季孙、孟孙、叔孙三家。④〔从大夫之后〕孔子曾经做过大夫而这时已经去官家居，所以说"从大夫之后"。

◎**大意** 陈成子杀了齐简公。孔子斋戒沐浴而后去朝见鲁哀公，告诉鲁哀公说："陈恒杀了他的国君，请出兵去讨伐他。"哀公说："去告诉那三位大夫。"孔子退了出来，说："因为我还追随在大夫之后，所以不敢不来告诉，国君却说'去告诉那三位大夫'。"孔子到三位大夫那里告诉了，他们不同意讨伐。孔子说："因为我还追随在大夫之后，所以不敢不告诉呀。"

◎**解读** 陈成子杀了齐简公，孔子向鲁哀公报告，请求出兵讨伐这种以臣弑君的行为，哀公要他去报告季孙等三家。孔子照哀公的旨意报告三家，三家不同意。两处孔子都说"不敢不告"，意思是，依礼的规定，应该向国君报告，而向三家报告是国君的旨意，不能不遵照执行。这反映了孔子"事君尽礼"（3·18）的态度。

14·23 子路问事君。子曰："勿欺①也，而犯②之。"

◎**注释** ①〔欺〕一说犯颜直谏就是欺；一说言过其实，要求君主一定听从，就是欺。本书取后一种解释。②〔犯〕冒犯，指犯颜谏争。

◎**大意** 子路问怎样奉事君主。孔子说："不要要求君主一定听从，要能犯颜直谏。"

◎**解读** 本章谈君臣关系。对君须敬，不可欺；又要能犯颜直谏。可与3·19，11·23，13·15，16·1章参读。

14·24 子曰："君子上达①，小人下达②。"

◎**注释** ①②〔上达、下达〕有各种解释：一、上达于仁义，下达于财利；二、上达于道，下达于器，即农工商各业；三、上达是日进乎高明，长进向上，下达是日究乎污下，沉沦向下。本书取第一种解释。

◎**大意** 孔子说："君子通达于仁义，小人通达于财利。"

14·25 子曰："古之学者为己①，今之学者为人②。"

◎**注释** ①②〔为己、为人〕有不同的解释：一、"为己"是为了充实提高自己，使自己在道德上学问上有所得；"为人"是为了给别人看，让别人知道。因此"为己"能身体力行，"为人"则只能夸夸其谈。二、"为己"指德行一科，"为人"指言语、政事、文学等科。孔子并不否定"为人"之学，只是必须以"为己"之学为根本。本书取第一种解释。

◎**大意** 孔子说："古代人学习是为了充实提高自己，现在的人学习是为了给别人看。"

◎**解读** "为己"，是说所学所为都是出于自己的内心要求，既不是畏惧外力的强制，也不是顾虑他人的评议，更不是为了沽名钓誉，而是只求自己心安，除此别无他求。"为人"，则是所学所为只求人知，借以博取名利，与自身身心修养无关，用今天的话说，就是作秀，所说所为，都是给人家看。表现在行为中，"为己"就是要求身体力行，言行一致，而"为人"则只是夸夸其谈，心口不一。可与5·25，6·13，7·14，8·1，17·21章参读。

"为己"，是道德精神的核心，修身的根本，也是孔子儒家思想的根本精神，所以儒学又称为"为己之学"。宋儒说："今人不会读书。如读《论语》，未读时是此等人，读了后又只是此等人，便是不曾读。"意思是，读《论语》如果不能用在自己身上，就等于没有读，体现了"为己"的精神。一些研究儒学的学者，抛弃了儒学"为己之学"的传统，把儒学当作纯粹的知识体系，把对儒学的研究当成职业、饭碗、敲门砖，与自己的为人处事毫不相干，结果就是做的与讲的完全背道而驰，彻底背离了儒学的精神。读《论语》者，应引以为戒。可与12·20，15·28章参读。

14·26 蘧伯玉①使人于孔子，孔子与之坐而问焉，曰："夫子何为？"对曰："夫子欲寡其过而未能也。"使者出，子曰："使乎，使乎！"

◎**注释** ①〔蘧（qú）伯玉〕卫国的大夫，名瑗。孔子到卫国时曾住过他家。

◎**大意** 蘧伯玉派使者去拜访孔子，孔子让使者坐下，然后问道："先生近来在做什么呢？"使者回答说："先生想要减少自己的过错却还没能做到呀。"使者出去之后，孔子说："好一位使者呀，好一位使者呀！"

◎**解读**　使者的谦卑，彰显了主人的贤德，所以得到孔子的赞扬。

14·27　子曰："不在其位，不谋其政。"

◎**解读**　此章重出。见8·14章。

14·28　曾子曰："君子思不出其位。"

◎**大意**　曾子说："君子考虑问题不越出自己的职权范围。"
◎**解读**　与8·14章参读。

14·29　子曰："君子耻其言而过其行。"

◎**大意**　孔子说："君子以说的超过实际做的为可耻。"
◎**解读**　以言行一致为美德，以言过其行为可耻，这种风气应该提倡。可与2·13，4·22，4·24，5·13章参读。

14·30　子曰："君子道者三，我无能焉：仁者不忧，知者不惑，勇者不惧。"子贡曰："夫子自道也。"

◎**大意**　孔子说："君子之道有三，我一样也没能做到：仁德的人不忧虑，智慧的人不迷惑，勇敢的人不畏惧。"子贡说："这是先生说他自己哩。"
◎**解读**　9·28章也讲到"仁者不忧，知者不惑，勇者不惧"，可以参读。孔子自称没能做到三者，与7·32章"躬行君子，则吾未有所得"，7·33章"若圣与仁，则吾岂敢"意思相近，可以参读。孔子这样说，并非简单的自谦，也反映了他对学的态度。可与7·2，8·17章参读。

14·31　子贡方人①。子曰："赐也贤乎哉②！夫我则不暇。"

◎**注释**　①〔方人〕有两种解释：一、方，比的意思。对人物进行比较，并议论其短长；二、方同"谤"，"言人之过恶"。本书取第一种解释。②〔赐也贤乎哉〕也有两种解释，一作疑问语气解释，意思是批评子贡；一作肯定语气解释，肯定子贡的贤。本书采纳前者。

◎**大意**　子贡常对别人进行比较评论。孔子说："赐呀是有贤能！我可没有这闲工夫。"

◎**解读**　对人作比较评论，也是知人的一个方面，但过于关注这个方面就会放松了自身的修养。所以孔子既赞子贡之贤，又说自己没有闲暇，委婉地提醒子贡。

14·32　子曰："不患人之不己知，患其不能也。"

◎**大意**　孔子说："不要忧虑别人不了解自己，要担心自己无能呀。"

◎**解读**　只担忧自己无能，体现了"求诸己"（15·20）的精神。《论语》多处（如1·16，14·47，15·18章）谈到这一思想，文字稍异而意思相同，应是孔子经常讲到而弟子各自记录。可参读。还可与"古之学者为己，今之学者为人"（14·25）、"人能弘道，非道弘人"（15·28）和12·20章关于闻和达的区别等联系起来理解。在这些言论中贯串了一个共同的基本精神，就是最重要的不在于闻名于人，而在自己有所得、有所能。

14·33　子曰："不逆诈①，不亿②不信，抑亦先觉者，是贤乎！"

◎**注释**　①〔逆诈〕事先猜疑别人存心欺诈。逆，迎。②〔亿〕同"臆"，主观地臆测。

◎**大意**　孔子说："不事先猜疑别人的欺诈，不去无根据地猜测别人不诚实，但对别人的欺诈和不诚实却能事先觉察，这就是贤人吧！"

◎**解读**　不去无根据地猜疑他人欺诈，但对他人的欺诈却能事先察觉，既诚信待人，又明辨善恶，是贤。能明辨善恶，察觉欺诈，自然不会猜疑。无根据地猜疑他人，是自己待人不诚；对他人的欺诈不能察觉，以致受人欺骗，是自己缺乏智慧，是愚。

14·34　微生亩①谓孔子曰："丘，何为是②栖栖③者与？无乃为佞乎？"孔子曰："非敢为佞也，疾固④也。"

◎**注释**　①〔微生亩〕人名，姓微生，名亩。②〔是〕如此。③〔栖（xī）栖〕忙碌不安的样子。④〔固〕有两种解释：一、固执；二、指世道的固陋。本书取第一种解释。
◎**大意**　微生亩对孔子说："孔丘，你为什么这样栖栖惶惶奔忙不定呢？不是要卖弄你的口才讨好别人吧？"孔子说："我不是敢于卖弄自己的口才，只是厌恶固执不通而已。"

14·35　子曰："骥①不称其力，称其德也。"

◎**注释**　①〔骥〕千里马。
◎**大意**　孔子说："对于千里马，不是称赞它的气力，而是称赞它的品德。"
◎**解读**　本文提出了"称德不称力"的观点，可与3·16，3·25，7·20，14·6，15·1章参读。

14·36　或曰："以德报怨，何如？"子曰："何以报德？以直报怨，以德报德。"

◎**大意**　有人说："用恩德来报答怨恨，怎么样？"孔子说："那又怎样报答恩德呢？应该是用正直来报答怨恨，用恩德来报答恩德。"

◎**解读**　怎样处理人与人之间的恩怨，是人生中的大问题。孔子反对怨怨相报，也反对以德报怨，主张"以直报怨"。这可与5·22章"不念旧恶"联系起来理解，不以有旧恶私怨而改变自己的公平正直，也就是坚持了正直，"以直报怨"了。"以直报怨"不是对旧怨不问是非，一笔勾销。在原则问题上，分清是非，坚持原则，正是"直"的要求；而且，在一定的条件下，也需要针锋相对的斗争。

"以德报德""知恩图报""滴水之恩，涌泉相报"是我们中华民族的优良传统。佛教、基督教都提倡感恩，现在人们也常说感恩，儒学则说报恩。"感"和"报"的异同，值得仔细体会。

14·37　子曰："莫我知也夫！"子贡曰："何为其莫知子也？"子曰："不怨天，不尤①人。下学而上达②，知我者其天乎！"

◎**注释**　①〔尤〕责怪，归咎。②〔下学而上达〕下学、上达，旧注多解释为下学学人事，上达达天命。大意只作字面直译。

◎**大意**　孔子说："没有人了解我啊！"子贡说："为什么没有人了解您呢？"孔子说："不怨恨天，不责备旁人。从下面学习而通达到上面。了解我的只有天吧！"

◎**解读**　孔子一生不为人所知。他多次说"不患人之不己知"（1·16，14·32）"人不知而不愠"（1·1），本章又说"不怨天，不尤人。下学而上达"，他的"不患""不愠""不怨""不尤"，都立足于下学。致力下学，自可有成；舍弃下学，皆成空谈。

14·38　公伯寮①愬②子路于季孙。子服景伯③以告，曰："夫子固有惑志于公伯寮，吾力犹能肆诸市朝④。"子曰："道之将行也与，命也；道之将废也与，命也。公伯寮其如命何？"

◎**注释**　①〔公伯寮（liáo）〕公伯是姓，寮是名。②〔愬（sù）〕同"诉"，诽谤。

③〔子服景伯〕鲁国大夫，姓子服，名何，字伯，景是谥号。④〔肆诸市朝〕肆，陈尸。古时处死罪人后陈尸在朝廷或街市示众。

◎**大意**　公伯寮向季孙诽谤子路。子服景伯告诉了孔子，说："季孙已经被公伯寮迷惑了，但我的力量还能够把公伯寮杀了，让他陈尸于市。"孔子说："道将要得到推行，是天命决定的；或者道将要废弃，也是天命决定的。公伯寮能把天命怎么样呢？"

◎**解读**　知命，是孔子思想的重要方面。这两章具体说到天、命，都是在遇到危难、打击的情况下。他说"道之将行也与，命也；道之将废也与，命也。公伯寮其如命何？""知我者其天乎？"把道的行与不行，归之于命，并自信秉承天命，他人奈何不了他，表现出高度的自信。这是支持他在逆境中永不气馁、永不退缩的精神支柱。9·5章说"天之将丧斯文""天之未丧斯文"，与这一章意思相同，可参读。"下学而上达"，则是立足于自身的努力，体现着"为仁由己""未见力不足者"的精神。

这里反映了孔子"与命与仁"（9·1）两方面的思想。在遭到危难、挫折的时候，他归之于命，指的是人力所不能支配的领域。"下学而上达"，在人事的领域完全立足于自身的努力，则是仁的精神。孔子思想是这两个方面的统一，两个方面的关系，要仔细领会。

14·39　子曰："贤者辟①世，其次辟地，其次辟色，其次辟言。"

◎**注释**　①〔辟〕同"避"。

◎**大意**　孔子说："贤人逃避乱世而隐居，其次避开有动乱的国家，又其次见到人家不能以礼相待就避开，再其次听到人家有恶言就避开。"

◎**解读**　本章谈到避世退隐的四种情况。四者的先后次序，是按所避对象的程度深浅排列，不是按四者优劣之分。孔子对避世的态度，可与14·41，18·6，18·7章参读。

14·40 子曰:"作者七人矣。"

◎**大意** 孔子说:"这样做的已经有七个人了。"
◎**解读** 这一章应与上章连读。"作者七人"就是说因各种情形隐去的已有七人。

14·41 子路宿于石门①。晨门②曰:"奚自?"子路曰:"自孔氏。"曰:"是知其不可而为之者与?"

◎**注释** ①〔石门〕地名。一说是鲁城(今曲阜)外城门。②〔晨门〕看守城门的人。
◎**大意** 子路夜里住在石门,看门的人问:"你从哪里来?"子路说:"从孔子那里来。"看门人说:"是那个明知做不到却还要去做的人吗?"

14·42 子击磬①于卫,有荷蒉②而过孔氏之门者,曰:"有心哉,击磬乎!"既而曰:"鄙哉!硁硁乎!莫己知也,斯己则已矣。深则厉,浅则揭③。"子曰:"果哉!末④之难⑤矣。"

◎**注释** ①〔磬〕乐器名。②〔荷(hè)蒉(kuì)〕荷,肩扛。蒉,草编的筐子,盛土用。③〔深则厉,浅则揭(qì)〕穿着衣服涉水叫厉,提起衣襟涉水叫揭。这两句是《诗经·卫风·匏有苦叶》中的诗句。这里用来比喻处世也要审时度势,知道深浅。④〔末〕无。⑤〔难〕责问。
◎**大意** 孔子在卫国,一天正在击磬,一个挑着草筐从门前走过的人说:"这个击磬的人有心思呀!"一会儿又说:"声音硁硁的,可鄙呀!没有人了解自己,你就只为自己就是了。水深,就穿着衣服涉水而过;水浅,就撩起衣襟过去。"孔子说:"真果断呀!没有什么可责问他的了。"
◎**解读** 这一章所记荷蒉人和上章的看门人应该都是避世的隐者。前两章谈隐,这两章记隐者对孔子的评论。《论语》中还有3·24,14·42,18·5,18·6,18·7章,也是记载当时一些人对孔子的评论。通过这些评论,可以从一个侧面了解孔子的思想和当时人对孔子的态度。看门人说孔子是"知其不可而为之者"（14·41），可见孔子并不避世。

14·43 子张曰："《书》① 云：'高宗谅阴②，三年不言。'何谓也？"子曰："何必高宗？古人之皆然。君薨③，百官总己以听于冢宰④ 三年。"

◎**注释** ①〔《书》〕指《尚书》。以下两句见《尚书·无逸》。②〔高宗谅阴〕高宗，商王武丁。谅阴，大意指天子居丧，确切意义不清。③〔薨（hōng）〕周代指诸侯死。④〔听于冢宰〕是说百官都听命于冢宰，继位的新君不理政事。冢宰，官名。
◎**大意** 子张说："《尚书》上说'高宗守丧，三年不谈政事。'这是什么意思？"孔子说："不仅高宗，古代的人都这样。国君死了，朝廷百官总揽自己的职事，听命于冢宰三年。"
◎**解读** 本章谈三年之丧。商代天子与庶民同样要服丧三年，服丧期间将政事交由冢宰管理。西周以后，这种做法已有改变。

14·44 子曰："上好礼，则民易使也。"

◎**大意** 孔子说："在上位的人重视礼，那么百姓就好指挥了。"

14·45 子路问君子。子曰："修己以敬。"曰："如斯而已乎？"曰："修己以安人①。"曰："如斯而已乎？"曰："修己以安百姓。修己以安百姓，尧舜其犹病诸。"

◎**注释** ①〔人〕下文有"修己以安百姓"，所以这里的"人"没有把百姓包括在内，只指上层的人。

◎**大意** 子路问怎样才是君子。孔子说:"修养自己,使自己能敬爱他人。"子路说:"这样就够了吗?"孔子说:"修养自己,使周围的人们安乐。"子路说:"这样就够了吗?"孔子说:"修养自己,使所有百姓都安乐。修养自己使所有百姓都安乐,尧舜还担心无法做到呢。"

◎**解读** 修己以及安人、安百姓,提出了对人生的两大基本要求。修己,是指首先要认真修身,提高自己的精神品格;安人、安百姓,是指不仅要自己好,还要帮助他人好,让所有百姓都好。修己是立身之本,而修身是为了安人、安百姓,为民造福,为建立理想社会而努力。这两个方面,回答了人生的两个基本问题:一是物质生活与精神生活的关系问题,二是个人与群体的关系问题。这反映了中华传统文化在人生问题上的两项核心价值——义和群,即崇德和乐群。在精神生活与物质生活方面,要把精神生活放在第一位,义以为上;在个人与群体方面,要把个人看作群体的一分子,群己统一。它概括并体现了上古、三代以来圣贤"以天下为己任"的精神,为后世仁人志士所继承、发扬,成为中华民族精神的重要组成部分。在孔子看来,安百姓,一般人是做不到的,"尧舜其犹病诸"。"修己以安人"则应该成为君子追求的人生理想。可与6·28章参读。

14·46 原壤[①]夷俟[②]。子曰:"幼而不孙弟[③],长而无述焉,老而不死,是为贼。"以杖叩其胫。

◎**注释** ①〔原壤〕鲁国人,孔子的旧友。②〔夷俟〕他蹲着或坐着等在那里,很没有礼貌。夷,有人解释为蹲,也有人解释为箕踞,双腿分开而坐。俟,等待。③〔孙弟〕同"逊悌"。

◎**大意** 原壤蹲在那里等着孔子。孔子说:"年幼的时候不知道逊悌,年长了又没有什么可说的成就,老而不死,真是祸害。"说着用手杖敲他的小腿。

14·47 阙党[①]童子将命[②]。或问之曰:"益者与?"子曰:"吾见其居于位[③]也,见其与先生并行[④]也。非求益者也,欲速成者也。"

◎**注释** ①〔阙党〕即阙里，孔子家住的地方。②〔将命〕在宾主之间传信。③④〔居于位、并行〕古时礼节，童子不能和长者同坐并行，应坐在一边，走在后面。这里孔子说"见其居于位也，见其与先生并行也"，是批评这童子不知礼节。

◎**大意** 阙里的一个童子来给孔子传话。有人问道："这是个求上进的孩子吗？"孔子说："我看见他坐在成年人的位子上，又见他和长辈并肩而行，他不是要求上进的人，只是个急于求成的人。"

卫灵公篇第十五

15·1　卫灵公问陈①于孔子。孔子对曰："俎豆②之事，则尝闻之矣；军旅之事，未之学也。"明日遂行。在陈绝粮，从者病，莫能兴。子路愠见曰："君子亦有穷乎？"子曰："君子固穷③，小人穷斯滥矣。"

◎**注释**　①〔陈〕同"阵"，军阵，指有关打仗的事情。②〔俎豆〕古代盛食物的礼器，用于祭祀。③〔固穷〕固字有两种解释：一、固然；二、固守，虽穷仍能固守其道。本书取第一种解释。

◎**大意**　卫灵公向孔子问军阵的事。孔子回答说："祭祀礼仪的事，倒是听到过；用兵打仗的事，没有学过。"第二天孔子就离开了卫国。在陈断了粮，随行的人都病得起不来。子路很不高兴地来见孔子，说："君子也有穷困的时候吗？"孔子说："君子固然也有穷困的时候，但小人一穷困就胡作非为了。"

◎**解读**　人生困境，在所难免，也是对人的考验。小人"穷斯滥矣"，一旦陷入困境便无所不为；只有君子能坚守道义信念。可与9·27章参读。

15·2　子曰："赐也！女以予为多学而识之者与？"对曰："然，非与？"曰："非也。予一以贯之。"

◎**大意**　孔子说："赐呀！你以为我是多多地学习而一一记住的人吗？"子贡答道："是呀！难道不是吗？"孔子说："不是的。我是有一个总原则贯穿始终的。"

◎**解读**　"多学而识"，只是学而不思。"一以贯之"，则必须在学的基础上通过思考才能达到。孔子纠正子贡的看法，说自己不是多学而识，而是以一个基本观念贯穿学习过程始终，也是告诉他的学生不能只学习不思考。可与2·15章"学而不思则罔"参读。

4·15章孔子对曾子说"吾道一以贯之"，也讲到"一以贯之"。可参读。

15·3 子曰："由！知德者鲜矣。"

◎**大意** 孔子说："由呀！懂得德的人太少了。"

15·4 子曰："无为而治①者，其舜也与？夫何为哉？恭己正南面而已矣。"

◎**注释** ①〔无为而治〕指国君不必亲自有所作为而可以天下太平。
◎**大意** 孔子说："能够无为而治的，大概只有舜吧。他做了些什么呢？只是庄严端正地南面而坐罢了。"
◎**解读** "恭己正南面而已矣"，可与2·1章"居其所而众星拱之"参读。

15·5 子张问行①。子曰："言忠信，行笃敬，虽蛮貊②之邦，行矣。言不忠信，行不笃敬，虽州里③，行乎哉？立则见其参④于前也，在舆则见其倚于衡⑤也，夫然后行。"子张书诸绅⑥。

◎**注释** ①〔行〕这里的行是通达的意思。②〔蛮貊（mò）〕古时对少数民族的称呼，蛮在南，貊在北。③〔州里〕五家为邻，五邻为里。五党为州，二千五百家。州里指近处。④〔参〕耸立貌。⑤〔衡〕车辕前端的横木。⑥〔绅〕古人束在腰间并有一头垂下的大带。
◎**大意** 子张问怎样才能到处行得通。孔子说："说话忠信，行事笃敬，即使到了蛮貊地区也能行得通。说话不忠信，行事不笃敬，就是在本乡本土，能行得通吗？站着就仿佛看见忠信笃敬这几个字矗立在面前，坐车就仿佛看见这几个字刻在前面的横木上,这样才能使自己到处行得通。"子张把这些话写在自己腰间的大带上。

◎**解读** "言忠信,行笃敬",是对言行的要求,《论语》多处提到相关的内容。"立则见其参于前也,在舆则见其倚于衡也",是修养的态度。对于忠信笃敬,要无时无刻,念念不忘,须臾不离,把忠信笃敬落实到言行中。与4·5章"君子无终食之间违仁,造次必于是,颠沛必于是"可参读。

15·6 子曰:"直哉史鱼①!邦有道,如矢②;邦无道,如矢。君子哉蘧伯玉!邦有道,则仕;邦无道,则可卷③而怀之。"

◎**注释** ①〔史鱼〕卫国大夫,名鳅。②〔如矢〕矢,箭。如矢,形容其直。③〔卷〕同"捲"。

◎**大意** 孔子说:"史鱼真正直啊!国家有道,他像箭一样直;国家无道,他还是像箭一样直。蘧伯玉真是君子啊!国家有道,就出来做官;国家无道,就把自己的主张藏在心里。"

◎**解读** 孔子赞史鱼直,称蘧伯玉为君子。也有人说:"史鱼之直,未尽君子之道。若蘧伯玉,然后可免于乱世。"对于身居危邦乱世,应如何自处,8·13章就各种不同情况有比较全面的说明,中心是"守死善道"。在国家有道、无道时的不同选择,都是为了"善道",而不是"免于乱世"。18·1章肯定"殷有三仁",说明处世之道,并非只有一种模式。本章对史鱼和蘧伯玉的评价,不宜作二人高下之分理解。5·20,7·10,14·4章都是谈这方面的问题,可参读。

15·7 子曰:"可与言而不与之言,失人;不可与言而与言,失①言。知者不失人,亦不失言。"

◎**注释** ①〔失〕失人的"失"作"错过"讲,失言的"失"作"过失"讲。

◎**大意** 孔子说:"可以与他讲而不同他讲,这是错过了人;不可以与他讲而与他讲了,这是说错了话。明智的人既不错过人,也不说错话。"

◎**解读** 本章强调把握讲话时机的重要性。把握不当，会导致"失人""失言"。

15·8 子曰："志士仁人，无求生以害仁，有杀身以成仁。"

◎**大意** 孔子说："志士仁人，没有贪生怕死而损害仁的，只有牺牲自己的性命来成全仁的。"

◎**解读** 生死问题是人生的重大问题。本章孔子提出处理生死问题的原则：不可为保命而损害仁道，必要时可以牺牲生命来成全仁道。14·13，19·1章以"见危授命""见危致命"为对士的要求，说的是同一个意思。以后孟子又提出，在生与义二者不可得兼的时候要"舍生取义"。杀身成仁，舍生取义；生死抉择，惟义所在，代表了儒家的生死观念。

杀身成仁，舍生取义，反映了传统儒学对生命的理解。4·8章"朝闻道，夕死可矣"和孟子所说"所欲有甚于生者""所恶有甚于死者"，都是说生命的意义在于道，在于精神生命，个人的物质生命并非最高的价值。由此，杀身成仁和舍生取义，既是为道义献身，也是对生命意义的追求和个人人格的完成。

在悠久的历史发展中，杀身成仁，舍生取义，已成为传统士人最高的人生理想追求。无数志士仁人，在这一理想的激励下，创造出无数可歌可泣的英雄业绩，成为中华民族的脊梁。精神生命重于物质生命的人生价值观，也潜移默化，渗透到中国人的民族意识中，成为民族精神的一部分。

仁义的具体内容是随时代发展而变化的，而精神生命重于物质生命，"生死抉择，惟义所在"的精神是永恒的，应当代代相传。

15·9 子贡问为仁。子曰："工欲善其事，必先利其器。居是邦也，事其大夫之贤者，友其士之仁者。"

◎**大意** 子贡问应该怎样做到仁？孔子说："工匠要做好他的工作，一定先要弄好他的工具。住在一个国家里，就要奉事那些大夫中的贤人，与士人中的仁人交朋友。"

◎**解读** 正如工匠要完成其制作，必须有良好的工具；修养和成就仁德，必须有贤人、仁者相助。可与1·14章"就有道而正焉"，4·1章"里仁为美"，9·24章"毋友不如己者"，12·24章"以友辅仁"参读。

15·10　颜渊问为邦。子曰："行夏之时①，乘殷之辂②，服周之冕③，乐则《韶》舞④。放郑声⑤，远佞人。郑声淫，佞人殆。"

◎**注释**　①〔夏之时〕时，历法，夏之时即夏代的历法。殷代是以农历十二月为正月；周代是以农历十一月为正月，以冬至日为元日。因为夏历便于农业生产，所以当时很多国家还是用夏历。②〔殷之辂（lù）〕辂，天子所乘的车。殷代的辂是木制，比较质朴。③〔周之冕〕周代的冕比前代的要华美。冕，礼帽。④〔《韶》舞〕《韶》乐，是舜时的舞乐，孔子曾说《韶》乐尽美尽善。另一说认为舞即"武"字，古时舞与武通用。"武"，周代的乐。孔子说《武》乐尽美而未尽善。参见3·25章。⑤〔放郑声〕放，禁绝的意思。郑声，郑国的乐曲。孔子认为郑国乐曲是淫声，靡靡之音。

◎**大意**　颜渊问怎样治理国家。孔子说："用夏代的历法，坐殷代的车子，戴周代的礼帽，乐舞则用《韶》乐。禁绝郑国的乐曲，斥退能言善辩的佞人。郑国的乐曲浮靡不正派，佞人太危险。"

◎**解读**　对于历法、车、帽、乐四项，孔子分别取自夏、商、周和舜四个时代，反映了他认为礼乐要随时代变迁而有所损益的思想（见2·23章）。自孔子至今，时代已历经剧变，此章对礼乐的要求已不合时宜，而因时损益的原则则是有强烈的现实意义的。今天对古今中外的文化成果也应有所损益，选择吸取其优秀成分，以适应当代社会的需要。

15·11　子曰："人无远虑，必有近忧。"

◎**大意**　孔子说："人没有长远的考虑，一定会有眼前的忧患。"
◎**解读**　13·17章说"无欲速，无见小利"，"欲速"和"见小利"，急功近利，就是"无远虑"的表现。可参读。

15·12 子曰："已矣乎！吾未见好德如好色者也。"

◎**大意** 孔子说："罢了！我没有见过能像爱好女色那样爱好德的人。"
◎**解读** 本章内容与9·17章同，多"已矣乎"三字，加重了语气。

15·13 子曰："臧文仲其窃位①者与！知柳下惠②之贤而不与立也。"

◎**注释** ①〔窃位〕身居官位而不称职。②〔柳下惠〕鲁国人，本名展获，字禽，又叫展季。柳下，一说是其封地，一说是其住处。惠是他的私谥（不是由朝廷授予的谥号）。
◎**大意** 孔子说："臧文仲是一个窃居官位的人吧！他明知柳下惠的贤良，却不举荐他与自己并立于朝。"
◎**解读** 可与14·19章参读。

15·14 子曰："躬自厚而薄责于人，则远怨矣。"

◎**大意** 孔子说："督责自己严而督责他人宽，就可以避免怨恨了。"
◎**解读** 责己严，责人宽，是"求诸己"（15·20）这一基本态度的具体表现，也是求得人际关系和谐的一项重要原则。

15·15 子曰："不曰'如之何①、如之何'者，吾末②如之何也已矣。"

◎**注释** ①〔如之何〕怎么办。"如之何、如之何"表示深思熟虑。②〔末〕无。
◎**大意** 孔子说:"从不说'怎么办、怎么办'的人,我对他也没有什么办法了。"

15·16 子曰:"群居终日,言不及义,好行小慧,难矣哉!"

◎**大意** 孔子说:"整天聚在一起,说的话都与道义无关,专好卖弄小聪明,这就真难了啊!"
◎**解读** 这两章孔子批评两种现象:从不问怎么办,饱食终日,无所用心;"言不及义,好行小慧",不专注于道义,只在小事上用心。二者都是平日所常见,人无精神,不知其可,戒之戒之。

15·17 子曰:"君子义以为质,礼以行之,孙以出之,信以成之。君子哉!"

◎**大意** 孔子说:"君子以义作为行事的根本,用礼仪来实行它,用谦逊的态度来表达它,靠诚信来完成它。这才是君子啊!"
◎**解读** 质,实质、本质。"君子义以为质"的意思是君子立身以义为本。以下三句中的"之"都是指"义",义通过礼而落实于行;礼的精神在恭敬、辞让,须通过谦逊的态度而表现;最后的完成,则在于诚信。本章中四句话说的是一件事——以义为本,后三项都是为了义的落实和完成。

15·18 子曰:"君子病无能焉,不病人之不己知也。"

◎**大意** 孔子说:"君子只忧虑自己没有能力,不忧虑别人不了解自己。"
◎**解读** 只愁自己无能,而不担心他人不理解自己,反映了"求诸己"(15·20)的精神。《论语》中多处说到这一点。可与1·16,4·14,14·32章参读。

15·19 子曰："君子疾没世①而名不称焉。"

◎**注释** ①〔没世〕死亡。

◎**大意** 孔子说："君子担心死后名字不为人们所称颂。"

◎**解读** 君子之学为己，不求人知，上章即说"不病人之不己知"，本章则说君子担心死后不能留名后世。此处所说的"名"，是身后之名。人总是追求不朽。中国人的追求，不在天国，也不在极乐世界，而在人世间，也就是追求青史留名，永垂不朽，"留取丹心照汗青"，体现了对生命终极意义的追求。这是中国士人、中国知识分子的一个重要传统。

身后的名，不由自己决定，全在百姓的评价，百姓评价某个人所依据的是其一生所作所为对群体的贡献。立德、立功、立言，有益于社会、百姓，才能得到百姓肯定，为百姓所称颂，在后世长存，虽久不废。16·12章谈对齐景公和伯夷叔齐的评价，即是生动的例证，可参读。

身后的名和生前的名不同。生前的名，只在一时，变幻不定，而且多是虚名，死后则与身同去，不复存在；身后的名，由后世百姓所定，经受历史考验，千秋功罪，公正客观，永留人间。物质生命结束，精神生命不死，永垂不朽，这是人生价值的真正所在。

15·20 子曰："君子求诸己，小人求诸人。"

◎**大意** 孔子说："君子求之于自己，小人求之于他人。"

◎**解读** 求诸己而不求诸人，是孔子为人为学的基本态度。君子追求青史留名，也必立足于求诸己。《论语》中反映孔子这一态度的还有1·1，1·16，4·14，14·32，14·37，15·14，15·18章，可参读。

15·21 子曰："君子矜①而不争，群而不党。"

◎**注释** ①〔矜〕庄重。

◎**大意** 孔子说："君子庄重而不与人争执，合群而不结党营私。"

◎**解读** 这一章提出"矜而不争""群而不党"的观点，可分别与3·7章和2·14章参读。

15·22 子曰："君子不以言举人，不以人废言。"

◎**大意** 孔子说："君子不凭一个人说的话来荐举人，也不因为一个人不好而抹杀他讲的正确的话。"

◎**解读** "不以言举人"，也"不以人废言"，这也是知人的重要原则。"不以言举人"可与5·9，14·5章参读。有言者，未必有德，所以要"听其言而观其行"，不能以言举人。不好的人也并非句句话都错，所以不能以人废言。

15·23 子贡问曰："有一言而可以终身行之者乎？"子曰："其'恕'乎！己所不欲，勿施于人。"

◎**大意** 子贡问道："有没有一个字是可以终身奉行的呢？"孔子说："那就是'恕'吧！自己所不愿意要的，不要施加给别人。"

◎**解读** "己所不欲，勿施于人"，是恕；6·28章讲"己欲立而立人，己欲达而达人"，是忠。合而讲之就是忠恕之道。4·15章曾子曰："夫子之道，忠恕而已矣。"可联系起来读。

"己所不欲，勿施于人"，自己所不愿意接受的事情，不要强加到他人身上；不希望他人这么对待自己，就不要这么对待他人。"己欲立而立人，己欲达而达人"，自己所希望的，也帮助他人做到；希望在社会上立足，希望办事很顺利通达，就帮助他人能立足、通达。这两个方面，一个是对自己的约束，一个是对他人的责任。对待他人，首先要尊重，不要妨碍他人；其次，还要尽心尽力地帮助他人。而共同的一个精神，叫作"推己及人"，或"能近取譬"。从自己之所欲所想，推及他人，理解他人的所欲所想，也就是民间所讲的"将心比心""设身处地为他人着想"。从深处说，这包含着平等观念，对人的爱和尊重，简而言之，推己及人就是心里要想着他人。这是处理与他人关系的基本原则。孔子说："能近取譬，可谓仁之方也已。"处理与他人的关系就要从这里做起。

"己所不欲，勿施于人"，已经为世界各大宗教所接受，被公认为是人类可以普遍接受的共同的价值观念，称为"金律"。但若仔细考察，可发现在具体表述上，共同之中又有差异。《论语》说的是"己所不欲，勿施于人"，《圣经》说的则是"你们要他人怎样对待你们，你们也要怎样对待他们"。"己所不欲，勿施于人"的出发点和落脚点都是他人；《圣经》的出发点和落脚点是自己。这一点也正反映出中西文化核心价值观的差异，值得注意。

关于忠与恕的关系，有人认为应以恕为主，而忠不宜提倡，理由是孔子回答子贡关于"有一言而可以终身行之者乎"的问题时，"几乎毫不犹豫地剔除了忠"。实际上，《论语》中多处谈到忠，讲"主忠信"（9·24），提出君子要以忠信为主。只就本章没有提忠就说孔子剔除了忠，是断章取义的做法，割裂忠恕，完全悖于孔子的思想。

15·24 子曰："吾之于人也，谁毁谁誉？如有所誉者，其有所试①矣。斯民也，三代之所以直道而行也。②"

◎**注释** ①〔试〕考察、验证。②〔斯民也，三代之所以直道而行也〕斯民，指当代的百姓。整句话的意思是说夏、商、周三代都是依靠这些百姓而使直道通行，也就是说三代以来百姓都是依直道而行的，对是非毁誉有公正的评判。从这一句中可以知道，前面说其有所试，不是指孔子亲自去考验，而是指在百姓中是经过考验的。

◎**大意** 孔子说："我对于别人，诋毁过谁？称赞过谁？如果有称赞过的人，那也是经过考验的。这些值得被称赞的人，就是夏、商、周三代依靠他们而使直道得以通行的人呀。"

◎**解读** 本章意思是说，夏、商、周三代以来直道行于民间，对是非善恶都有公正的评判，所以不需要再有什么毁誉。

15·25 子曰："吾犹及史之阙文①也；有马者借人乘之②，今亡矣夫。"

◎**注释** ①〔阙文〕史官记史，遇到有疑问处就缺而不记，叫"阙文"。②〔有马者借人乘之〕这一句话在这里是什么意思，和上一句有什么关联，不好理解。有一种解释说：有马而自己不会调教，靠别人来训练，与"史之阙文"一样是表现了严谨老实的作风。可以作为参考。

◎**大意** 孔子说："我还见过史书上存疑的地方就缺而不记；有马的人自己不会调教，靠别人来训练，现在都没有了。"

◎**解读** 朱熹注引胡氏曰："此章义疑，不可强解。"

15·26　子曰："巧言乱德，小不忍则乱大谋。"

◎**大意** 孔子说："花言巧语会败坏人的德行，小事情不忍耐就会坏大事。"

◎**解读** 1·3章说"巧言令色，鲜矣仁"，本章说"巧言乱德"，义相同，可参读。喜怒哀乐之情，宜节制适度，任性而为，往往招致祸端。忍，就是为求适度而自我节制，在提倡发展个性的环境下，这一点尤其值得注意和思考。

15·27　子曰："众恶之，必察焉；众好之，必察焉。"

◎**大意** 孔子说："大家都厌恶他，我一定要考察一下；大家都喜欢他，也一定要考察一下。"

◎**解读** 本章可与13·24章参读。

15·28　子曰："人能弘①道，非道弘人。"

◎**注释** ①〔弘〕发扬光大。

◎**大意** 孔子说："人能把道发扬光大，不是道使人弘大。"

◎**解读** 这一章可与8·7章"仁以为己任",14·25章"古之学者为己,今之学者为人"参读。弘扬仁道,是士的使命,也是君子的人生追求,要做到这一点,应是"为己"而不是"为人"。也只有"为己",身体力行,在自身一言一行中都体现出仁道,才是最好的弘道方式;而"为人"之学,恰恰是想要以道弘人,用"道"来装点门面,哗众取宠。以弘道为立身之本,是儒家思想的真精神;以道弘人则是对儒家思想的歪曲和败坏。

关于孔子对道的态度,还可联系4·8,15·8章来体会。

15·29 子曰:"过而不改,是谓过矣。"

◎**大意** 孔子说:"有了过错而不改正,这就真是过错了。"

◎**解读** 人不可能没有过错,重要的是要及时改正并且不重犯过错。孔子所说"过而不改,是谓过矣",用简明的语言反映了这一真理,指出了对待过错的正确态度。1·8章孔子说"过则勿惮改",6·2章孔子称赞颜渊"不贰过",都是说的这个问题。还可与19·8,19·21章谈君子与小人对待过错不同态度的内容参读。

15·30 子曰:"吾尝终日不食,终夜不寝,以思,无益,不如学也。"

◎**大意** 孔子说:"我曾经整天不吃、整夜不睡地思索,结果没有益处,不如去学习的好。"

◎**解读** 这一章强调了学的重要性,是对"思而不学则殆"道理的发挥,可与2·15,17·8章参读。

15·31 子曰:"君子谋道不谋食。耕也,馁[①]在其中矣;学也,禄在其中矣。君子忧道不忧贫。"

◎**注释** ①〔馁（něi）〕饥饿。
◎**大意** 孔子说："君子谋求学道行道，不谋求衣食。耕田，也常要饿肚子；学习，可以得到俸禄。君子只担心道不能明，不能行，不担心自身的贫穷。"
◎**解读** 可与1·14，4·9，13·4章参读。

15·32 子曰："知及之①，仁不能守之，虽得之，必失之。知及之，仁能守之，不庄以涖②之，则民不敬；知及之，仁能守之，庄以涖之，动之不以礼，未善也。"

◎**注释** ①〔知及之〕"之"有几种解释：一、指民，"知及之"是说政令可以及于百姓；二、指职位或国家、天下；三、指治国之道。本书取第三种解释。下文"涖之""动之"的"之"字都是指百姓。②〔涖（lì）〕同"莅"，临。
◎**大意** 孔子说："一个人的才智已能达到治国之道，但他的仁德不足以保持它，那么虽然得到了，一定还会失去。才智达到了，仁德也足以保持了，但不能庄严地对待百姓，那么百姓就会不敬；才智达到了，仁德足以保持了，也庄严地对待百姓了，但动员百姓时不按照礼的要求，那也还不是完善的。"
◎**解读** 本章谈治国之道的四个层次，即才智、仁德、庄严和礼，前两项是说对治道的体认，属内心德智的修养；后两项是说治道的用之于民，属外在行为的实行。人的修养，事情的完成，都必须兼顾这两个方面，内外兼修。有人认为，达到了仁，则大本已立，后两项的不足只是"小疵"而已；孔子历数这两项，是求全责备。这种观点是片面的，"庄严"和"礼"对于个人修养和治国之道，都有极为重要的意义，不能将其看作是小节而忽视。如6·16章也提到："质胜文则野，文胜质则史。文质彬彬，然后君子。"可见"不庄以涖之""动之不以礼"，终究不可说只是"小疵"。

15·33 子曰："君子不可小知而可大受①也，小人不可大受而可小知也。"

◎**注释** ①〔小知、大受〕大受，承担大任。小知有两种解释：一、知是被人所知，君子在小事上未必可观，小人未必没有长处可取。二、用小事考验。君子不可用小事考验，小人可以用小事考验。本书取第二种解释。

◎**大意** 孔子说："君子不能从小事上得到人们的赏识，但可以接受重大任务；小人不能接受重大任务，却可以在小事上得到人们的赏识。"

◎**解读** 本章也是谈知人之道。看人当看大处，不可只看小处。

15·34 子曰："民之于仁也，甚于水火。水火吾见蹈而死者矣，未见蹈仁而死者也。"

◎**大意** 孔子说："百姓对于仁的需要，超过了对水火的需要。我只见过人跳到水火中而死的，没有见过实行仁德而死的。"

◎**解读** 此章勉励人们为仁。人不可一日无水火，人之依赖于仁，更甚于水火；而且水火有时还会伤人致死，仁则无此危险，且有益而无害。既如此，何乐而不为呢？

15·35 子曰："当仁，不让于师①。"

◎**注释** ①〔不让于师〕师字有两种解释：一、师长；二、作"众"字讲。遇到众人应做的事，应带头去做而不谦让。"当仁不让"即是见义勇为的意思。本书取第一种解释。

◎**大意** 孔子说："遇到实行仁德的事，就是对老师也不谦让。"

◎**解读** 谦让是中华文化提倡的美德。《论语》1·10，4·13，8·1和11·25章都谈到。本章则说"当仁不让"，可与2·24章"见义不为，无勇也"，8·7章"仁以为己任"参读。

15·36 子曰："君子贞①而不谅②。"

◎**注释** ①〔贞〕有两种解释：一、正，指固守正道；二、大信。本书取第一种解释。②〔谅〕见14·18章注。

◎**大意** 孔子说："君子固守正道而不拘泥于小信。"

◎**解读** 1·13章说："信近于义，言可复也"，13·20章说："言必信，行必果，硜硜然小人哉"，14·18章说："匹夫匹妇之为谅"，均可与这一章参读。这几章说明了孔子关于"信"的一个重要思想：不能孤立地讲信，信要服从于道，也就是服从于仁、礼。离开了仁、礼的大原则，不问是非地讲"言必信"，这是小人对信的理解，为君子所不取。

15·37 子曰："事君，敬其事而后其食①。"

◎**注释** ①〔食〕指接受俸禄。

◎**大意** 孔子说："奉事君主，要敬守职事而把领俸禄的事放在后面。"

◎**解读** 可与6·20章"仁者先难而后获"，12·21章"先事后得，非崇德与？"参读。三章所说是一个意思：以敬其事为先，得利禄为后。用现在的语言说，就是工作第一，享受第二。

15·38 子曰："有教无类①。"

◎**注释** ①〔无类〕类，类别。无类即不加分类区别。

◎**大意** 孔子说："人人都可以有教化，没有种类的限制。"

◎**解读** 孔子提出"有教无类"的思想，反映了当时文化下移的现实状况，其主张突破了学在官府、教育只限于贵族阶层的传统，这是中国教育史上一个有重大意义的发展。实际上，孔子的学生，许多都出身贫贱。教育方面的这种变化，其意义不只限于教育领域。私学的兴起和有教无类的教育思想的实施，对于中国社会士阶层的形成，有着直接的影响。

15·39 子曰:"道不同,不相为谋。"

◎**大意** 孔子说:"各人主张的道不同,就不相互商议。"

15·40 子曰:"辞[1],达而已矣。"

◎**注释** [1]〔辞〕言辞。也有认为此处专指外交辞令。整句话的意思是:出使他国,言辞只要能表达意思就行了。

◎**大意** 孔子说:"言辞只要能表达意思就行了。"

15·41 师冕[1]见。及阶,子曰:"阶也。"及席,子曰:"席也。"皆坐,子告之曰:"某在斯,某在斯。"师冕出。子张问曰:"与师言之道与?"子曰:"然,固相[2]师之道也。"

◎**注释** [1]〔师冕〕乐师,名冕。古代乐师一般都是盲人。[2]〔相〕帮助。

◎**大意** 乐师冕来见孔子。走到台阶边,孔子说:"这儿是台阶。"走到座席旁,孔子说:"这儿是座席。"等大家都坐下了,孔子告诉他:"某某在这里,某某在这里。"师冕走了后,子张问道:"这就是与盲人乐师谈话的道吗?"孔子说:"对,这就是帮助盲人乐师的道呀。"

◎**解读** 这一章具体描述了孔子对盲人的态度,可与9·9章参读。两章都是记载孔子日常的行为表现。也正是这些日常行为,生动地体现了孔子仁、礼的思想和孔子身体力行的态度。要注意领会。

季氏篇第十六

16·1　季氏将伐颛臾①。冉有、季路见于孔子曰："季氏将有事②于颛臾。"孔子曰："求，无乃尔是过与？夫颛臾，昔者先王以为东蒙主③，且在邦域之中矣，是社稷之臣也，何以伐为？"冉有曰："夫子欲之，吾二臣者皆不欲也。"孔子曰："求，周任④有言曰：'陈力就列⑤，不能者止。'危而不持，颠而不扶，则将焉用彼相⑥矣？且尔言过矣，虎兕⑦出于柙⑧，龟玉毁于椟⑨中，是谁之过与？"冉有曰："今夫颛臾，固而近于费⑩。今不取，后世必为子孙忧。"孔子曰："求，君子疾夫舍曰欲之而必为之辞。丘也闻有国有家者，不患寡而患不均，不患贫而患不安⑪。盖均无贫，和无寡，安无倾。夫如是，故远人不服，则修文德以来之。既来之，则安之。今由与求也，相夫子，远人不服而不能来也，邦分崩离析而不能守也，而谋动干戈于邦内。吾恐季孙之忧，不在颛臾，而在萧墙⑫之内也。"

◎**注释**　①〔颛臾（zhuān yú）〕鲁国的附庸国。②〔有事〕指用兵。③〔东蒙主〕东蒙，蒙山。主，主持祭礼的人。④〔周任〕人名，古史官。⑤〔陈力就列〕陈，摆出来。列，位。陈力就列，拿出自己的才气，按才力担任适当的职位。⑥〔相〕辅助。⑦〔兕（sì）〕野牛。一说是雌的犀牛。⑧〔柙（xiá）〕关野兽的木笼。⑨〔椟〕匣。⑩〔费〕季氏的采邑。⑪〔不患寡而患不均，不患贫而患不安〕应是"不患贫而患不均，不患寡而患不安"。⑫〔萧墙〕古代国君宫室前用以分隔内外的小墙，人臣来见国君，到这里就肃然起敬，所以叫萧墙（萧字从肃来）。萧墙之内指宫廷之内。

◎**大意**　季氏快要攻打颛臾了。冉有、子路去见孔子，说："季氏要向颛臾用兵了。"孔子说："冉求，这怕是你的过失吧？那颛臾，从前的国君曾让他主持东蒙山的祭祀，而且在鲁国的疆域之内，是国家的臣属呀！为什么要去攻打它呢？"冉有说："是季孙大夫想去攻打，我们二人都不这样想呀。"孔子说："冉求，周任有句话说：'拿出你的才力来，担负你的职务，如果不能胜任就辞去。'有了危险不去扶助，跌倒了不去搀扶，那还用辅助的人干什么呢？而且你的话错了。老虎、野牛从笼子里跑出来，龟甲、玉器在匣子里毁坏了，这是谁的过错呢？"冉有说："现在颛臾城墙坚固，而且离费邑很近。现在不夺取它，将来一定会成为子孙的忧患。"孔子说："冉求，君子痛恨那种不肯说自己想要那样做而又一定要找出理由来为之辩解的做法。我听说，对于诸侯和大夫，不怕贫穷，而怕财富不均；不怕人口少，而怕不安定。因为财富平均了，就没有所谓贫穷；大家和睦，就不会感到人少；安定了也就没有倾覆的危险。因为这样，所以如果远方的人不归服，就用修治自己的礼乐政教来招致他们。他们来了，就帮助他们安定下来。现在仲由和冉求你们两个人辅助季氏，远方的人不归服，你们不能招来；国内民心离散，你们不能保全，却在那里策划在国内用兵。我恐怕季孙的忧患不在颛臾，而是在宫廷之内吧！"

◎**解读**　"不患贫而患不均，不患寡而患不安"，"远人不服，则修文德以来之"，是孔子重要的治国思想。均，旧说："谓各得其分""使富者足以示贵而不至于骄，贫者足以养生而不至于忧。以此为度而调均之"。也就是使各部分人都能根据其地位、身份得到应得的份额。做到这样就可以和谐、安定；内部安定了，然后境外的人就会归服。若境外人不服，则通过完善德政来吸引他们归服，而不是靠强力征服。可与13·4，13·16章参读。

16·2　孔子曰："天下有道，则礼乐征伐自天子出；天下无道，则礼乐征伐自诸侯出。自诸侯出，盖十世希[1]不失矣；自大夫出，五世希不失矣；陪臣[2]执国命，三世希不失矣。天下有道，则政不在大夫。天下有道，则庶人不议。"

◎**注释**　[1]〔希〕同"稀"。[2]〔陪臣〕卿大夫的家臣。

◎**大意** 孔子说："天下有道的时候，制礼作乐和征伐作战都由天子掌握；天下无道的时候，制礼作乐和征伐作战就由诸侯掌握。由诸侯决定，大概传到十代很少有不失掉君位的；由大夫决定，传到五代很少有不失掉的；由家臣来执掌国家的命令，传到三代很少有不失掉的。天下如果有道，政权不会在大夫手里；天下如果有道，老百姓就不会对国家政治议论纷纷了。"

16·3 孔子曰："禄之去公室五世①矣，政逮②于大夫四世③矣，故夫三桓④之子孙微矣。"

◎**注释** ①〔五世〕指鲁宣公、成公、襄公、昭公、定公五世。②〔逮〕及。③〔四世〕指季孙氏文子、武子、平子、桓子四世。④〔三桓〕鲁国仲孙、叔孙、季孙都出于鲁桓公，所以叫"三桓"。
◎**大意** 孔子说："爵禄之权离开鲁君已经五代了，政权落到大夫手中已经四代了，所以三桓的子孙也衰微了。"
◎**解读** 这两章反映了孔子对时势的认识和态度。他认为当时的社会变动是"天下无道"的表现，他的理想追求是要使"天下无道"变为"天下有道"。可与14·22章参读。

16·4 孔子曰："益者三友，损者三友。友直，友谅①，友多闻，益矣。友便辟②，友善柔③，友便佞④，损矣。"

◎**注释** ①〔谅〕诚信。②〔便辟〕有两种解释：一、善于避开人之所忌以求媚，即逢迎谄媚；二、惯于装饰外表而内心不直。本书取第一种解释。③〔善柔〕善于以和颜悦色骗人。④〔便佞〕惯于花言巧语。
◎**大意** 孔子说："有益的交友有三种，有害的交友有三种。同正直的人交友，同诚信的人交友，同见闻广博的人交友，便有益了。同逢迎谄媚的人交友，同善于以和颜悦色骗人的人交友，同惯于花言巧语的人交友，便有害了。"
◎**解读** 本章提出交友有益有损，不可不慎。《论语》谈到交友之道的还有

1·4，1·7，1·8，4·1，4·26，12·23，12·24，13·28，15·9，19·3章，可参读。

16·5 孔子曰："益者三乐[1]，损者三乐。乐节礼乐[2]，乐道人之善，乐多贤友，益矣。乐骄乐[3]，乐佚[4]游，乐晏乐[5]，损矣。"

◎**注释** ①〔三乐（yào）〕三种爱好。②〔节礼乐（yuè）〕孔子主张用礼乐来节制、调节人的言行使之达到中和的要求。③〔骄乐（lè）〕骄纵不知节制的欢乐。④〔佚〕同"逸"。⑤〔晏乐〕沉溺于饮酒作乐。

◎**大意** 孔子说："对快乐的追求有益的有三种，有害的有三种。以通过礼乐调节自己为乐，以称道别人的好处为乐，以有许多贤人做朋友为乐，便有益了。以无节制的骄纵为乐，以游荡忘返为乐，以饮酒为乐，便有害了。"

◎**解读** 本章孔子举出了对快乐六种不同的爱好和追求，三者有益，三者有损。说明对快乐的追求有益有损，不可不辨。追求快乐，是人的天性，是人生的普遍要求。对乐的追求是具体的，但只说人生要追求快乐是不够的，重要的是爱好和追求什么样的快乐？怎样去追求快乐？6·9章讲颜渊身处贫困却不改其乐，7·15章讲孔子生活清贫而乐在其中，体现了儒家对"快乐"的认识，可参读。

16·6 孔子曰："侍于君子有三愆[1]：言未及之而言谓之躁，言及之而不言谓之隐，未见颜色而言谓之瞽。"

◎**注释** ①〔愆〕过失。
◎**大意** 孔子说："陪着君子说话容易犯三种过失：还没有问到你的时候就说，这叫急躁；已经问到你了还不说，这叫隐瞒；不先看君子的脸色就说，这叫盲目。"
◎**解读** 可与15·7章参读。

16·7 孔子曰："君子有三戒：少之时，血气未定，戒之在色；

及其壮也，血气方刚，戒之在斗；及其老也，血气既衰，戒之在得①。"

◎**注释** ①〔得〕贪得，包括名誉、地位、财货等。
◎**大意** 孔子说："君子有三件事要戒除：年轻的时候，血气未定，要戒除的是迷恋女色；等到壮年的时候，血气方刚，要戒除的是好斗；等到老年，血气已经衰弱了，要戒除的是贪得无厌。"
◎**解读** 人在少年、壮年、老年有不同特点，君子的修养也有不同的重点，值得注意。

16·8 孔子曰："君子有三畏①：畏天命，畏大人②，畏圣人之言。小人不知天命而不畏也，狎③大人，侮圣人之言。"

◎**注释** ①〔畏〕敬畏，心服。②〔大人〕指身居高位的人。③〔狎（xiá）〕不尊重。
◎**大意** 孔子说："君子敬畏三件事：敬畏天命，敬畏地位高贵的人，敬畏圣人的话。小人不懂天命，因而也不敬畏；而且小人不尊重地位高贵的人，轻侮圣人的话。"
◎**解读** 人不能无敬畏之心。命，指人力不可支配的领域。知命，知道有人力所达不到的领域，然后有所敬畏。孔子把这归之于天命。今人不必迷信上天，却不可不知自然界仍然有人力不可及的领域之存在。科学发达，人类对世界的认识，远非古人所能想象，科学思维也深信，世上无不能认识之事物。然而不能不承认，至今人们已知的领域，远不及未知的领域。人的生存、发展，无论人类整体还是个人，都不能摆脱那未知的、不可抗拒的力量的控制。天地运行，气候变化，远非人力所能控制；风雪雷电，地震海啸，疫病流行等现象或灾害，时刻威胁着人类的生存。因此，人不可不心存敬畏。认为科学可以解决一切问题，以征服自然为目标，可谓"不知天命而不畏也"。这种对自然界没有任何敬畏之心的思想和立场，已经给人类带来了巨大的灾难和危机。

不只对自然和自然规律要心存敬畏，还要"畏大人，畏圣人之言"。人类文明前后相继，代代相传，每一代人都在前代已有成果的基础上前进；年轻人都是在长辈、师长的教导下成长。应知传统文化是前人智慧之结晶，师长之经验、学识是宝贵之财富。对代代相传的传统文化，对圣人之言，对师长的教诲，不可不存敬畏之心。鄙弃传统，轻侮师长，会阻塞年轻一代的上进之路。现今个别年轻人，一味追求张扬个性，常以"我已经成年"为辞，将师长的关怀、劝告和批评拒之千里，亦可谓"狎大人，侮圣人之言"，这是当今青年成长中值得关注的一个大问题。在其成长、教育过程中，父母、教师要对这一问题有深入的思考，引导他们全面发展、健康成长，将《论语》的智慧应用于生活实际。

16·9 孔子曰："生而知之者，上也；学而知之者，次也；困而学之，又其次也；困而不学，民斯为下矣。"

◎**大意** 孔子说："生来就知道的人，是上等；学习以后才知道的，次一等；遇到了困难再去学习的，又次一等；遇到困难还不学习的，这种人就是下等的了。"

◎**解读** 孔子把人分为"生而知之""学而知之""困而学之""困而不学"四等。他虽承认有"生而知之"，但他根据对学的态度来定人的高下，总的精神是强调了学的重要性。他并不认为自己是"生而知之"，而强调自己的强项是"好学"。7·19章"我非生而知之者，好古，敏以求之者也"，5·27章"十室之邑，必有忠信如丘者焉，不如丘之好学也"及其他一些章节，都清楚说明了这一点，可以参读。

16·10 孔子曰："君子有九思：视思明，听思聪，色思温，貌思恭，言思忠，事思敬，疑思问，忿思难，见得思义。"

◎**大意** 孔子说："君子有九种要考虑的事：看的时候，要考虑是不是看明白了；听的时候，要考虑是不是听清楚了；自己的脸色，要考虑是不是温和；容貌态度，要考虑是不是谦恭；说话，要考虑是不是忠诚；办事，要考虑是不是谨慎严肃；遇到疑问，要考虑向人家请教；将要发怒时，要考虑是不是会有后患；看见可以有所得，要考虑是否合于义的要求。"

◎**解读** 本章所说的"思"，有自我要求、自我省察的意思。"视思明，听思聪"，要求看得清楚、听得明白，又时时自省是否做到如此，是对视、听的要求；疑、忿、得是在行事中遇到的各种状态；色、貌是视、听、言、动中的表情。九个方面各指一项，分别提出了要求，合起来则是反映在视、听、言、动各个方面，无时无事不对自己严格要求。这体现了儒家对完美人格的追求和时刻反省自己的精神，可与1·4章"吾日三省吾身"参读。

16·11 孔子曰："见善如不及，见不善如探汤①。吾见其人矣，吾闻其语矣。隐居以求其志，行义以达其道。吾闻其语矣，未见其人也。"

◎**注释** ①〔汤〕沸水。
◎**大意** 孔子说："看见好的行为，就像赶不上似的，努力追求；看见不好的行为，就像要把手伸到沸水里去那样，赶紧避开。我见过这样的人，也听到过这样的话。隐居避世以保全自己的志向，依义而行来贯彻他的主张。我听到过这样的话，却没有见过这样的人。"
◎**解读** 可与4·6章"好仁者，恶不仁者"，7·10章"用之则行，舍之则藏"参读。

16·12 齐景公有马千驷①，死之日，民无德而称焉。伯夷、叔齐饿于首阳②之下，民到于今称之。其斯之谓与③？"

◎**注释** ①〔千驷〕古时四匹马驾的兵车，称作"驷"。千驷也就是"千乘"。②〔首阳〕山名。传说伯夷、叔齐饿死在首阳山。③〔其斯之谓与〕这一句中的"斯"字是指什么，上文没有交代，因此意思不清。有人认为，12·10章"诚不以富，亦祇以异"两句应放在"其斯之谓与"之前。这样，意思就是："《诗经》上说：'不是靠富，富也只是与人不同而已'。就是这个意思吧。"意思可通，但没有证据。

◎**大意**　齐景公有千辆兵车，死的时候，大家觉得他没有什么德行可以称颂；伯夷、叔齐饿死在首阳山下，大家至今还称颂他们。大概就是这个意思吧。

◎**解读**　孔子评价齐景公和伯夷、叔齐，不是根据他们在世时的贫富贵贱，而是根据他们死后百姓对他们的评价。这体现了孔子对人生价值的看法。"老百姓心中有一杆秤"，每一个人的一生都要在这杆秤上称出他的价值。这一点值得认真体会。可与15·19章"君子疾没世而名不称焉"参读。

16·13　陈亢①问于伯鱼曰："子亦有异闻②乎？"对曰："未也。尝独立，鲤趋而过庭。曰：'学《诗》乎？'对曰：'未也。''不学《诗》，无以言。'鲤退而学《诗》。他日，又独立，鲤趋而过庭。曰：'学礼乎？'对曰：'未也。''不学礼，无以立。'鲤退而学礼。闻斯二者。"陈亢退而喜曰："问一得三。闻《诗》，闻礼，又闻君子之远③其子也。"

◎**注释**　①〔陈亢（gāng）〕即陈子禽，孔子的学生。②〔异闻〕这里指不同于对其他学生所讲的内容。③〔远〕这里是不偏爱的意思，不是疏远。

◎**大意**　陈亢问伯鱼说："你在你父亲那里听到过特别的教导吗？"伯鱼回答说："没有呀。有一次他独自站在堂上，我快步从庭中走过，他说：'学《诗经》没有？'我回答：'还没有。'他说：'不学《诗经》，就不懂得怎样说话。'我回去就学《诗经》。又有一天，他独自站在堂上，我快步走过庭院，他说：'学礼没有？'我回答：'还没有。'他说：'不学礼就不懂怎样立身。'我回去就学礼。我就听到这两次。"陈亢回去高兴地说："我问一件事，知道了三件事：知道了关于《诗经》的道理，知道了关于礼的道理，又知道了君子不偏爱自己儿子的事。"

◎**解读**　全章末尾陈亢的话点出本章主旨：君子学《诗》、学礼，不偏私其子。

16·14　邦君之妻，君称之曰夫人，夫人自称曰小童，邦人称之曰君夫人；称诸异邦曰寡小君，异邦人称之亦曰君夫人。

◎**大意**　国君的妻子，国君称她为夫人，她对国君自称小童，国内的人称她叫君夫人；对别国人讲则称寡小君，别国人称她也叫君夫人。

阳货篇第十七

17·1 阳货^①欲见孔子,孔子不见,归孔子豚^②。孔子时其亡^③也,而往拜之,遇诸涂^④。谓孔子曰^⑤:"来,予与尔言。"曰:"怀其宝而迷其邦,可谓仁乎?"曰:"不可。""好从事而亟^⑥失时,可谓知乎?"曰:"不可。""日月逝矣,岁不我与。"孔子曰:"诺,吾将仕矣。"

◎**注释** ①〔阳货〕季氏的家臣,又叫阳虎。②〔归孔子豚〕归同"馈",赠送。豚,小猪。当时的礼节,大夫赠送礼物给士,如果受赠者不是当面接受,就应回拜。阳货送蒸熟的小猪给孔子,是想要孔子去见他。③〔时其亡〕等他外出的时候。时同"伺",亡同"无"。④〔涂〕同"途"。⑤〔谓孔子曰〕从此以下至"孔子曰"之前一段,都是阳货的话。⑥〔亟〕屡次。

◎**大意** 阳货想见孔子,孔子不见他。阳货便送了一只蒸熟的小猪给孔子,想要孔子去见他。孔子等阳货不在家的时候,去阳货家拜谢,却在路上遇见了。阳货对孔子说:"来,我同你讲。"阳货说:"把自己的本领藏起来而听任国家迷乱,这可以说是仁吗?"孔子说:"不可以。"阳货接着问:"喜欢参与政事而屡次错过机会,这可以称的上智吗?"孔子说:"不可以。"阳货又说:"时间一天天过去,年岁不等人啊。"孔子说:"好吧,我准备去做官了。"

◎**解读** 本章讲到了孔子对礼制与个人理想的态度,应认真体会。

17·2 子曰:"性相近也,习相远也。"

◎**大意** 孔子说:"人的本性是相近的,因为习染不同才有了很大差距。"

◎**解读** 5·12章说:"夫子之言性与天道,不可得而闻也。"整部《论语》,

孔子谈到人性的，只有这一章。这一章虽然没有具体说人性是什么，但对于全面理解孔子的思想很重要。孔子这段话指出了人生的两个方面：先天的方面和后天的方面。性是先天的、自然的，习是后天的、人文的。而在这两个方面中，前者是相近的；现实中表现出的人的善恶、高下，不是天生的，而是由后天的习染所形成的，不同人之间存在很大差距。由此可以得出一个极重要的认识——人应该，而且可以在生活中不断提升自己、完善自己。高尚的人格，丰富的知识和高强的能力，都要通过后天的学习和修养才能得到。从根本上说，人也只有在后天的学习修养中才能摆脱禽兽的境界，从自然的、生物的人上升为社会的人，成为真正意义上的人。这就从根本上说明了学习、修养和教育的重要性。

在《三字经》里，"性相近，习相远"这句话是和"人之初，性本善"连在一起讲的。"人性善"是孟子的思想，后来的荀子则提出了"人性恶"的思想。读到《论语》这一章时，常有人问，孔子是主张性善还是性恶？还有人对这个问题做了专门研究和讨论。其实孔子没有说人性是善还是恶，讨论这个问题是没有意义的。人的认识和思想是发展的，儒学也是发展的，每一个时代的人们，只能回答这个时代提出的和可能回答的问题。在孔子的时代，性善还是性恶的问题还没有提出，这个问题是孟子那个时代才提出的。我们所要研究和讨论的，是每一个时代提出了什么问题，人们是怎样回答和解决这些问题的，而不是拿后代讨论的问题去向前人求解。重要的是清楚地了解孔子说了些什么，为什么这样说，有什么意义，而不是去探求他没有说过的，更不应把后人的思想加到他身上。朱熹谈读《论语》，曾说："读《论语》，如无《孟子》；读前一段，如无后一段。"这是对读《论语》方法的重要启示。

17·3 子曰："唯上知与下愚不移。"

◎**大意** 孔子说："只有上等的智者与下等的愚者是改变不了的。"

◎**解读** "上知与下愚不移"，有解释为上等人天生聪明，下等人天生愚笨；或智商高的人聪明，智商低的人愚笨，这是不可改变的。但从上一章和《论语》全书来看，孔子重视后天的学更重于先天的禀赋。联系16·9章，可以这样理解：上知是指的"生而知之者，上也"，下愚则是指的"困而不学，民斯为下矣"。处于这两者之间的是"学而知之者""困而学之者",四者中间,"生而知之",自然不会改变。"困而不学",其愚也不可改变。所以不可改变,是因为不学,不是因为天生愚笨。学而知之,困而学之,都是可以化愚为知的。

17·4 子之武城①,闻弦歌②之声。夫子莞尔③而笑曰:"割鸡焉用牛刀?"子游对曰:"昔者偃也闻诸夫子曰:'君子学道则爱人,小人学道则易使也。'"子曰:"二三子,偃之言是也。前言戏之耳。"

◎**注释** ①〔武城〕地名,当时子游是武城宰。②〔弦歌〕弦指琴瑟。弦歌,以琴瑟伴奏歌唱,这里是说子游用礼乐来教化百姓。③〔莞尔〕微笑的样子。
◎**大意** 孔子到武城,听到有弹琴唱歌的声音。孔子微笑说:"杀鸡哪里用得着宰牛刀呀?"子游回答说:"以前我听先生说:'君子学了道就能有仁爱之心,小人学了道就容易指挥。'"孔子说:"学生们,言偃的话是对的。我刚才讲的话不过是和他开玩笑罢了。"
◎**解读** 这一章说孔子治国思想中教化的地位和意义。在孔子看来,不论大国还是小国,也不论在位的君子还是普通百姓,都需要接受礼乐教化,学为人之道。可与2·3,2·21章参读。

17·5 公山弗扰①以费畔,召,子欲往。子路不说,曰:"末之也已②,何必公山氏之之也③?"子曰:"夫召我者,而岂徒④哉?如有用我者,吾其为东周乎⑤!"

◎**注释** ①〔公山弗扰〕季氏的家臣,又名公山不狃。②〔末之也已〕末,无。之,到。末之,无处去。已,有两种解释:一、语气词,无义;二、止,算了。③〔何必公山氏之之也〕前一个"之"字是助词,后一个"之"字是动词,去、到的意思。④〔徒〕徒然,空无所据。⑤〔吾其为东周乎〕有两种解释:一、在东方复兴周的礼乐;二、我不致像东周一样无所作为。本书取第一种解释。

◎**大意** 公山弗扰据费邑反叛，来召孔子，孔子想要去。子路不高兴地说："没有地方去就算了，为什么一定要到公山氏那里去呢？"孔子说："他来召我，难道只是一句空话吗？如果有人用我，我或许能在东方复兴周道。"

◎**解读** 孔子说"如有用我者，吾其为东周乎"，反映出孔子急切想要出仕以行其道的心情。但最后孔子因为知道公山弗扰不能真有所为而没有去。17·8章内容与此章相类，可参读。

17·6 子张问仁于孔子。孔子曰："能行五者于天下，为仁矣。"请问之。曰："恭、宽、信、敏、惠。恭则不侮，宽则得众，信则人任焉，敏则有功，惠则足以使人。"

◎**大意** 子张问孔子怎样才是仁。孔子说："能处处实行五种品德，就是仁了。"子张请问是哪五种。孔子说："恭、宽、信、敏、惠。恭敬就不会招致侮辱，宽厚就能得到众人的拥护，诚信就能得到别人的任用，勤敏就能取得成功，慈惠就可以使唤人。"

◎**解读** 旧说对本章多有疑问，如说子张所问是仁，而孔子的回答却是说的为政；此章和六言、六蔽、五美、四恶等章的文字体裁，与《论语》其他部分都很不相似；其他弟子与孔子的问答，只用一个问字，本章和20·2章却都说"子张问孔子"。对一般读者而言，读《论语》主要是学其义理、思想，而对这类问题，只约略知道就可，无须深究。

本章先提出"恭、宽、信、敏、惠"五项，然后又从其功效方面加以阐述，说明仁并非只是对个人的道德要求，同时也是为政的原则；不仅用于自身，还要行于天下。

17·7 佛肸[①]召，子欲往。子路曰："昔者由也闻诸夫子曰：'亲于其身为不善者，君子不入也。'佛肸以中牟[②]畔，子之往也，如之何？"子曰："然，有是言也。不曰坚乎，磨而不磷[③]；不曰白乎，涅④而不缁⑤。吾岂匏瓜⑥也哉？焉能系而不食？"

◎**注释** ①〔佛肸（bì xī）〕晋国大夫赵简子的家臣，中牟邑宰。②〔中牟（mù）〕地名。③〔磷（lìn）〕薄，损伤。④〔涅（niè）〕黑土，黑色染料。这里作动词，用黑色染料染物。⑤〔缁（zī）〕黑色。⑥〔匏（páo）瓜〕葫芦中的一种，味苦不能吃，但可系在腰间，用以泅渡。

◎**大意** 佛肸来召孔子，孔子想要去。子路说："以前我听先生说过：'亲自做坏事的人那里，君子是不去的。'现在佛肸占据中牟叛乱，您却要去他那里，怎么解释呢？"孔子说："是的，我有过那样的话。不是说坚硬的东西磨也磨不坏吗？不是说洁白的东西染也染不黑吗？我难道是个不能吃的葫芦吗？怎么能只是挂在那里不给人吃呢？"

◎**解读** 本章所记，与17·5章相类。可参读。

17·8 子曰："由也，女闻六言六蔽矣乎？"对曰："未也。""居①，吾语女。好仁不好学，其蔽也愚②；好知不好学，其蔽也荡③；好信不好学，其蔽也贼④；好直不好学，其蔽也绞；好勇不好学，其蔽也乱；好刚不好学，其蔽也狂。"

◎**注释** ①〔居〕坐。古人回答长者的问题要站起来，所以孔子叫子路坐下。②〔愚〕受人愚弄的意思。③〔荡〕好高骛远而没有基础。④〔贼〕害。

◎**大意** 孔子说："由呀，你听说六种品德六种弊病了吗？"子路回答说："没有。"孔子说："坐下，我告诉你。爱好仁而不爱好学习，其弊病是容易受人愚弄；爱好智而不爱好学习，其弊病是好高骛远而没有基础；爱好诚信而不爱好学习，其弊病是反而会被伤害；爱好直率而不爱好学习，其弊病是急切而尖刻刺人；爱好勇力而不爱好学习，其弊病是犯上作乱；爱好刚强而不爱好学习，其弊病是狂妄。"

◎**解读** 孔子谈"六蔽"，说明仁、知、信、直、勇、刚这些美德都必须建立在好学的基础上，如果不好学，就都会转化成弊病。孔子把好学看作各方面修养的基础，这一点应引起我们的重视。

17·9 子曰："小子何莫学夫《诗》。《诗》可以兴①，可以观②，可以群③，可以怨④。迩⑤之事父，远之事君；多识于鸟兽草木之名。"

◎**注释** ①〔兴〕有两种解释：一、《诗经》中即景生情的表现手法叫兴，因此这里的"兴"是引譬连类、联想的意思；二、兴起，激发感动的意思。本书取第二种解释。②〔观〕观察了解天地万物及各国盛衰、得失。③〔群〕合群。④〔怨〕有两种解释：一、讽谏上级；二、怨而不怒。本书取第一种解释。⑤〔迩〕近。

◎**大意** 孔子说："学生们为什么不学习《诗》呢？学《诗》可以激发感情，可以观察天地万物及各国的盛衰得失，可以使你懂得合群，可以使你懂得如何讽谏上级。近可以用来奉事父母，远可以用来奉事君主。还可以多认识一些鸟兽草木的名称。"

◎**解读** 这一章谈学《诗》的多方面的意义。13·5，16·13章也谈到学《诗》的意义，可以参读。

17·10 子谓伯鱼曰："女为《周南》《召南》①矣乎？人而不为《周南》《召南》，其犹正墙面而立②也与？"

◎**注释** ①〔《周南》《召南》〕《诗经·国风》部分头两篇的篇名。马融说："《周南》《召南》……三纲之首，王教之端。"朱熹说："所言皆修身齐家之事。"②〔正墙面而立〕面向墙壁站立，比喻什么也看不见。

◎**大意** 孔子对孔鲤说："你学习《周南》《召南》了吗？一个人如果不学习《周南》《召南》，那就像面对着墙壁站着吧。"

◎**解读** 这一章仍然是讲学《诗》的意义，可与上章连读。

17·11 子曰:"礼云礼云,玉帛云乎哉?乐云乐云,钟鼓云乎哉?"

◎**大意** 孔子说:"礼呀礼呀,说的只是玉帛之类的礼器吗?乐呀乐呀,说的只是钟鼓之类的乐器吗?"

◎**解读** 这一章说礼乐与仁的关系,强调礼乐不只是玉帛钟鼓等形式;离开仁,钟鼓玉帛等就失去意义。可与3·3章参读。

17·12 子曰:"色厉而内荏①,譬诸小人,其犹穿窬②之盗也与?"

◎**注释** ①〔色厉而内荏(rěn)〕厉,威严。荏,软弱。②〔窬(yú)〕墙洞。
◎**大意** 孔子说:"外表严厉而内心软弱,拿小人来比喻,就像是钻墙洞的小偷吧?"

17·13 子曰:"乡原①,德之贼也。"

◎**注释** ①〔乡原〕也作"乡愿"。愿,朴实善良。乡愿是指那些与世俗同流合污,谁也不得罪的好好先生。
◎**大意** 孔子说:"那些谁也不得罪的好好先生是败坏道德的人。"
◎**解读** 乡愿,指那些不讲好恶,对所有人都一味讨好,谁都不得罪的人。4·3章说:"唯仁者能好人,能恶人。"仁者对人有好恶,而且只有仁者才能对人有真正的好恶。1·12章又说:"礼之用,和为贵。……知和而和,不以礼节之,亦不可行也。"八面玲珑,讨好一切人,为和而和,也只能有害于和。乡愿古今常见,他们看似忠诚守信,公正清白,但实际上和仁道没有任何相同之处;似是而非,迷惑视听,所以说是对道德的残害。17·18章说"恶紫之夺朱也",可以参读。

17·14 子曰："道听而途说，德之弃也。"

◎**大意** 孔子说："在路上听到传言就到处传播，是对道德的背弃。"
◎**解读** 在资讯发达、微博和微信流行的今天，要保持冷静的头脑，不要人云亦云；对如潮的资讯，要审慎地对待，仔细地辨别。

17·15 子曰："鄙夫可与事君也与哉？其未得之也，患得之[1]。既得之，患失之。苟患失之，无所不至矣。"

◎**注释** ①〔患得之〕即"患不得之"。
◎**大意** 孔子说："可以和一个鄙夫一起奉事君主吗？他在没有得到官位时，总担心得不到。已经得到之后，又担心失掉。如果他担心失掉官位，那就什么都干得出来了。"
◎**解读** 本章生动地刻画出那些一心只想个人官位得失的鄙夫的心理。"患得患失"的成语就来源于此。患不能得，千方百计去求；患失之，千方百计去保，乃至"无所不至"。这样的鄙夫今天也大有人在。

17·16 子曰："古者民有三疾，今也或是之亡也。古之狂[1]也肆[2]，今之狂也荡[3]；古之矜也廉[4]，今之矜也忿戾[5]；古之愚也直，今之愚也诈而已矣。"

◎**注释** ①〔狂〕志愿太高。②〔肆〕任意直言，不拘小节。③〔荡〕放荡不羁。④〔廉〕本意是器物的棱角。这里指为人有棱角，严厉。⑤〔忿戾〕火气大，蛮横不讲理。
◎**大意** 孔子说："古人有三种毛病，现在或许连这也没有了。古代的狂者任意直言，现在的狂者就放荡不羁了；古代矜持的人为人严厉难以接近，现在矜持的人就常发怒而蛮不讲理了；古代愚笨的人还是直率的，现在的愚笨的人却只是欺诈而已。"

◎**解读** 可与8·16章参读。

17·17 子曰："巧言令色，鲜矣仁。"

◎**解读** 此章重出，见1·3章。

17·18 子曰："恶紫之夺朱①也，恶郑声之乱雅乐②也，恶利口之覆邦家者。"

◎**注释** ①〔紫之夺朱〕朱是正色，紫是杂色。当时以紫色代替朱色成为诸侯衣服的颜色。②〔雅乐〕正统音乐。
◎**大意** 孔子说："（我）厌恶用紫色取代了红色的行为，厌恶用郑国的曲调扰乱雅乐的正统音调的行为，厌恶用巧口利辩倾覆国家的人。"
◎**解读** 孔子厌恶似是而非、以非为是的行为。可与17·13章参读。

17·19 子曰："予欲无言。"子贡曰："子如不言，则小子何述焉？"子曰："天何言哉？四时行焉，百物生焉，天何言哉？"

◎**大意** 孔子说："我想不说话了。"子贡说："您如果不说话，那我们这些学生传述什么呢？"孔子说："天说了些什么呢？四季照样运行，百物照样生长。天说了些什么呢？"
◎**解读** 子贡担心孔子不再讲学，弟子就无从学习。孔子以四季运行、百物生长都不依赖于天的宣告、言说做比喻，说明人道也是体现在日常行为之中的。孔子的言行也是对弟子的身教，教育弟子并不仅仅依靠言说，同时也说明学道不能只从语言文字中学，而要从实际言行中学。可与7·23章参读。

17·20 孺悲①欲见孔子,孔子辞以疾。将命者出户,取瑟而歌,使之闻之。

◎**注释** ①〔孺悲〕鲁国人。鲁哀公曾派他向孔子学习士丧礼。
◎**大意** 孺悲要见孔子,孔子以生病为理由推辞不见。传话的人刚出门,孔子就拿过瑟来边弹边唱,故意让孺悲听到。

17·21 宰我问:"三年之丧,期已久矣。君子三年不为礼,礼必坏;三年不为乐,乐必崩。旧谷既没,新谷既升,钻燧改火①,期②可已矣。"子曰:"食夫稻③,衣夫锦,于女安乎?"曰:"安。""女安则为之。夫君子之居丧,食旨④不甘,闻乐不乐,居处不安,故不为也。今女安,则为之!"宰我出,子曰:"予之不仁也!子生三年,然后免于父母之怀,夫三年之丧,天下之通丧也。予也有三年之爱于其父母乎?"

◎**注释** ①〔钻燧改火〕古代钻木取火,所用木头四季不同,春用榆柳,夏用枣杏和桑柘,秋用柞楢,冬用槐檀,一年轮一遍,叫"改火"。②〔期(jī)〕一年。③〔食夫稻〕古代北方稻米是珍贵的食品,居丧时不能吃。④〔旨〕美味。
◎**大意** 宰我问:"服丧三年时间太长了。君子三年不习礼仪,礼仪一定会败坏;三年不奏音乐,音乐一定会失传。旧谷吃完,新谷登场,钻燧取火的木头轮过一遍,有一年的时间也就可以了。"孔子说:"才一年时间就吃大米饭,穿锦缎衣,你心安吗?"宰我说:"心安。"孔子说:"你如果心安,就那样去做吧!君子的服丧,吃美味不觉得香甜,听音乐不觉得快乐,住在家里不觉得舒服,所以才不这样做。现在你既然觉得心安,那就那样去做吧!"宰我出去后,孔子说:"宰予真是不仁啊!孩子生下来,三年以后才能脱离父母的怀抱。服丧三年,是天下通行的丧礼呀。宰予难道没有从他的父母那里得到三年的爱护吗?"
◎**解读** 孔子答宰我关于"三年之丧"的问题,没有直接回答可与不可,而只问能否心安，又说心安就那样去做吧！直指宰我内心。其中深意要仔细领会。

孔子在解释"三年之丧"的规定时说，君子在父母去世后都会"食旨不甘，闻乐不乐，居处不安"，服丧三年的规定正是适应了这种感情需要。君子这样做，不是为了满足他人的要求，而是因为只有这样才能心安。如果不那样做也不觉得不安，"三年之丧"也就徒具形式，失去了意义。可与17·11章"礼云礼云，玉帛云乎哉？"和3·3章"人而不仁，如礼何？"参读。

14·25章说："古之学者为己。"道德的要求、道德的行为，应该是发自内心的，只是求心安，或者说对得起自己的良心，而不是为了什么别的目的。4·2、6·18章说到安仁、利仁、知之、好之、乐之等修养的不同境界，可参读。只是知道而不爱好，与自己不发生关系，或者爱好而只是为了对己有利，只是利仁，都还不是真正的道德精神。只有安于仁道，以仁为乐，才是应当追求的道德境界。

17·22 子曰："饱食终日，无所用心，难矣哉！不有博弈[1]者乎？为之，犹贤乎已[2]。"

◎**注释** [1]〔博弈〕博，六博，一种游戏，先掷采（骰子），后行棋，具体办法已不清楚。弈，围棋。[2]〔已〕止。

◎**大意** 孔子说："整天吃饱了饭，什么事情也不做，这就真难了啊！不是有玩六博和下围棋的游戏吗，干这个也比什么都不干好一些。"

◎**解读** 本章极言"饱食终日，无所用心"的不可取，强调人要有精神、有追求。可与15·15章参读。

17·23 子路曰："君子尚勇乎？"子曰："君子义以为上。君子有勇而无义为乱，小人有勇而无义为盗。"

◎**大意** 子路说："君子崇尚勇敢吗？"孔子说："君子认为义是最尊贵的，君子有勇无义就将作乱，小人有勇无义就会偷盗。"

◎**解读** "义以为上",勇要服从于义,以义为准绳。可与8·2章"勇而无礼则乱"参读。

17·24 子贡曰:"君子亦有恶乎?"子曰:"有恶。恶称人之恶者,恶居下流①而讪上者,恶勇而无礼者,恶果敢而窒②者。"曰:"赐也亦有恶乎?""恶徼③以为知者,恶不孙以为勇者,恶讦④以为直者。"

◎**注释** ①〔下流〕晚唐以前的本子没有"流"字。②〔窒〕阻塞,不通事理的意思。③〔徼〕有两种解释:一、抄袭;二、徼即"绞",绞急,临事急迫,自炫其能。本书取第一种解释。④〔讦(jié)〕揭发、攻击别人的隐私。

◎**大意** 子贡说:"君子也有厌恶的事吗?"孔子说:"有厌恶的事。厌恶宣扬别人坏处的人,厌恶身居下位而诽谤在上者的人,厌恶勇敢而无礼的人,厌恶果敢而不通事理的人。"孔子又说:"赐,你也有厌恶的事吗?"子贡说:"厌恶抄袭别人而自以为聪明的人,厌恶把不知谦逊当作勇敢的人,厌恶把揭发攻击别人的短处当作直率的人。"

◎**解读** 君子应有爱有恶,爱恶分明。可与4·3章参读。

17·25 子曰:"唯女子与小人为难养也,近之则不孙,远之则怨。"

◎**大意** 孔子说:"只有女子和小人是难以同他们共处的。亲近了,他们就不知谦让;疏远了,就会怨恨你。"

◎**解读** 对这一章的主题和思想内涵,多有不同意见。有人据此章批评孔子轻视妇女;有人认为"女"字应为"汝","女子"意为"你们小子",指称孔子的弟子。这类不同意见起于近代。古代注释都取"女子"原意,也都不回避轻视妇女之意,而且注文中轻视妇女的意思也很明显。如说女子"禀阴闭气多""无正性""妇女之志，近之则愤怨无已"等等。有的注本对女子所指，作了一定的限制，说明并非概指全体妇女。这种情况与当时的社会背景相合，反映了当时的社会思想面貌，也反映了《论语》的原意。近代以来有人从平等观念出发，批评孔子轻视妇女。他们对文本的解释仍依旧解，却从当代的立场和观念出发，进行批评。这反映了近代以来社会思潮的变化，符合思想学术发展的规律，是正常的，可以理解。个人以为，原文确有轻视妇女之意，但在两千多年以前的宗法社会里，有轻视妇女的思想并不奇怪，完全不必对原文另作别解，为孔子辩白。把"女子"解释为"你们小子"，既无此必要，从文字看也与语法不合。

17·26 子曰："年四十而见恶焉，其终也已。"

◎**大意** 孔子说："到了四十岁还被人厌恶，他这一生也就完了。"

微子篇第十八

18·1 微子^①去之,箕子^②为之奴,比干^③谏而死。孔子曰:"殷有三仁焉。"

◎**注释** ①〔微子〕殷纣王的同母哥哥,见纣王无道,离纣王而去。②③〔箕子、比干〕二人都是殷纣王的叔父。箕子谏纣王,被纣王囚禁,降为奴隶,披发装疯而受辱。比干强谏被纣王杀害。

◎**大意** 微子离开了纣王,箕子做了纣王的奴隶,比干强谏而被杀。孔子说:"殷朝有三位仁人。"

◎**解读** 微子、箕子、比干三人做法不同,而孔子称许他们三人都是仁人,其中深意,要仔细领会。三人次序的排列,有说是"微子为上,箕子次之,比干为下",有说是"先易者,后难者",要注意辨析其含义的不同。但三人的精神是相同的,都在"忧乱宁民"。忧虑纣的昏乱,求百姓的安宁,就是坚守了仁道。可与8·13章"守死善道",以及7·10,14·1,14·4,15·6章参读。

本篇所记,多是乱世中人们处世的不同选择,涉及各类人的各种不同情况,并有孔子的评说,对于理解孔子的处世之道,有重要意义。读者宜联系《论语》中的相关论述,综合分析,深刻体会。

18·2 柳下惠为士师^①,三黜。人曰:"子未可以去乎?"曰:"直道而事人,焉往而不三黜?枉道而事人,何必去父母之邦?"

◎**注释** ①〔士师〕典狱官。
◎**大意** 柳下惠做典狱官,三次被免职。有人说:"你不可以离开鲁国吗?"柳下惠说:"按正道奉事君主,到哪里能不被免职呢?如果按邪道奉事君主,又何必要离开祖国呢?"

◎**解读** 社会风气败坏,人们为求名利而牺牲原则,邪道流行,仁人君子直道而行,无处不受到排挤。柳下惠虽三次被黜,仍坚持拒绝"枉道事人",不愿为求官位而放弃原则。所以柳下惠也被称为圣人。可与8·13,14·1章参读。

18·3 齐景公待孔子曰:"若季氏,则吾不能,以季、孟之间待之。"曰:"吾老矣,不能用也。"孔子行。

◎**大意** 齐景公讲到怎样对待孔子时说:"像鲁君对待季氏那样,我做不到。我要用介于季氏、孟氏之间的待遇对待他。"又说:"我老了,不能有什么作为了。"孔子就离开了齐国。

18·4 齐人归①女乐,季桓子②受之,三日不朝。孔子行。

◎**注释** ①〔归〕同"馈"。"齐人归女乐"的事在鲁定公十四年孔子任鲁大司寇时。②〔季桓子〕鲁国大夫,名斯。
◎**大意** 齐国送了一批歌姬舞女给鲁国,季桓子接受了,三天不问政事。孔子于是离开了鲁国。

18·5 楚狂接舆①歌而过孔子曰:"凤兮凤兮!何德之衰?往者不可谏,来者犹可追。已而,已而,今之从政者殆而!"孔子下,欲与之言。趋而辟之,不得与之言。

◎**注释** ①〔接舆〕楚国的隐士,姓陆名通,字接舆。一说他姓接名舆,一说因他接孔子之车(即"舆")而歌,所以称他接舆。

◎ **大意** 楚国的狂人接舆唱着歌走过孔子的车旁。他唱道:"凤凰啊,凤凰啊!你的德行为什么这样衰微?过去的已经不可挽回,未来的却还可以去追。算了吧,算了吧,今天的当政者危乎其危!"孔子听了,从车上下来,想与他交谈。他却快步避开了,孔子没能和他交谈。

18·6 长沮、桀溺①耦而耕②。孔子过之,使子路问津③焉。长沮曰:"夫执舆④者为谁?"子路曰:"为孔丘。"曰:"是鲁孔丘与?"曰:"是也。"曰:"是知津矣。"问于桀溺。桀溺曰:"子为谁?"曰:"为仲由。"曰:"是鲁孔丘之徒与?"对曰:"然。"曰:"滔滔者天下皆是也,而谁以易之⑤?且而与其从辟⑥人之士也,岂若从辟世之士哉?"耰⑦而不辍。子路行以告。夫子怃然⑧曰:"鸟兽不可与同群,吾非斯人之徒与而谁与?天下有道,丘不与易也。"

◎ **注释** ①〔长沮、桀溺〕两隐者,真实姓名已不清楚。②〔耦(ǒu)而耕〕两人一同耕种。③〔津〕渡口。④〔执舆〕就是执辔。拉缰绳的本是子路,因子路下车问路,所以在车上拉着缰绳的是孔子。⑤〔谁以易之〕以,与。和谁去改变它。⑥〔辟〕同"避"。"辟人之士"指孔子。⑦〔耰(yōu)〕用土覆盖种子。⑧〔怃然〕怅然,失意。

◎ **大意** 长沮、桀溺在一起耕种,孔子路过,叫子路去问渡口在哪里。长沮说:"那个拉着缰绳的是谁?"子路说:"是孔丘。"长沮说:"是鲁国的孔丘吗?"子路说:"是的。"长沮说:"那他是知道渡口在哪里的了。"子路再去问桀溺。桀溺说:"你是谁?"子路说:"是仲由。"桀溺说:"是鲁国孔丘的门徒吗?"子路回答:"是的。"桀溺说:"现在不合理的坏事像滔滔大水,到处都是,和谁去改变它呀?而且你与其跟随躲避人的人,何不跟随逃避社会的人呢?"说完,继续干他的活。子路回来把情形报告给孔子。孔子怅然若失地说:"人是不能同鸟兽同群的,我不同世上这些人同群又和谁同群呢?如果天下有道,我也不会同他们一起来改变它了。"

18·7　子路从而后，遇丈人以杖荷蓧①。子路问曰："子见夫子乎？"丈人曰："四体不勤，五谷不分②，孰为夫子？"植其杖而芸。子路拱而立。止子路宿，杀鸡为黍③而食之，见其二子焉。明日，子路行以告。子曰："隐者也。"使子路反见之。至，则行矣。子路曰："不仕无义。长幼之节，不可废也；君臣之义，如之何其废之？欲洁其身，而乱大伦。君子之仕也，行其义也。道之不行，已知之矣。"

◎**注释**　①〔蓧（diào）〕古代除田中草所用的竹器。②〔四体不勤，五谷不分〕这两句有两种解释。一是丈人自指。分即粪种的"粪"。粪种，施肥播种。"不"字是语助词。这一句的意思是：我忙于播种五谷，没有闲暇，怎知你夫子是谁？二是丈人责备子路。分是分辨，说子路手足不勤劳，不辨五谷。本书取第一种解释。③〔黍〕黏小米。

◎**大意**　子路跟随孔子出行，落到了后面，遇到一个老人用拐杖挑着除草的工具。子路问道："你见到我的老师没有？"老人说："我手脚不停地劳作，五谷还来不及播种，哪知道你的老师是谁？"说完把拐杖插在田边就去锄草了。子路拱着手站在一边。老人留子路到他家住宿，杀了鸡，做了黏小米饭给他吃，又叫两个儿子出来与子路相见。第二天，子路赶上孔子，把这事告诉了他。孔子说："这是个隐士呀。"叫子路回去见他。子路到那里，老人已经走了。子路说："不做官是不义的。长幼之间的礼节，不能废弃；君臣之间的义，怎么能废弃呢？想要自己清白，却破坏了根本的伦理关系。君子做官，只是为了践行君臣之义。至于道的行不通，这是已经知道的了。"

◎**解读**　这几章记述了当时一些人对孔子的批评。这些人多是隐者，他们讥笑孔子是"知其不可而为之"（14·41），劝孔子和他的弟子也追随他们避世隐居。而孔子和他的弟子们则认为，自己对社会有不可推卸的责任，不能脱离社会隐居，与鸟兽同群。正因为天下无道，自己才这样到处奔走，努力去改变它。孔子还批评隐者为保自身清白而退隐，是废弃了人伦道义。从当中我们既能看到孔子当时不为人所了解的处境，也能看到孔子积极入世，为推行仁道、建立理想社会而不懈努力的执着精神。

尽管这些隐者的思想与孔子的理想追求存在本质上的不同，他们还对孔子做了严厉的批评甚至讥笑，但孔子并不恼怒气愤，还想与他们交谈沟通，也可见孔子"人不知而不愠"的宽广胸怀。

3·24，14·41，14·42章也谈到当时人对孔子的评价，可参读。

18·8 逸①民：伯夷、叔齐、虞仲、夷逸、朱张、柳下惠、少连②。子曰："不降其志，不辱其身，伯夷、叔齐与！"谓："柳下惠、少连，降志辱身矣，言中伦，行中虑，其斯而已矣。"谓："虞仲、夷逸，隐居放③言，身中清，废中权。我则异于是，无可无不可④。"

◎**注释** ①〔逸〕同"佚"，散失、遗弃。②〔虞仲、夷逸、朱张、少连〕四人身世和言行不详。③〔放〕有两种解释：一、放置，不再谈世事；二、放肆，随便。本书取第一种解释。④〔无可无不可〕孟子解释说，所谓"无可无不可"，就是"孔子可以仕则仕，可以止则止，可以久则久，可以速则速"。

◎**大意** 被遗落的人有：伯夷、叔齐、虞仲、夷逸、朱张、柳下惠、少连。孔子说："不降低自己的志向，不辱没自己的身份，这是伯夷、叔齐吧！"又说："柳下惠、少连是降低志向，辱没身份了，不过是说话合乎伦理，行为合乎人心而已。"说"虞仲、夷逸隐居独善，不谈世事，他们自身的行为合乎洁身的要求，被废弃也合乎权变的要求。我则和他们都不同，可以这样，也可以那样。"

◎**解读** 孔子评伯夷等人，都加以肯定，同时又有高下之分。孔子特别赞许伯夷、叔齐"不降其志，不辱其身"，反映了他对独立人格的重视，可与9·25"匹夫不可夺志"章参读。孔子自己则是"无可无不可"，根据客观的环境条件，"可以仕则仕，可以止则止，可以久则久，可以速则速"。任何情况下都要"守死善道"，这是原则；不同情况下采取不同的做法，通权达变，体现了儒家的处世方式。可与9·29，18·1章参读。

18·9　大师挚①适齐，亚饭干②适楚，三饭缭适蔡，四饭缺适秦，鼓方叔入于河，播鼗③武入于汉，少师④阳、击磬襄入于海。

◎**注释**　①〔大师挚〕大，同"太"。大师，鲁国乐官之长，挚是人名。②〔亚饭干〕亚饭，与后文之"三饭""四饭"都是乐官名。干，与后文之"缭""缺"等都是人名。③〔鼗（táo）〕长柄小鼓，类似于现在的拨浪鼓。④〔少师〕乐官名。

◎**大意**　大师挚到齐国去了，亚饭干到楚国去了，三饭缭到蔡国去了，四饭缺到秦国去了，打鼓的方叔去了黄河边，摇小鼓的武去了汉水旁，少师阳和击磬的襄去了海滨。

18·10　周公谓鲁公①曰："君子不施②其亲，不使大臣怨乎不以③。故旧无大故，则不弃也。无求备于一人！"

◎**注释**　①〔鲁公〕周公的儿子伯禽。②〔施〕这里是"弛"，指遗弃。③〔以〕用也。

◎**大意**　周公对鲁公说："君子不遗弃他的亲属，不使大臣抱怨没有被任用。旧友老臣没有大错误就不要抛弃他们，不要要求一个人十全十美！"

◎**解读**　本章主旨是讲为政治国，此处的"君子"指在位执政的人。

18·11　周有八士①：伯达、伯适、仲突、仲忽、叔夜、叔夏、季随、季骄。

◎**注释**　①〔八士〕指后文列举的八个人，已不可考。

◎**大意**　周代有八个士：伯达、伯适、仲突、仲忽、叔夜、叔夏、季随、季骄。

子张篇第十九

19·1　子张曰:"士见危致命,见得思义,祭思敬,丧思哀,其可已矣。"

◎**大意**　子张说:"一个士,遇见危险能献出自己的生命,看见可以有所得能考虑是否合于义的要求,祭祀的时候能想到是否严肃恭敬,居丧的时候能想到是否哀伤,那也就可以了。"

◎**解读**　《论语》记孔子言行,至《微子》篇已完成,本篇都是记弟子所说。其内容多是孔子教弟子时所说,弟子依个人的理解复述。可以和前面有关章句联系来读。

　　本章可与4·9,8·7,13·20,13·28,14·3章参读。14·13章谈成人,也说到"见利思义,见危授命";"见得思义"见16·10章;"祭思敬,丧思哀"之意见《八佾》篇,可参读。

19·2　子张曰:"执德不弘,信道不笃,焉能为有?焉能为亡?①"

◎**注释**　①〔焉能为有?焉能为亡?〕虽活着不能说是有,虽死去不能说是无。有他不多,没他不少,无足轻重的意思。

◎**大意**　子张说:"对德的据守不弘大,对道的信仰不忠实,这样的人,怎能说他是有道德?又怎能说他是没有道德?"

19·3　子夏之门人问交于子张。子张曰:"子夏云何?"对曰:

"子夏曰：'可者与^①之，其不可者拒之。'"子张曰："异乎吾所闻：君子尊贤而容众，嘉善而矜^②不能。我之大贤与，于人何所不容？我之不贤与，人将拒我，如之何其拒人也？"

◎**注释**　①〔与〕"可者与之"的"与"是相与、交往的意思，后文"我之大贤与"和"我之不贤与"中的"与"字是语气词。②〔矜〕怜惜，同情。

◎**大意**　子夏的学生向子张问怎样交友。子张说："子夏说了些什么？"答道："子夏说：'可以相交的就和他相交，不可以相交的就拒绝他。'"子张说："我所听到的和这不同：君子尊敬贤人，也能够容纳普通人，赞美善人而同情能力不够的人。如果我是大贤人，那我对人有什么不能容纳的呢？如果我不贤，那人家就会拒绝我，我还怎么能去拒绝别人呢？"

◎**解读**　1·8章说"无友不如己者"，本章所记子张、子夏对交友的不同看法，反映出二人不同的理解。两种意见，都有可取之处，又都有所偏颇。要取其合理处，去其偏颇，以求全面的认识。钱穆《论语新解》说："子夏之教门人，盖初学所宜守。子张之言，则君子大贤之所事。"

《论语》谈到交友之道的还有1·4，1·7，1·8，4·1，4·26，12·23，12·24，13·28，15·9，16·4章，可参读。

19·4　子夏曰："虽小道^①，必有可观者焉，致远恐泥^②，是以君子不为也。"

◎**注释**　①〔小道〕指农、圃、医、卜之类的技艺。②〔泥〕阻滞，不通。

◎**大意**　子夏说："虽然是小的技艺，也一定有可取的地方，但用它来达成远大目标就行不通了。所以君子不干这些。"

◎**解读**　旧注以"农、圃、医、卜"之类的"百家技艺"为小道。可与13·4章"樊迟请学稼"，2·12章"君子不器"参读。

19·5 子夏曰："日知其所亡，月无忘其所能。可谓好学也已矣。"

◎**大意** 子夏说："每天能知道一些原来不知道的，每月都能不忘掉已经学会的东西，可以说是好学的了。"

◎**解读** "日知其所亡"，是说不断有新知；"月无忘其所能"，是说所学能长久地坚守不失。日新而不失，才能说是好学；不能日新，或不能坚守，都不可说是好学。可与2·11章"温故而知新"，6·5章说颜渊"三月不违仁"参读。

19·6 子夏曰："博学而笃志①，切问②而近思，仁在其中矣。"

◎**注释** ①〔笃志〕志有两种解释：一、志同"识"，记忆在心；二、志向。本书取第二种解释，将"笃志"理解为"坚守志向"。②〔切问〕切有几种解释：一、恳切；二、近，指切身相关的事；三、急，急切，急迫。本书取第二种解释。

◎**大意** 子夏说："广泛地学习而又坚守其志向，就切身有关的问题发问而又从近处去思考，仁就在这里面了。"

◎**解读** 博学、笃志、切问、近思四项，是孔门学习修养的方法，可与《论语》有关章节联系起来理解。如6·25章"君子博学于文，约之以礼，亦可以弗畔矣夫"，是讲博学；8·13章"笃信好学，守死善道"，9·25章"匹夫不可夺志"，18·8章"不降其志，不辱其身"，是讲笃志；3·15章"每事问"，5·14章"不耻下问"，16·10章"疑思问"，是讲切问；6·28章"能近取譬，可谓仁之方也已"，是讲近思。把这些相关章节联系起来才能更好地理解这一章的意思。

19·7 子夏曰："百工居肆①以成其事，君子学以致其道。"

◎**注释** ①〔肆〕有两种解释：一、陈列货物出售的市场；二、进行制作的作坊。本书取第二种解释。

◎ **大意**　子夏说："各种工匠在作坊里完成自己的工作，君子通过学习来掌握道。"
◎ **解读**　本章把君子的学和工匠制作产品对举，可以从两个方面理解。一是说明君子只有通过学才能懂得道，强调了学的重要性；二是明确指出君子之学是为了"致其道"，是对孔子教育思想的很好的说明。可与13·4"樊迟请学稼"章参读。

19·8　子夏曰："小人之过也必文。"

◎ **大意**　子夏说："小人犯了过错一定会掩饰。"
◎ **解读**　本章讲了小人对于过错的态度，可与19·21章参读。

19·9　子夏曰："君子有三变：望之俨然，即之也温，听其言也厉。"

◎ **大意**　子夏说："君子有三变：远望他庄严可畏，接近他温和可亲，听他讲话严厉不苟。"

19·10　子夏曰："君子信而后劳其民，未信，则以为厉①己也；信而后谏，未信，则以为谤己也。"

◎ **注释**　①〔厉〕虐害。
◎ **大意**　子夏说："君子要取得百姓信任之后才去役使他们，否则百姓就会以为你是在虐害他们；同时要在取得君子信任之后才去进谏，否则君主就会以为你是在诽谤他。"
◎ **解读**　无论对上还是对下，都必须有相互的信任；不能取得对方的信任，难以成事。2·22章说："人而无信，不知其可也。"应联系起来理解。

19·11　子夏曰："大德①不逾闲②，小德出入可也。"

◎**注释**　①〔大德〕与后文之"小德"分别指大节、小节。②〔闲〕栅栏，这里指界限。
◎**大意**　子夏说："大节上不能超越界限，小节上有些出入是可以的。"
◎**解读**　本章谈大节、小节，所说有不足，应当辩证地看。对他人，主要应看其大节，不在小节上苛求；对自己，即使是小节也不可放松，"勿以恶小而为之"。小节的堕落，会影响到大节不保；大节的不保，常开始于小节的疏忽，不可不慎。

19·12　子游曰："子夏之门人小子，当洒扫、应对、进退，则可矣，抑①末也。本之则无，如之何？"子夏闻之曰："噫，言游过矣！君子之道，孰先传焉，孰后倦②焉，譬诸草木，区以别矣。君子之道，焉可诬③也？有始有卒者，其惟圣人乎？"

◎**注释**　①〔抑〕连词，表示转折。这里是可是的意思。②〔倦〕诲人不倦的"倦"。这里指教诲。③〔诬〕欺骗，意思是如果不循序渐进，一概以高深的道理教人，就是欺骗学生。
◎**大意**　子游说："子夏的学生，做一些打扫和接待客人的工作是可以的，可这些只是末节小事，根本的东西却没有学到，这怎么行呢？"子夏听了，说："唉，言游错了。君子的道，哪些先传授，哪些后教诲，就和草木一样，都是分类区别的。君子的道，怎么可以欺骗学生呢？至于能够有始有终，对于小事末节和根本道理都能学通了的，恐怕只有圣人吧！"
◎**解读**　本章说学习的本末先后，值得注意。可与1·6，1·7章参读。

19·13　子夏曰："仕而优①则学，学而优则仕。"

◎**注释**　①〔优〕有余力。

◎**大意**　子夏说："做官有余力就去学习，学习有余力就去做官。"

◎**解读**　一方面学有余力才能出仕做官，另一方面做官有余力也要继续学习，都是讲学习的重要性。在这一思想下，平民不仅可以有受教育的机会，而且可以通过学习来出仕做官，进而突破贵族世袭制度。在孔子所处的时代，这是个巨大的进步。从隋唐时期开始，通过科举考试选拔官员，成为我国古代的一个优良传统。在科举制度下，也产生了为谋求官位而学习，一旦考中就把所学丢到脑后的思想倾向，这是应当摒弃的。可与13·4章"樊迟请学稼"，18·7章"不仕无义"，以及其他有关章节参读。

19·14　子游曰："丧致①乎哀而止。"

◎**注释**　①〔致〕极，尽。
◎**大意**　子游说："丧事能充分表达哀伤之情就可以了。"
◎**解读**　可与3·4章"丧，与其易也，宁戚"参读。丧礼应重在尽哀而不在形式，而本章"而止"二字，又说得过于绝对，有完全忽视形式的弊端。

19·15　子游曰："吾友张也为难能也，然而未仁。"

◎**大意**　子游说："我的朋友子张是难得的了，但是还没有做到仁。"
◎**解读**　本章讲子游对子张的评价，可与下一章联系起来，全面把握。

19·16　曾子曰："堂堂①乎张也，难与并为仁矣。"

◎**注释**　①〔堂堂〕高大显赫，形容容貌威严，不易接近。
◎**大意**　曾子说："子张外表堂堂，难于和别人一起做到仁。"
◎**解读**　这两章是对子张的评论，要准确理解这两章的内涵，应以对子张的充分了解为基础。旧注说子张"务为高广，人所难能"，"格外自高"而"少诚实恻恒之意",不能平易近人。

19·17 曾子曰:"吾闻诸夫子,人未有自致①者也,必也亲丧乎。"

◎**注释** ①〔致〕尽其极。
◎**大意** 曾子说:"我听老师说过,人没有能自己竭尽其感情的,如果有,一定是在父母去世的时候吧。"

19·18 曾子曰:"吾闻诸夫子,孟庄子①之孝也,其他可能也,其不改父之臣与父之政,是难能也。"

◎**注释** ①〔孟庄子〕鲁国大夫,名仲孙速。
◎**大意** 曾子说:"我听老师说过,孟庄子的孝,别的其他人都可以做到,而他留用父亲的旧臣,保持父亲的政治措施,这是难以做到的。"
◎**解读** 可与1·11章参读。

19·19 孟氏使阳肤①为士师。问于曾子,曾子曰:"上失其道,民散久矣。如得其情,则哀矜而勿喜。"

◎**注释** ①〔阳肤〕曾子的学生。
◎**大意** 孟氏任命阳肤做典狱官。阳肤向曾子请教,曾子说:"在上位的人离开了正道,百姓早就离心离德了。你如果能审出罪犯的真情,应该怜悯同情他们,不要沾沾自喜。"
◎**解读** 能正确认识犯罪的社会原因,不以破案而沾沾自喜,并有怜悯之心,是仁心的体现。

19·20 子贡曰："纣①之不善,不如是之甚也。是以君子恶居下流②,天下之恶皆归焉。"

◎**注释** ①〔纣〕商代最后一位君主,历来被认为是暴君。②〔下流〕地形卑下,四面八方水流汇集的地方。

◎**大意** 子贡说:"纣的坏,其实不像现在传说的这样厉害。所以君子厌恶处在下流的地方,因为一旦居于下流,天下一切坏名声就都归到自己身上了。"

19·21 子贡曰:"君子之过也,如日月之食焉。过也,人皆见之;更也,人皆仰之。"

◎**大意** 子贡说:"君子的过错好比日蚀、月蚀。他犯了错,人们都看得见;他改正过错,人们都仰望着他。"

◎**解读** 这一章指出君子之过"如日月之食",形象地说明对过错应采取光明磊落的态度,既不隐瞒、掩盖,又能公开改正。19·8章"小人之过也必文",是说小人对待过错的态度,可对照着读。关于犯错与改过的问题,还可与6·2,7·30,9·24,15·29章参读。

19·22 卫公孙朝①问于子贡曰:"仲尼焉学?"子贡曰:"文武之道,未坠于地,在人。贤者识其大者,不贤者识其小者,莫不有文武之道焉。夫子焉不学?而亦何常师之有?"

◎**注释** ①〔卫公孙朝〕卫国大夫。当时鲁、郑、楚三国也都有公孙朝,所以此处指明为卫公孙朝。

◎**大意** 卫国的公孙朝问子贡说:"仲尼的学问是从哪里学的?"子贡说:"周文王、武王的道,没有失传,还留在人们中间。贤能的人认识了其大处,不贤的人只认识了其小处,在他们身上无不都有文王、武王之道。我们老师哪里不在学,哪里又有固定的老师呢?"

◎**解读** 文化传承,并非只在圣贤经典,同时也在民间,无论贤人还是不贤的人,都传承了文化传统,只是有多少之别而已。所以,孔子随时随地向民间所有人学习,没有固定的老师。这也是今天我们传承和弘扬中华文化应有的精神。

子贡对孔子的评介,也反映了孔子"学而不厌""不耻下问"的精神。7·21章说:"三人行,必有我师焉。"可联系起来读。

19·23 叔孙武叔①语大夫于朝,曰:"子贡贤于仲尼。"子服景伯以告子贡。子贡曰:"譬之宫墙②,赐之墙也及肩,窥见室家之好。夫子之墙数仞③,不得其门而入,不见宗庙之美,百官④之富。得其门者或寡矣。夫子之云,不亦宜乎!"

◎**注释** ①〔叔孙武叔〕鲁国大夫,名州仇。②〔宫墙〕宫也是墙的意思,不指房屋,宫墙即围墙。③〔仞〕七尺为仞,也有人说八尺,或说五尺六寸。④〔官〕这里指房舍。

◎**大意** 叔孙武叔在朝堂上对大夫们说:"子贡比仲尼更贤。"子服景伯把这话告诉了子贡。子贡说:"拿围墙来做比喻吧,我家的围墙只有齐肩高,人们在墙外就可以看到房屋里面的美好;老师的围墙却有几仞高,如果找不到门进去,就看不见那宗庙的富丽堂皇,和那房舍的多种多样。能够找到门的人或许不多吧,叔孙武叔那样讲,不也很自然吗?"

19·24 叔孙武叔毁仲尼。子贡曰:"无以为也①。仲尼不可毁也。他人之贤者,丘陵也,犹可逾也;仲尼,日月也,无得而逾焉。人虽欲自绝,其何伤于日月乎?多②见其不知量也。"

◎**注释** ①〔无以为也〕以,此。"无以为也"就是"无用为此",这样做是没有用的。②〔多〕只、恰好。

◎**大意**　叔孙武孙诽谤仲尼。子贡说:"这样做是没有用的,仲尼是毁谤不了的。别人的贤德好比丘陵,还可以超越过去;仲尼好比日月,是没法超越的。虽然有人要自绝于日月,对日月又有什么损害呢?恰恰是表明他的不自量力而已。"

19·25　陈子禽谓子贡曰:"子为恭也,仲尼岂贤于子乎?"子贡曰:"君子一言以为知,一言以为不知,言不可不慎也。夫子之不可及也,犹天之不可阶而升也。夫子之得邦家者,所谓立之斯立,道①之斯行,绥②之斯来,动之斯和。其生也荣③,其死也哀,如之何其可及也?"

◎**注释**　①〔道〕同"导",引导,教化。②〔绥〕安。③〔其生也荣〕有几种解释:一、荣解释为乐,他生时,百姓快乐;二、荣作"光荣"讲,大家都觉得他光荣;三、荣是说世人莫不尊敬亲爱他。本书取第三种解释。

◎**大意**　陈子禽对子贡说:"你是谦恭吧,仲尼难道比你还贤吗?"子贡说:"君子一句话就表现出他有智慧,一句话也可以表现出他的无知,所以说话不可以不慎重啊。老师的高不可攀,正像天是不能靠梯子爬上去一样。老师如果成为诸侯或卿大夫来治理国家,那就会像人们所说的那样,教百姓立于礼,百姓就能立;引导百姓,百姓就会跟着走;安抚百姓,百姓就会来归顺;动员百姓,百姓就会同心协力。他活着大家都尊敬亲爱他,他死了大家都哀痛。我们怎么能赶得上呢?"

◎**解读**　这三章都是子贡谈孔子,可以连读。他说孔子好比天和日月,高不可攀,不可超越;一些人贬低孔子,只能显出其不自量,丝毫无损于孔子。这充分体现了他对孔子的崇敬。9·10章是讲颜渊谈孔子,可参读。

至于一般人看不到孔子的伟大,子贡说是因为没有找到门径进入孔子的思想殿堂,可以理解。这也给我们启示:要克服长期以来形成的对于孔子的负面评价,首先要帮助大家了解孔子;要了解孔子的思想,先要学习《论语》等儒家经典;学然后能了解,了解后自然知其伟大。人人认真学《论语》,是了解孔子,传承儒学和弘扬中华优秀传统文化的基础一环。

尧曰篇第二十

20·1　尧曰①："咨②！尔舜！天之历数在尔躬，允③执其中。四海困穷，天禄永终。"舜亦以命禹。曰："予小子履④，敢用玄牡⑤，敢昭告于皇皇后帝：有罪不敢赦。帝臣不蔽，简⑥在帝心。朕⑦躬有罪，无以万方；万方有罪，罪在朕躬。""周有大赉⑧，善人是富。虽有周亲⑨，不如仁人。百姓有过，在予一人。"谨权量⑩，审法度⑪，修废官，四方之政行焉。兴灭国，继绝世，举逸民，天下之民归心焉。所重：民，食，丧，祭。⑫ 宽则得众⑬，信则民任焉，敏则有功，公则说。

◎**注释**　①〔尧曰〕以下引号内的话是尧禅让帝位给舜时说的话。②〔咨〕感叹词。③〔允〕诚信。④〔予小子履〕履是商汤的名字，予小子是他自称。这一段是商汤向天祈祷求雨的话。⑤〔玄牡〕玄，黑色。牡，公牛。⑥〔简〕有两种解释：一、阅，计数，引申为明白的意思；二、选择。本书取第二种解释。⑦〔朕〕我。从秦始皇起专门用作帝王的自称。⑧〔赉（lài）〕赏赐。"周有大赉"以下几句是说周武王的事。⑨〔周亲〕至亲。⑩〔谨权量〕权，秤锤。量，斗斛。"谨权量"就是认真整顿量衡使之统一公平。自此以下是孔子的话。⑪〔审法度〕法度有两种解释：一、法度即度，量长短之用，与前句"谨权量"合说一事，谨慎地审定度量衡。二、法度泛指一切礼乐制度。都讲得通。本书取后者。⑫〔民，食，丧，祭〕一说民食，丧，祭三件事；另一说民，食，丧，祭是四件事。本书取前一种解释。⑬〔宽则得众〕以下几句与17·6章孔子答子张问仁的话基本相同，缺"恭则不侮"四字。"信则民任焉"，"民"字应为"人"。"公则说"三字有人认为是"惠则足以使人"，误写成这样。

◎ **大意** 尧说："咨！你舜啊！天命已经落在你的身上了，老老实实地掌握好那中道吧。如果天下百姓都陷于穷困，上天赐给你的禄位也就永远终结了。"舜在让位给禹的时候也这样对禹说。商汤说："我小子履谨用黑色公牛来祭祀，明白地告于伟大的天帝：有罪的人我不敢擅自赦免，天帝臣仆的善恶我也不敢掩蔽，都由天帝的心来分辨、选择。我自己有罪，不要牵连天下万方；天下万方有罪，罪责都在我一人身上。""周得到上天的厚赐，善人于是多起来。武王说：纵然有至亲，不如有仁人。百姓有过错，都在我一人。"（孔子说：）认真整顿衡器量器，周密地制定法度，重新修立已废弃的官职，天下四方的政令就通畅了。复兴已灭亡的国家，接续已断绝了的家族，提拔被遗落的人才，天下的百姓就会真心归服了。所重视的是三件事：百姓的吃饭问题，丧葬，祭祀。宽厚就能得到众人的拥护，诚信就能得到别人的任用，勤敏就能取得成功，秉公就能使人高兴。

◎ **解读** 本章记叙尧、舜、禹、汤、武王治国思想的要点，最后"谨权量，审法度"以下都是讲孔子的治国思想，但没有用"子曰"，体例与《论语》全书不合。所以对于本章有许多疑问和不同的解释，也有人怀疑本章是《论语》编者所加入的。

20·2 子张问于孔子曰："何如斯可以从政矣？"子曰："尊五美，屏①四恶，斯可以从政矣。"子张曰："何谓五美？"子曰："君子惠而不费，劳而不怨，欲而不贪，泰而不骄，威而不猛。"子张曰："何谓惠而不费？"子曰："因民之所利而利之，斯不亦惠而不费乎？择可劳而劳之，又谁怨？欲仁而得仁，又焉贪？君子无众寡，无小大，无敢慢，斯不亦泰而不骄乎？君子正其衣冠，尊其瞻视，俨然人望而畏之，斯不亦威而不猛乎？"子张曰："何谓四恶？"子曰："不教而杀谓之虐，不戒视成谓之暴，慢令致期谓之贼；犹之与人②也，出纳之吝谓之有司③。"

◎ **注释** ①〔屏〕同"摒"，除去。②〔犹之与人〕同样是给人。犹之，同样的意思。与，给与。③〔有司〕古代负责具体事务的小官吏。这里是说，这样就不是在上位的人所应做的，而只是有司的事。所以大意译成有失身份。

◎**大意** 子张问孔子说："怎样做才可以治理政事呢？"孔子说："尊崇五美，排除四恶，这就可以治理政事了。"子张说："什么是五美？"孔子说："君子要给百姓恩惠而不使自己破费，使百姓劳作而不使百姓怨恨，要有欲望而不贪，舒泰而不骄傲，威严而不凶猛。"子张说："怎样叫作给人以恩惠却不使自己破费呢？"孔子说："就着百姓能得利的地方引导他们去得利，不就是给了百姓恩惠而不使自己破费吗？选择可以让百姓劳作的时间和事情去让百姓劳作，又有谁会怨恨呢？自己想要仁而就得到了仁，又还贪什么呢？君子对人，无论多少，无论大小，自己总不敢怠慢，这不也就是舒泰而不骄傲吗？君子对自己，端正自己的衣帽，严肃自己的目光，庄严地使人见了就生敬畏之心，这不也就是威严而不凶猛吗？"子张问："什么叫四恶呢？"孔子说："不经教化就杀戮百姓，叫作虐；不先告诫而要求立刻成功，叫作暴；开始不加督促，到时候又限期完成，叫作贼；同样是给人财物，出手吝啬的，叫作失身份。"

◎**解读** 本章讲为政之道。所说"尊五美，屏四恶"，今天也还值得借鉴。

20·3 孔子曰："不知命，无以为君子也。不知礼，无以立也。不知言①，无以知人也。"

◎**注释** ①〔知言〕善于分析别人的言语，辨别其是非善恶。

◎**大意** 孔子说："不知命，便不能做君子。不知礼，便不能立身处世。不善于分析别人言论的是非善恶，便不能了解人。"

◎**解读** 本章所说知命、知礼、知言，在前文中都有说过。把这三点放在一起，作为《论语》的最后一章，有什么特别的含义，无从考查。